지구화 시대의 새로운 세계사

지구화 시대의 새로운 세계사

조지형·강선주 외 지음

혜안

책 머리에_ 새로운 세계사를 지향하며

민족주의의 시대였던 19세기에는 역사학이 민족을 중심으로 구성되고 성립되었던 것처럼 '지구화'의 시대를 맞아 지구성globality을 중심으로 역사학이 변모하고 있는 것은 당연한 일이다. 첨단 과학기술의 발전으로 인한 시공간의 압축과 인류 활동의 동시성은 인류로 하여금 자연과 함께 하는 역사적 행위자이면서 운명공동체로서 역사를 새롭게 인식하도록 강제하였다. 오늘날, 새로운 세계사는 선택의 문제가 아니라 당위의 문제이다.

그러나 세계사에 대한 열망과 추구는 21세기에 들어와 등장한 독특한 역사의식이 아니다. "역사학의 아버지"라고 불리는 헤로도토스Herodotos나 사마천司馬遷은 자신들이 속해 있고 자신들이 알고 있는 세계의 역사를 서술하고자 했다. 이들은 자신들의 모국인 그리스와 한漢을 넘어 역사서를 저술했다. 역사학은 그 원천적 시점에서부터 이미 세계사이기를 갈망했다. 그 이후 이러한 세계사의 전통은 부단히 전수되었으며, 오늘날 우리의 자녀들에게 세계사 지식을 필수불가결한 것으로 요구하고 있는 것은 이런 전통의 결과이다.

그런데 이러한 전통의 세계사는 진정한 의미의 세계사가 아니었다. 그 세계사는 모든 인류를 포섭하는 세계사가 아니라 헤로도토스나 사마천이 알고 있는 세계의 역사였기 때문이었다. 그들이 모르는 미지의 세계는 세계사의 범주에서 제외되었다. 그뿐만이 아니었다. 그들은 자신들이 잘 모르는 세계를 무지하고 미개한 세계로 폄하하였으며 인간성을 상실한 '인간 아닌 인간'이 존재하는 세계로 왜곡했다. 특히 정치적인 이유나 종교적인 이유들에 의해 강화된 이러한 편견과 왜곡은 헤로도토스나 사마천의 역사 서술에서만 드러나는 특징이 아니라 오늘날 우리의 세계사 교과서에서도 쉽게 찾아볼 수 있는 유럽중심주의와 자민족중심주의의 특징이다.

이와 같은 역사학의 한계와 결점을 보완하려는 노력이 출현한 것은 1960년대 후반에 이르러서였다. 우주선을 타고 지구 밖으로 나가 지구를 '하나의 덩어리'로 바라볼 수 있게 된 인류의 경험이 역사학의 흐름을 변화시키기 시작했다. 그리고 과학기술의 발달과 세계 경제의 통합, 인간의 폭력성에 대한 성찰과 인류의 공동체성 등이 이러한 변화에 역동성을 부여했다. 이러한 변화를 가장 극적으로 표현한 역사가는 레프틴 스타브리아노스Leften Starvrianos 였다. 그는 세계사가 진정한 세계사가 되기 위해서는 지구 밖의 '달에서' 바라보는 역사이어야 한다고 천명했다.

이러한 맥락에서, 새로운 세계사는 세계사의 진정성과 지구화 시대의 진정성을 담은 역사분야라고 할 수 있다. 새로운 세계사는 각종 네트워크로 연결되어 있는 세계 현실과 하나의 운명공동체로서의 지구 현실을 바탕으로, 헤로도토스 이후 볼테르Francois-Marie Voltaire, 헤겔Georg Wilhelm Friedrich Hegel, 마르크스Karl Marx, 랑케Leopold von Ranke 등이 지지했던 유럽중심주의 뿐만 아니라 근대 세계가 가지고 있는 인간 중심의 세계관을 극복하고자 한다. 새로운 세계사에서는, 서유럽의 역사를 세계사의 전범典範으로 하여 여타 역사들을 재단하고 유럽사의 틀에 꿰어 맞추고자 하는 모든 시도들이 거부된다. 예를 들면, 우리 역사 교과서에서 자주 등장하는 "세계사의 보편성과 (한)국사의 특수성"이라는 교과목표는 '보편사'로서 유럽사를 상정하는 유럽중심주의의 대표적인 현상으로, 이는 새로운 세계사가 거부하고 극복해야 할 대상이 된다.

새로운 세계사가 국내에 본격적으로 소개된 것은 2002년에 이르러서다. 차하순 교수(현 서강대 사학과 명예교수, 대한민국학술원 회원)는 새로운 세계사에 깊은 관심을 가지고 역사학회 50주년 기념사업으로 미국의 세계사학회World History Association와의 국제연합학술대회 개최를 추진하였다. 그와 더불어 "역사학회 창립 50주년 역사학 국제회의"를 함께 준비했던 김영한 교수(서강대), 김용덕 교수(전 서울대, 현 동북아역사재단 이사장), 민현구 교수(현 고려대 명예교수), 이기동 교수(동국대) 등도 남다른 관심을 가지고 새로운 세계사의 전망과 미래에 대하여 적극적인 시각을 견지하였다. 이러한 준비과정의 일환으로 필자는 1998년 콜로라도 주립대학교에서 열린 세계사학회 연례학술대회에 참석하기도 했으며, 새로운 세계사 연구를 주도하는 제리 벤틀리Jerry Bentley 교수와 존 맥닐John McNeill 교수가 코리아 소사이어티Korea Society의 지원을 받아 한국을 방문하기도 했다.

마침내 2002년 8월, 국제연합학술대회가 '역사 속의 한국과 세계'라는 주제로 서울에서 개최되었다. 국내 역사학 연구의 새로운 전기를 마련한 이 학술대회는 국내 학계로서는 역사학회의 창립 50주년을 기념하는 자리였고, 미국의 세계사학회로서는 제11차 국제학술대회를 개최하는 자리였다. 총 32개의 분과에서 모두 124편의 논문이 발표된 이 국제학술대회에서는 새로운 세계사와 관련하여 국내 학자들의 진지한 연구결과가 발표되었다. 그리고 같은 해에 필자를 비롯해 강선주 교수와 김원수 교수가 국내 전문학술지에 새로운 세계사를 소개했다.

이 책은 2002년 이후 지금까지 발표된 새로운 세계사 연구와 직접적으로 관련된 9개의 연구논문을 모은 것이다. 이 책에 포함된 논문은 수정 혹은 증보된 것으로, 한 편도 빠짐없이 새로운 세계사의 역사적 필요성을 역설하고 있다는 공통점을 가지고 있다. 새로운 세계사가 유럽중심주의의 극복이라는 과제와 간접적으로 관련되기는 하지만 유럽중심주의의 극복이 반드시 새로운 세계사를 추구하는 것을 의미하지 않기 때문에, 이 책에는 유럽중심주의를 비판하고 있지만 새로운 세계사를 직접적으로 다루고 있지 않은 논문들을 생략했다.

이 책에 대한 간단한 소개를 하기 전에 반드시 지적하고 넘어가야 할 점이 있다. 새로운 학문분야가 등장하면 늘 논쟁을 불러일으키는 용어 문제는 새로운 세계사에서도 예외는 아니다. 새로운 세계사는 나름대로의 이유와 근거 때문에 여러 이름으로 불린다. 기존의 세계사와 다르며 새롭다는 의미에서 새로운 세계사new world history, 지구를 하나의 역사단위로 하여 전 지구적 역사를 보아야 한다는 의미에서 지구사global history, 인류의 모든 역사를 포괄한다는 의미에서 보편사universal history, 국가 중심의 역사를 넘어선 역사라는 의미에서 초국사超國史transnational history, 빅뱅에서 현대에 이르는 모든 우주의 역사를 포함하는 의미에서 거대사big history, 세계사는 세계체제들을 이루면서 변화하였다는 의미에서 세계체제사world-system history, 동아시아, 아시아, 유라시아Eurasia 등의 지역 간의 역사를 살펴보아야 한다는 의미에서 (간)지역사(inter)regional history 등이 바로 그것이다. 이와 같은 용어들은 편의상 새로운 세계사의 어느 한 측면을 강조하는 것일 뿐 새로운 세계사의 여타 부분을 거부하거나 부정하는 것은 아니다. 그렇기 때문에 일반적으로 언어적 뉘앙스와 강조의 차이가 있긴 하지만 새로운 세계사 연구자들은 이 용어들에 대해 긍정적인 입장을 취하고 있다.

그렇다고 해서, 새로운 세계사 연구자들 사이에서 선호되는 용어가 전혀 없는 것은 아니다. 전통적 의미의 보편사나 국가사의 연구경향이 강한 유럽에서는 보편사와 초국가사와 같은 용어들이 강조되는 반면, 세계 현실과 실용성을 강조하는 미국에서는 새로운 세계사나 지구사와 같은 용어들이 선호된다. 네이션nation이라는 용어가 국가뿐 아니라 민족을 의미하기 때문에, 국가사와 민족사를 일치하는 역사담론을 가지고 있는 우리의 경우에는 초국사보다는 트랜스내셔널 역사라는 용어가 선호되기도 한다. 'Global history'의 경우에도 지구과학을 연상시킨다는 이유로 글로벌 역사 혹은 글로벌 히스토리라고 불러야 한다는 주장도 있지만, 오히려 그 반대로 새로운 세계사는 질병과 환경 등 자연현상과 지구에 대한 자연과학적 연구 성과들을 융합하는 학문분야이기 때문에 지구사라고 불러야 한다는 주장도 제기되고 있다.

이러한 주장을 고려하여 이 책에서는 새로운 세계사에 대한 다양한 용어를 통일하지 않고 그대로 실었다. 이러한 편집방침은 독자들에게 약간의 혼란을 줄 수도 있겠지만, 오히려 새로운 세계사의 다양한 모습을 그대로 전달하면서 생생한 학문적 창조성을 보여줄 수 있을 것이라는 기대와 희망이 그 이면에 내포되어 있다.

번역어의 선택에 있어 심각하게 고민해야 할 점 가운데 하나는 새로운 세계사가 앞으로 차지하게 될 역사학 안에서의 위치에 관한 것이다. 새로운 세계사는 지금도 등장하는 역사학 분야로 간주되고 있는데, 앞으로 다른 역사학 분야, 즉 정치사, 경제사, 사회사, 문화사 등과 견주게 될 분야이면서 동시에 국가사와도 균형적 보완관계를 이루어야 할 분야이다. 새로운 세계사의 연구자들은 새로운 세계사를 국제역사학위원회CISH, Comité International des Sciences Historiques의 한 분과로 자리매김함으로써 명실공히 역사학의 한 분야로 인정받으려는 지속적인 노력을 경주하고 있다.

이러한 맥락에서, 새로운 세계사는 우리의 언어로 자유롭게 소통될 수 있어야 하며 이와 동시에 여타 역사학 분야들과 어깨를 나란히 할 수 있는 용어로 정의되고 불려야 한다는 것이다.

이 책의 논문들은 그 연구내용과 주장을 고려하여 크게 세 가지의 부분으로 구분되어 있다. 첫 번째 부분은 새로운 세계사의 조건과 정의定義에 관한 것이다. 차하순 교수의 논문(「새로운 세계사의 조건」)은 과학기술혁명, 자본주의의 변화, 사회적 변화 등을 인류문명의 지구적 일대전환으로 파악하면서 새로운 세계사의 조건을 탐구하고 있다. 그는 새로운 세계사를 "세계화 네트워크"의 역사로 정의하고 부문별 전문적 역사와 상호보완적인 역사로 제시하고 있다. 조지형 교수의 논문(「지구사란 무엇인가」)은 기존의 세계사와 개념적 차이를 강조하고 시간·규모·공간·주제라는 네 가지의 범주에서 새로운 세계사의 연구대상을 자세히 설명하고 있다. 김원수 교수는 「글로벌 히스토리의 도전」에서 새로운 세계사를 세계화의 결과이며 이에 대한 학문적 성찰로 파악하고, 계몽주의적 프로젝트의 재발견에 새로운 세계사의 지향점이 있다고 주장한다. 그는 기존의 세계사와 달리 새로운 세계사는 근현대사에 더 큰 비중을 두고 세계화의 역사를 연구하는 것이며 지구적 규모의 수준에서 역사의 메타내러티브meta-narrative에 관심을 갖는 것이라고 강조하고 있다.

두 번째 부분은 새로운 세계사와 세계사 연구 사이의 관련성 문제를 다룬 것이다. 배한극 교수는 「글로벌 히스토리와 글로벌 교육」에서 새로운 세계사의 성립배경을 검토하고 레프틴 스타브리아노스를 중심으로 새로운 세계사의 성격, 개념, 내용, 과제, 문제점 그리고 그 가능성을 검토하고 있다. 그는 새로운 세계사를 복잡하고 다층적인 미국사회의 부산물이자 그 반성의 산물로 파악하면서도 미국 중심의 자본주의와 신자유주의적

경향을 경계하고 있다. 조지형 교수는 「새로운 세계사와 지구사」에서 한국
역사학계의 세계사 담론을 비판하고 포스트모던 시대의 성찰적 역사로서
새로운 세계사를 제시하고 있다. 이와 더불어 새로운 세계사의 주요 연구
경향으로서 지구적 확산의 세계사, 지구적 네트워크의 세계사, 환경과
생태의 역사로서의 세계사, 지구적 경험의 세계사 등을 지적하고 있다.
강선주 교수의 논문(「세계사의 구성원리들 : '보편사'에서 '지구사'까지」)
은 제7차 교육과정의 세계사 학습목표를 비판적으로 검토하면서 상호관련
성을 중심으로 세계사 교과과정을 구성해야 한다고 주장하고 있다. 그녀는
세계사를 보편사로서의 세계사, 문명들의 역사로서 세계사, 상호의존성의
심화과정으로서의 세계사로 구분하면서 새로운 분석틀로서 반구hemisphere
를 제시하고 세계사 구성의 중심원리로 상호관련성을 제시한 연구들을
긍정적으로 검토하면서 그 효용성을 강조하고 있다. 그리고 이영효 교수는
「글로벌 시대의 역사인식과 세계사」에서 비판적 도구로서의 역사연구를
바탕으로 편협한 민족사적 시각을 넘어 유럽중심주의를 비판하고 '유럽의
타자들'을 복원하는 한 방법으로 새로운 세계사를 옹호한다. 그녀는 과거
를 통제하기 위한 역사의 선택과 생략을 문제시하는 동시에 서구 대 비서
구의 이분법적 역사의식을 바탕으로 하는 글로벌 신국수주의global nationalism
에 대해서도 경계해야 한다고 주장하고 있다.

마지막 부분은 새로운 세계사의 연구방법과 시각에 근거한 새로운 세계
사의 교육에 대한 제안을 다룬 것이다. 강선주 교수의 논문(「문화의 접촉과
교류의 역사」)은 고등학교의 심화선택과목 혹은 대학 교양과목으로 세계
사가 갖추어야 할 내용과 조직원칙으로서 문화의 접촉・갈등・교류를
제안한다. 특히, 그녀는 문화의 접촉과 교류가 역사변화의 원동력임을
지적하고 단순히 전파가 아니라 차용 거부, 문화 혼합, 문화 번역, 문화

12

동화 등의 복잡하고 다양한 과정을 통해 세계사가 전개되었음을 강조하면서 문화교류 집단의 의미 해석을 살펴볼 수 있는 내용으로 세계사 교과과정이 구성되어야 한다고 주장하고 있다. 정선영 교수는 「지구적 시각에 기초한 세계사 교육에의 접근 방안」에서 새로운 세계사의 연구경향을 서구중심적 사고의 극복, 간문화적 상호작용과 상호의존, 글로벌 네트워크의 강화로 파악하고 이를 세계사 교육내용의 재구성에 활용하도록 권하고 있다. 특히, 그는 학교교육에서 지구적 시각의 함양을 위해 학습자 중심교육 강조, 국제이해교육 강화, 의사결정력 신장 강조, 논쟁학습 강조, 협동학습 강조, 다양한 학습자료 활용 등 다양한 교수·학습방안을 제시하고 있다.

원래 이 책의 기획은 2007년 봄에 이루어졌으나 개인 사정 등의 이유로 거의 2년을 훌쩍 넘긴 오늘에서야 출판이 가능하게 되었다. 시간이 연기되었음에도 인내를 가지고 아낌없이 격려해주신 저자들에게 이 자리를 빌려 깊은 감사를 드린다.

이 책의 출판 기획은 새로운 세계사에 대한 관심이 날로 증폭되는 가운데, 한국 역사학계가 요구하고 있는 새로운 세계사에 대한 포괄적인 이해 증진에 조금이나마 기여하고자 하는 희망을 가지고 새로운 세계사에 관한 글들을 모으면서 시작되었다. 이미 서양에서는 새로운 세계사의 방법론에 관한 단행본들이 출판되고 있을 만큼 새로운 세계사는 이제 단지 한두 편의 논문에 학문적 흐름을 담을 수 없을 만큼 크게 성장하고 있다. 그럼에도 불구하고, 여전히 한국사회에서의 세계사 교육은 경시되고 도외시된 채 한국이라는 국가 중심으로 재편되고 있는 인상을 지울 수 없다. 세계사는 단순히 국가들이나 문명들의 단순집합이 아니다. 더구나 세계사다운 세계사를 전문적으로 연구하는 학자는 우리 나라에 거의 전무하다시피하다. 그러나 분명 새로운 세계사는 시대의 소명이자 당면과제이기 때문에 지구화 시대에 사는 모든 사람들에게, 특히 젊은 세대에게 필수불가결한 교양이자 삶의 방법일 수밖에 없다. 이 책을 통해 독자들이 이러한 시대정신과 시대요구에 조금이나마 부응할 수 있기를 기대한다.

학위논문을 써가며 이 책의 원고정리 등으로 아낌없는 수고를 마다하지 않은 이화여대 석사과정 박창희 양과 박사과정 김서형 선생에게 감사를 드린다. 그리고 이 책이 출간되기까지 세심한 배려를 아끼지 않으신 혜안의 오일주 사장님과 직원들에게 심심한 감사를 표한다.

2008년 12월

이화 언덕에서

저자들을 대표하여
조지형 씀

목 차

제2부 새로운 세계사와 세계사 연구

제3부 새로운 세계사와 세계사 교육

18

제1부
새로운 세계사의 조건과 정의

새로운 세계사의 조건

차 하 순

1. 머리말

고대사 이래로 인류 역사의 각 부분은 다양하게 '분기된divergent' 정치적·경제적·문화적 요인의 영향을 서로 주고받는 가운데서도 공통분모를 갖는 종합문화권으로 '수렴convergent'되는 경향이 있었다.[1] 한낱 지역적인 존재에 불과했던 국가라도 시간의 경과에 따라 상이한 민족과 문화전통을 편입하면서 공통문화권으로 통합되는 형상을 볼 수 있었다. 이러한 문화 수렴현상이 일종의 '세계사' 성립의 배경이라 할 수 있다.

따라서 오래 전부터 동서에 세계사의 관념이 있었다. 예컨대 고대 그리스의 헤로도토스Herodotos, 로마의 리비우스Livius·폴리비우스Polybios, 중국의 사마천司馬遷은 보편적 인류의 역사를 기술하였다.[2] 근대에 이르러 세계사의 관념은 더욱 확산되었다. 그리하여 18세기 유럽 계몽주의 시대에 합리주의 사상의 영향으로 세계사에 대한 관심이 더욱 더 고조되어 19세기 후기에는 영국을 비롯해 독일·프랑스 등 유럽 각지에서 세계사에 관한

1) David Northrup, "Globalization and the Great Convergence : Rethinking World History in the Long Term," *Journal of World History*, 16:3 (2005), pp.251~253.

2) William H. McNeill, "The Changing Shape of World History," *History and Theory*, 34:2 (1995), pp.8~12.

저술들이 간행되었다.3)

주목할 것은 전통적으로 유럽 사학사에서 알려진 세계사란 유럽중심적 세계관의 산물이었다는 사실이다. 랑케의 역사관은 유럽중심주의적 세계사의 정통성正統性을 강화하였다. 랑케의 생각으로는 중국인이나 인도인은 역사를 갖지 않으며 단지 '박물지'를 갖는 데 불과하였다. 이러한 유럽중심주의적 세계사는 19세기 이후 유럽과 미국의 주요 역사가들에게 계승되어 20세기에 이르러 더욱더 확산되고 역사 교과과정에도 반영되었다. 하나의 예로, 미국대학에서는 이미 20세기 초부터 현재의 문제 및 현대세계의 체험에 대한 관심이 점차 증대해 제1차 세계대전 후 대학교육과정을 '현재' 지향적으로 대폭 개편하였다. 1919년 컬럼비아 대학이 '현대문명사'를 개설開設한 이래로 거의 모든 미국 주요대학에서는 서양문화사History of Western Civilization 또는 세계사World History를 저학년 필수과목으로 지정하였다.4)

---

3) 1736년 시작되어 1765년에 완료된 대중 계몽을 위한 叢書 『세계사*Universal History from the Earliest Account of Time to the Present*』는 유럽뿐 아니라 이슬람·아시아·아프리카의 모든 국가를 동격으로 다룬 것으로서 John Campbell, George Sale, John Swinton, Archibald Bower 등과 같은 영국인 역사가들이 저술했으며 간행 즉시 유럽에서 번역되었다. 그러나 사실을 단순히 나열하고 사료를 무비판적으로 다루어 확인되지 않은 여행기에 의존했기 때문에 비판을 받았다. (Georg G. Iggers, "Perspectives of Contemporary World History Studies" at the Conference of Contemporary History and Korea held in Seoul on November 26 (1997), p.2 ; Harry Elmer Barnes, *A History of Historical Writing*, 2nd rev. ed. (New York : Dover Publications, 1963), pp.171~172). 한국의 경우 19세기 말~20세기 초에 『만국사』의 이름으로 가르친 세계사는 Universal History에 해당하는 것이었다. 그러나 한국의 만국사는 주로 유럽이나 미국의 역사를 가리킨 것으로 민족주의 또는 독립운동의 정신과 밀접하게 관련되었다. 자유주의와 내셔널리즘이 고조된 19세기 유럽 역사는 한국의 민족운동자들에게 교훈을 주는 역사였다.

4) John Higham, *History : Professional Scholarship in America* (New York : Harper & Row, 1965), p.42.

유럽중심주의는 서양의 근대성을 문명과정의 절정으로 보는 진보관과 밀접한 관계가 있었다. 특히 유럽중심주의는 근대화론을 통해 더욱더 전파되었다. 마르크스Karl Marx에서 베버Max Weber에 이르는 근대화론자들은 오직 서방세계만이 작업의 합리적 조직화, 자본에 대한 합리적인 계산, 합리적 국가를 체험했다고 주장하는 동시에 비유럽세계에서 일어나는 근대화는 예외없이 서양화Westernization의 형태로만 가능하다고 믿었다. 또한 근대화는 세계 모든 지역으로 퍼져나가 보편화될 것, 즉 세계화될 것이라고 내다보았다.

19세기 특히 산업혁명 이래로 세계화가 보편적인 현상이 됨으로써 이에 따라 세계사관 역시 변천하였다. 지구가 시공간적으로 하나의 '전체'라고 간주되는 세계화는 20세기에 '한층 더 강하게 동시적으로 진행'되었으며 이에 따라 세계사는 새로운 개념(즉, global history)으로 정립되었다.5) '새로운 세계사'는 '전통적인 세계사traditional world history'와 동일하거나 그것을 보완하는 것이 아니라 '현대세계의 전全 지구적 과정에 대한 새로운 접근'으로 재인식되었다.6)

새로운 의미의 세계사는 1970~1980년대에 이르러 세계 역사학계의 적극적인 관심을 끌기 시작했다. 예를 들면 고초크Louis Gottschalk, 맥닐William McNeill, 스타브리아노스Leften S. Stavrianos, 커틴Philip D. Curtin, 라우이Theodore von Laue 등 일급역사가들이 세계사의 새로운 영역을 탐색하였다. 맥닐과 스타브리아노스는 세계사학회World History Association 창설의 정신적 지주가 되었고 이 학회는 1982년 공식적으로 발족하여 학회지 *Journal of World*

---

5) Bruce Mazlish, "An Introduction to Global History," in Bruce Mazlish and Ralph Buultjens, eds., *Conceptualizing Global History* (Boulder : Westview Press, 1993), pp.1~2.

6) Wolf Shaefer, "Global History : Historiographical Feasibility and Environmental Reality," in Bruce Mazlish and Ralph Buultjens, eds., *Conceptualizing Global History*, p.48.

*History*를 창간하였다. 결국 새로운 종합적 세계사를 지향하는 역사학계의 시도는 파급되어 더욱 확산되었다. 예를 들면 2006년에는 런던 정치경제 대학원London School of Economics and Political Science 주도 아래 '역사서술의 주제 단편화thematic fragmentation of historiography'의 극복을 위해 국제적인 협동을 표방하는 세계사 학술지 *Journal of Global History*가 케임브리지 대학 출판부에서 간행되었다. 이 학술지는 비록 영국이 중심이 되어 있으나 편집진이나 편집자문위원회는 국제적으로 편성되었다. 전 지구적 차원에 관련된 주요 문제 및 각종 세계화 과정이나 반세계화 운동反世界化運動을 다루는 것을 목표로 유럽중심주의로부터의 탈피를 선언하고 문화사 및 정치사와 관계되는 전통적인 지역적 경계를 초월할 것을 다짐하고 있다.

이와 같이 21세기의 세계사는 유럽중심주의를 탈피하여 지역적 특수성을 감안한, 전 세계의 역사로 거듭 인식되기에 이르렀다. 그것은 지역문화의 독특한 특성을 수렴하는 세계사가 될 것이다. 20세기 중기 이후 특히 냉전시대가 종료되는 1990년대 이후 세계 역사학계의 주요 관심사는 인류가 하나의 공동체를 형성해 가는 지구 전체의 역사였다.[7] 국가 또는 민족의 역사는 넓은 시야에 따라 지역의 역사나 대륙의 역사 또는 전 세계적인 역사의 통합성에서 고찰하기 시작하였다.

여러 전문가들이 새로운 세계사에 관심을 보이게 된 이유는 다음과 같이 열거될 수 있다. 첫째 현대세계는 인류 역사상 그 어느 시기보다도 구조적으로 변혁을 겪고 질적 차이를 경험하였다.[8] 산업과 과학기술의 획기적인 발전은 인간의 삶과 사회구조를 근본적으로 바꾸어 놓았다. 둘째

---

7) Philip Pomper, "World History and Its Critics," *History and Theory*, 34:2 (1995), p.3.
8) Geoffrey Barraclough, *An Introduction to Contemporary History* (New York : Basic Books, 1964), pp.9~10.

이유로서는 세계화라는 현실적인 변화를 지적할 수 있다. 경제적 통합과 상호의존, 운수교통과 정보통신의 속도 변화 등으로 인한 세계화는 좋든 나쁘든 인류사회의 당면한 현실로 나타났다.[9] 경제적 활동, 문화교류, 인적 교류는 초국가적으로 행해지게 되었다. 셋째로 인류공동체적 가치 공유를 들 수 있다. 세계는 종족, 국경, 문화의 차별성보다도 인류공동체로서의 목표와 가치의 공유를 강조하게 되었다. 우주개발은 인류사회가 하나라는 인식을 더욱 확실하게 하였다. 우주공간에서 지구를 관찰할 때에는 지구는 하나의 공동체인 것이다.[10] 넷째로 단지 국가적인 차원이나 지역적인 차원에서 관찰하거나 해결되지 않는 문제들이 대두하였다. 즉, 인구이동·기후변동·기술이전·병충해 전파 등이 그 예 가운데 일부가 될 것이다.[11] 이러한 문제는 전 지구적 협동을 전제로 하기 전에는 해결되기 어렵다.

좋든 싫든 세계화는 거역하기 어려운 인류역사의 큰 추세이며 이 상황에서는 어떠한 지역중심의 행위라도 인류공동체의 가치관으로 수렴되는 경향을 갖는다. 세계 각 지역이 밀접하게 연결되고 있는 상황에서 역사가는 자신의 좁은 전문영역을 중심으로 한 생각의 틀framework만을 고집하기 어렵게 되었다. 역사가는 모름지기 역사인식의 폭의 확대 즉, 세계화 시대에 적합한 거시적 시야巨視的 視野가 필요하게 되었다. 새로운 시각에 따른 세계사는 역사가의 진지한 대상이 될 뿐 아니라 하나의 방법론으로서도

---

9) Patrick Karl O'Brien, "The Status and Future of Universal History," in Sølvi Sogner ed., *Making Sense of Global History* (Oslo : Universitetsforlaget, 2001), pp.21~23.

10) Bruce Mazlish, "An Introduction to Global History," in Mazlish and Buultjens, eds., *Conceptualizing Global History*, pp.1~2.

11) Jerry H. Bentley, "A New Forum for Global History," *Journal of World History*, 1:1 (1990), iv.

중요하다.[12] 이제 우리 나라의 역사학계 및 역사교육계가 세계학계에서 대두되는 새로운 세계사를 위한 과제와 씨름할 때가 왔다고 본다.

2. 새로운 세계사의 필요성

오랫동안 세계사는 그 중요성이 확인되었음에도 불구하고 상대적으로 활성화되지 않았으며 일종의 '변경 분야邊境 分野'로 남아 있었다. 전통적으로 전문적인 강단역사가들은 교육에서나 실제서술에서 세계사와 같은 종합적 시도를 부정적으로 평가하였다. 세계사는 학문적으로 연구하기에는 너무 광범하고 비실제적인 과목이며 역사가의 현대적 감각과는 유리된 과목이라는 생각이 널리 퍼져 있었다.[13] 역사가들은 한편으로는 세계사의 중요성을 인정하고 역사를 '세계적인 관점'에서 보아야 한다는 점에서는 공감하지만, '광범한 시야'에 따라 역사를 서술하는 경우는 흔치 않았다.[14] 설사 대학교육과정에서 세계사가 개설된다 해도 단지 서론적 개설과목으로 저학년에서만 가르치는 것이 공통의 현상이었다. 세계사는 대학 고학년 과목 또는 대학원 학위논문의 대상 분야로 간주되지 않았다.[15]

세계사에 대해 등한한 이러한 태도는 역사학의 근대적인 출발점에서 그 기원을 찾을 수 있다. 이른바 근대적인 '과학적 역사'는 처음부터 경험적

---

12) Arif Dirlik, "Performing the World : Reality and Representation in the Making of World Histor(ies)," *Journal of World History*, 16:4 (2005), p.392.

13) Gilbert Allardyce, "Toward World History : American Historians and the Coming of the World History Course," *Journal of World History*, 1:1 (1990), p.23.

14) Pomper, "World History and Its Critics," pp.1~2.

15) T. E. Vadney, "World History as an Advanced Academic Field," *Journal of World History*, 1:2 (1990), p.209.

연구에 의한 전문화를 지향했으며, 종합적인 '거시사macro- history'를 목적으로 하지는 않았다. 역사연구가 '강단역사학academic history'이 되면서 역사학은 통합된 학문으로서보다도 '부문화部門化' 또는 '전문화'의 경향을 띠었다. 예컨대 미국의 경우에도 일찍부터 미국사와 유럽사를 구분했으며 일본 역사학계에서는 대학 사학과를 설립할 당시 이미 동양사와 서양사의 두 부문으로 나누었다. 한국의 역사학계 및 역사교육계에서도 한국사·동양사·서양사의 세 부문으로 자체의 영역을 분명히 하는 것이 관례였다. 세분된 전문영역을 확보한 역사가들은 세부적인 사실 천착에 집중하는 논문을 쓰는 데 몰두하였다. 강단역사학의 가장 큰 폐해는 역사의 서술성과 대중적인 계몽성을 상실했으며 역사를 재미없는 과거 캐기로 만들어버렸다는 사실에 있다.

　역사연구와 서술이 편협한 부문화를 지향하게 된데 대해서는 민족주의 또는 국가주의 관점이 크게 작용하였다. 역사가는 오랫동안 민족의 대의명분을 뒷받침하고 국민의 주체성을 확립하는데 나름대로 역할을 한 셈이었다. 사람은 누구나 국가 안에서, 국민으로 태어나는 것이다. 역사가는 이와 같은 '태생적' 의무를 가장 충실하게 수행할 수 있는 위상에 놓여 있다. 역사가는 민족의 과거를 탐구하여 전통을 발견하기도 하고 경우에 따라서는 '발명'하기도 하였다. 랑케 이전에 유럽에서도 오랫동안 역사는 권력자를 찬양하는 수단으로 활용되고 민족주의자들 혹은 이념적 옹호론자들의 정치적 도구로서 이용되어 왔다.

　근대적인 과학적 역사에서는 전문성과 세부적 천착이 중요시된 반면에 세계사에서는 상대적으로 '유형'이나 '관련성'을 중시하는 거시사적인 입장을 취했으므로 이에 대해 동료 역사가들의 비판을 받기 십상이었다. 역사가의 생산은 지나치게 '전문적인' 것이 되고 따라서 역사가의 성과는 역사가들 상호의 교류에 그치며, 때로는 역사가끼리의 대화도 힘들 정도의 고도의 전문성을 띠게 되었다. 이러한 상황에서 세계사는 '정상적인' 분야 또는 '독창적인' 영역으로 인정될 수 없었다. 역사가들은 '대종합grand synthesis'이나 '거대담론master narrative'의 과제는 사회학자·문화인류학자·철학자들에게 맡기고 이러한 시도를 국외자의 입장에서 '칭찬하거나 조롱'하였다.16)

세계사가 외면당하게 된 데는 이 밖에 다른 이유들이 있었다. 세계사는 실증주의 전통에 반反한다는 비판을 받았다. 세계사가들은 직접적으로 문서나 자료에 의존하는 전공 역사가들과 달리 대체로 '제2차 사료'를 활용하면서 서술하게 되는데 바로 이점 때문에 자료의 직접적 검토를 중시하는 동료들의 인정을 받지 못하였다. 더욱이 세계사에는 전체론holism 혹은 유기체론과 같은 난해한 내용을 담는 경향이 있었다. 이는 슈펭글러 Oswald Spengler · 토인비Arnold J. Toynbee 등에서 전형적으로 예시되었으며 문명론적인 거대담론은 일반 역사가들의 접근을 어렵게 만들었다.

또한 세계사가들이 다루는 내용이나 범위가 '개인'의 능력을 벗어나는 것이라는 비판도 있다. 역사의 커다란 유형을 관찰하고 사료와 사료의 연관성을 파악해야 하는 세계사는 초보연구자들이나 신진학자들에게 기대하기 어려운 다재다능을 요구하는 것이 된다.

이러한 한계와 난점이 있음에도 불구하고 세계사에 대한 새로운 접근은 시도되기 시작하였다. 최근 외국의 역사학계에서는 통합된 세계사 또는 '하나의 지구사'에 대한 탐구와 서술이 본격적으로 진행되고 있다. 그 주요한 이유는 현대인의 삶의 모든 면에 큰 의미를 던져주는 인류문명의 지구적 일대전환—大轉換 때문이었다. 특히 과학기술 혁명·세계화·자본

---

16) Pomper, "World History and Its Critics," p.2.

주의의 변화·사회적 변화 등을 지적할 수 있다.[17] 컴퓨터의 도입은 과학
기술의 전환에서 긴요한 역할을 했으며 정보통신과 교통운수의 혁명적
변화는 하나의 세계시장과 하나의 인류공동체를 형성케 하는 데 큰 역할을
하였다. 이러한 지구적 차원의 상호의존성이 새로운 세계사를 대두케 한
것이다. 15세기 이래의 유럽의 패권과 유럽중심주의는 종말을 고하였다.
더욱이 한때 통제적 장치와 사회복지 입법으로 자본주의에는 제동이 걸린
듯했으나 1970년대 이래로 자본주의는 다시 상승세에 들어섰으며 사회적
으로는 계급적 구조의 변화와 사람의 세계적 이동을 활발하게 하였다.

세계사에 대한 각성은 이미 19세기 말부터 있었다. 액튼 경Lord Acton은
1898년 세계사를 모든 국가의 역사를 단순히 합쳐놓은 것이 아니라 인류의
공동운명을 집중적으로 다루는 역사라고 말했으며 1920년 웰스H. G. Wells
역시 세계사란 여러 국가사들의 집합체 이상의 것이라고 단언하였다.[18]
세계사는 전문적인 분야사와 특수사에서의 업적의 종합이다. 모든 강이
바다로 흘러 들어가는 것과 같이 분야사와 특수사는 결국 종합적인 전체사
에 기여하게 될 때 그 존재이유가 있다. 모든 문화와 종교는 동등한 역사적
위상을 차지하며 동등한 연구대상이 되지만 세계사 속에 정치定置될 때
비로소 그 보편적 가치가 정립되는 것이다.

이제 새로운 전환의 시대를 맞이하여 세계사의 관념은 달라졌다. 상호
의존을 중시하면서도 문화권의 자율성과 전통을 존중하는 세계사적 관점
이 필요하다. 경제적 의미의 근대화는 보편적 성격을 지니지만 문화적
의미의 근대화는 통일성과 획일성을 거부하는 것이다. 문화는 그 자체의
역사의 틀 안에서 이해되지 않으면 안 된다. 문화의 관점에서는 획일적인

17) Iggers, "Perspectives of Contemporary World History Studies," pp.8~10.
18) Allardyce, "Toward World History," p.24.

세계사는 없으며 단지 여러 개의 역사들이 있을 뿐이다. 그럼에도 개별문
화의 역사와 세계사는 상호배타적인 것이 아니며 상호보완적인 것이다.
이러한 이원적인 의미의 역사는 새로운 세계사의 핵심을 이룬다.

3. 세계화 네트워크로서의 역사

20세기 중기부터 21세기에 걸쳐 가장 두드러진 화두는 세계화이다.
세계화란 말은 1980년대까지만 해도 일상적으로나 학문적으로 사용되지
않았다.[19] 세계화란 용어는 프랑스에서는 mondialisation, 독일에서는
Globalisierung, 라틴계 지역에서는 Globalizacion으로 표기되며, 오늘날 세계
적으로 널리 통용되고 있다. 현실적으로 우리는 상호 연계된 세계 속에
살고 있다. 이를 세계적 문명권, 세계시스템이라 부를 수 있겠지만 이
글에서는 '세계화 네트워크'라고 명명하려고 한다.[20]

그런데 세계화 네트워크는 오늘에 이르러 새삼스럽게 형성된 것이 아니
라 과거에도 있었다. 예컨대 4,000년 전에 메소포타미아의 도시국가들이
상호 연관 아래 통상조직망을 확대함으로써 남 메소포타미아를 중심으로
한 일종의 세계시스템을 구축하였다. 또한 이집트·아라비아·메소포타

---

19) Anthony Giddens, *Runaway World : How Globalization Is Reshaping Our Lives* (New York :
   Routledge, 2003), p.6.
20) 세계시스템world system은 상호작용권interactive zone : Ross Dunn, 세계통합권ecumene :
   William H. McNeill 등 여러 가지 다른 표현이 가능하다(McNeill, "The Changing Shape
   of World History," p.14). 본래 Immanuel Wallerstein이 착상한 세계시스템world system은
   근대 시기와 관계있는 개념으로 1500년대 이후의 자본주의적 세계시스템을 의미
   하였다. 그러나 여기서는 세계시스템이란 일정한 지역과 시간대에 걸쳐 광범하게
   작용하는 역사적 힘의 집결체 전체, 즉 국지적 사건들이 이러한 힘의 전체적
   집결체와의 관계에서 고찰되어야 하는 집결체 전체를 가리킨다.

미아 및 서 아시아가 단일한 문명의 권역圈域으로 형성된 것은 3,000년 전의 일이었다.[21] 유럽 고대의 헬레니즘, 중세의 유럽 크리스트교 세계 및 동 아시아의 한자문화권도 마찬가지로 세계화 네트워크였다. 이러한 문화권은 각각 자기충족적인 하나의 '세계'를 형성하고 있으며 독자적인 세계시스템을 구성하고 있었다. 지리혁명이 일어나면서 서양열강에 의한 대통합으로써 근대적인 세계시스템이 확대되어 세계 전체를 포괄하게 되었다. 그리하여 각 지역의 자기충족적인 시스템은 '지구적 규모'의 네트워크로 통합되었다.

세계의 역사는 세계화 네트워크가 형성되는 단계에 따라 그 성격을 달리 하였다. 그 단계는 (1) '고대에서의 세계화archaic globalization' : 즉, 복수複 數의 지역적 중심을 가진, 고대부터 17세기까지의 매우 광범한 시기에 걸친 세계화 (2) '세계화의 원형proto-globalization' : 즉, 대체로 유럽을 중심으로 한 정치 · 사회 · 경제의 통합 권역 (3) 현대의 세계화 : 즉, 산업혁명 후의 세계화 등 3단계로 진행되었다고 볼 수 있다.[22] 현대의 세계화는 단순히 경제적인 의미로 쓰이는 용어가 아니며 정치적 · 과학기술적 · 문화적으로 특히 통신정보 체계에서 쓰이게 되었다.

세계화 네트워크는 그 규모와 상호연관성 때문만이 아니라 교류의 규칙성 · 강도强度 · 속도 때문에 상이한 지역들이 누적적 상호작용累積的 相互作用으로 현성된 복합적 구조였다. 그것은 복잡하고 역동적이면서도 질서와 무질서, 통일성과 다양성을 나타내는 것이었다.[23] 그러므로 세계화 네트워크로서의 세계사는 '전체로서의 세계사world- history-as-totality'이며 '초국가적

21) Philippe Beaujard, "The Indian Ocean in Eurasian and African World-Systems before the Sixteenth Century," *Journal of World History*, 16:4 (2005), pp.416~417.

22) Northrup, "Globalization and the Great Convergence," p.253.

23) Beaujard, "The Indian Ocean in Eurasian and African World-Systems," pp.412~413.

인 공간transnational spaces'의 확산이나 문명권간의 상호작용에 대한 역사적 분석의 대상이다.24) 세계의 역사는 이와 같은 세계화 네트워크를 전제로 한 문명권의 역사이지만 이는 단순히 여러 지역의 역사 또는 국가들의 역사를 합쳐놓은 집합체는 아니다. 더욱이 세계사는 다중심多中心 인류문 명을 전제로 다양한 인간경험을 최대한 통합하고 여러 역사시대를 비교하고 연관시킴으로써 이해가 가능한 역사이다.25)

이 점에서 세계사는 하나의 '거시적인 세계체제의 역사macro world system history'이다. 세계사를 하나의 큰 덩어리로 보려는 '전체론적 원칙holistic principle'은 반드시 부문별 전문적 역사와 상충되는 것이 아니라 차라리 상호보완적인 것이라고 해야 옳다. 왜냐하면 모든 부분은 전체에 참여하는 관계에서 더 적절하게 이해될 수 있기 때문이다.26) 이러한 전체를 파악하는 거시적 고찰은 많은 세부적인 부분을 보완해야 하며 이는 전문가들의 도움을 받아야 하고, 전문가들은 거꾸로 전체를 보는 거시적 관찰에 의해 수정되고 재구성되는 것이다. 카E. H. Carr의 표현을 빌면 세계화 네트워크 의 역사는 부문별 전문 역사와의 끊임없는 대화를 통해서만이 서술 가능할 것이다.

---

24) Dirlik, "Performing the World," pp.396~397. 여기서 초국가적인 공간과 세계적인 공간worldwide space을 굳이 구별한다면 초국가적이란 고정된 단위들을 넘어선 과정을 강조하는 데 반해, 세계적이란 국가들과 문화나 문명들을 구성 원칙으로 삼고 있다는데 의미의 차이가 있다(p.406).

25) Andre Gunder Frank, "A Plea for World System History," *Journal of World History*, 2:1 (1991), p.1.

26) Frank, "A Plea for World System History," pp.1~2.

4. 비교방법의 원용

문명권과 문명권, 지역과 지역 사이에는 역사적으로 부단한 '상호작용'
이 있었다. 예컨대 유라시아의 사람들은 오래전부터 서로 원거리에 살고
있음에도 수시로 왕래하고 삶에 대해 도움이나 위협이 되던 간에 이러한
상호작용에 반응하여 새로운 기술이나 지식을 배우면서 생활양식과 문화
를 바꾸었다.27) 이러한 상호작용 과정을 통해 문명이 세계화 네트워크를
형성, 발전하였다. 따라서 세계사에 대한 연구는 당연히 다른 문명과의
만남이나 상호작용을 비교하는 것이 된다.

역사가는 무엇보다 먼저 '보편적인 세계체제ecumenical world system'의 변화
에 초점을 맞추어 고찰하고, 그 다음에는 이와 같은 '변천하는 전체의
패턴'에 각각 독립적인 문명권 혹은 국가나 민족과 같은 상대적으로 작은
실체가 자체적으로 어떻게 발전하는가를 고찰하였다. 물론 이와 반대로
각각의 개별적 단위의 역사 발전을 고찰하면서 더 광범하게 확대하여
인류사와의 관련성을 고찰할 수도 있다. 보편사와 개별사, 세계사와 지역
사는 본질적으로 다른 두 개의 독자적인 연구대상이라기보다 단순히 연구
절차에 속하는 문제에 불과하다.

지금까지의 세계사는 유럽문명이 가장 선진되고 그 주변에 미개지역이
있다는 '서양적 사고' 또는 유럽중심주의적 인식에 기반한 것이었다. 그러
나 새로운 세계사는 이러한 중심-변경이라는 관점이나 유럽중심 세계관
을 극복하여 진정한 세계화 네트워크의 역사를 관찰하지 않으면 안 될
것이다. 즉, 세계사는 '탈脫유럽화'를 지향하는 동시에 복수·다원적 접근
複數·多元的 接近을 통해 서술되어야 한다. 유럽은 너무나 오랫동안 '세계'

---

27) McNeill, "The Changing Shape of World History," pp.14~16.

그 자체였다. 인류사회는 유럽과 비유럽으로 나뉘었으며 비유럽은 오직 유럽인의 눈을 통해 관찰되고 유럽적 가치에 따라 평가되었다.

그러나 새로운 세계사는 스타브리아노스가 말하는 '달에서 바라보는 고찰a view from the moon'이 필요하다.[28] 나아가 '국가사적 틀'을 벗어난 세계사적 시각 즉, 문명을 단수로서가 아니라 복수로 보는 시각 즉, '문명을 아우르는trans-civilizational' 비교사적 시각이 필요하다.

역사에서의 비교방법에 대한 관심은 1920년대 말에 이미 제기되었다. 당시 프랑스의 블로크Marc Bloch, 벨기에의 피렌느Henri Pirenne, 독일의 힌체Otto Hintze 등이 비교사를 제창하였다. 비교사는 복수적인 역사현상을 유사성과 상이성이라는 관점에서 계통적으로 연구·설명하는 방법을 말한다. 비교사에는 두 가지 접근이 있다. 즉, 각 시대마다 전 세계의 광범한 인간적 경험을 상호연관지어야 하는 '수평적 비교'와 오랜 과거시간의 경과 속에서의 여러 유형을 규명하는 '수직적 비교'이다.[29]

동시에 우리는 비교사에 조건과 한계가 있음을 알아야 한다. 우선 비교 대상의 선정에 관한 것이다. 비교에 앞서 시공간적 비교기준에서 과연 비교할 만한 가치가 있는가를 물어야 한다. 즉, 이를 비교가능성comparability

---

28) Allardyce, "Toward World History," p.40.

29) 또 다른 세계사의 방법은 상호작용 과정을 조사하는 방법이다. 세계사는 문명권의 상호작용 과정을 비교적 시각에 따라 고찰하는 것이 필요하다. 상호작용interaction의 과정은 문명권과 문명권의 접촉·교류와 같은 관계를 규명하는 것을 의미한다. 예를 들면 동양과 서양의 문명권의 설명은 '동·서의 유사성과 상이성'을 설명함과 동시에 '동·서의 만남'을 설명하는 것은 '충돌'이나 '교류'의 과정을 설명하는 것으로 보완될 것이다. 그러므로 이러한 문명의 상호작용의 역사는 사회적·지리적·시간적 배경보다 넓은 맥락에 따라 고찰함으로써 예리한 통찰과 정확한 판단에 도달할 수 있을 것이다. 비교사comparative history, 비교방법comparative method, 비교적 시각comparative perspective의 차이에 관해서는 William H. Sewell, Jr., "Marc Bloch and the Logic of Comparative History," *History and Theory*, 6:2 (1966), p.218.

의 타당도라 할 수 있다.[30]

'얽힌 역사histoire croisée'와 관련해 발표된 최근의 한 논문에서 지적한 비교사의 난점은 모든 경우에 공통된 것이다. 관찰자의 위치, 비교의 척도, 비교의 대상, 공시성共時性과 통시성通時性의 상충, 비교대상간의 상호작용 등은 비교사의 난점이다.[31] 먼저 관찰자의 위치로 말하면 비교는 항상 비교대상과 떨어진 외부에 위치하고 논리적 일관성을 유지하기 위해서 관찰자는 등거리等距離를 유지해야 한다. 그러나 사회문화적 현상에 대한 연구는 언어·관념·역사적 경험·선입관 등으로 대상과 관련을 갖게 마련이므로 중심을 잃을 가능성이 크다. 다음으로 지역·국민국가·문명권 등은 역사성이 있으므로 역사적 조건이 일반화되기 어려운 비교척도를 갖고 있다. 비교척도를 어떻게 선택하는가에 따라서는 비교대상의 정의에 간접적인 영향을 끼치게 되는 것이다. 예컨대 척도의 선택으로 인해 비교대상 간의 상관관계는 희석되어 버릴 가능성이 크다. 다음에 공시적 횡단면에 대한 비교고찰에서 의식적이든, 무의식적이든 통시적 종단면縱斷面의 비교가 끼어들 가능성이 크다. 특별한 변화를 결과하는 사건의 시간적 연속의 설명에 지나치게 집착하면 한 요소가 강조되고 다른 요소는 등한시되는 것을 피하기 어려울 것이다. 끝으로 여러 사회를 비교할 때에는 흔히 대상이나 제도가 상호관계 속에 위치해 있을 뿐 아니라, 그 관계로 인한 결과 때문에 상호 수정이 불가피하게 될 것이다. 상호작용을 통해 변화하는 접촉지역에 대한 비교연구는 개념적 틀을 재구성할 필요가 있으며 분석적 도구를 재고해야 할 경우가 있을 것이다.

---

30) 차하순, 「비교사의 방법」, 『서양사론』 제31호 (1988), pp.91~95.

31) Michael Werner and Bénédicte Zimmermann, "Beyond Comparison : Histoire Croisée and The Challenge of Reflexivity," *History and Theory*, 45:1 (2006), pp.33~35.

이러한 난점이 있음에도 불구하고 비교사는 세계사적 사건이나 제도의 상호작용에 대한 이른바 '광역비교廣域比較'를 위해서는 불가결한 수단이라 할 수 있다. 새로운 세계사는 방법론적으로 광역비교를 필요로 한다. 비교사의 선구자로서 주로 시공간적으로 가까운 유럽 사회의 비교에 전념한 블로크는 광역비교를 평가 절하한 바 있다.[32] 그러나 광역비교의 중요성은 부인되기 어렵다. 특히 세계사의 연구자는 비교사적 방법을 통해 균형 있는 설명과 올바른 역사적 판단에 도달하도록 노력을 기울일 필요가 있다.

5. 맺음말

한국이나 외국을 막론하고 직업적인 강단역사가는 세계사에 대해 이중적 태도를 취하는 경향이 있음은 이미 앞에서 지적한 바 있다. 그들은 한편으로 역사적 시각의 확대를 바람직한 것으로 여기면서도, 다른 한편으로는 실제의 역사 교육에서나 연구에서는 세계사적 관찰이란 무모한 시도라고 인식하는 경향이 있다.

그러나 이제 우리는 세계사를 더 이상 외면하기 어렵게 되었다. 현대의 세계화 네트워크의 진행 그 자체가 역사가의 시야를 좁게 한정시키는 것을 용납하지 않고 있다. 달리 말하면 세계화는 현대세계의 대세를 이루고 있기 때문에 세계사를 통한 종합적 역사이해는 우리에게 필수적인 것이 되었다. 넓은 시야의 확보는 역사를 배우고 가르치는 목적 가운데 가장 중요한 것이 되었다. 전문적 연구와 함께 종합적인 세계사적 고찰은

---

32) Sewell, "Marc Bloch and the Logic of Comparative History," pp.214~215.

병행되어야 한다. 직업적 역사가는 누구든 자신의 전문분야에 파고드는
한편, 동시에 역사의 실상을 종합적으로 파악할 수 있어야 한다. 진정한
역사가의 최종 목표는 일반적인 '역사' 전체의 이해가 되어야 한다.

　역사가 개인은 각각 시대사나 지역사와 같은 전문분야를 통해 역사의
세부를 파헤치면서도 항상 더 넓은 시각에서 역사적 맥락과 세계사적
관련성을 파악해야 한다. 궁극적으로는 세계사에 대한 안목이란 개별 영역
의 전문화와 상치되지 않는다. 이는 여러 지류가 합쳐져서 큰 강을 이루고
결국 바다로 합류하는 것과 같다. 한마디로 세계사는 모든 전문 분야의
역사가들이 동참하는 공동의 광장이라 할 수 있다.

지구사란 무엇인가?

조 지 형

1. 머리말

지구사global history는 1980년대 이후 가장 급성장한 역사학 분야 중 하나이다. '지구화Globalisierung'의 물결 속에서,[1] 상호관련성 내지 상호의존성에 대한 첨예한 상황인식과 비전 그리고 자기성찰은 이전과 다른 초국적超國的 인식 틀과 방법론을 통해 인류의 역사를 다시 바라보는 계기를 제공하였다. 그 가운데 가장 괄목할 만한 성과는 지구사의 등장이라고 할 수 있다.[2] 물론 지구사의 등장은 눈부신 과학기술의 발달에 따른 시공간의 응축과정과 포스트모더니즘 및 다문화주의로부터도 크게 영향을 받은 결과이기도 하다.

지구사는 무엇보다도 전 지구적全地球的 인식의 역사학적 표현이며 결과다. 오늘날, 지구화 현상을 지지하든 반대하든 상관없이 전 지구적 인식은

---

1) 울리히 벡, 조만영 옮김, 『지구화의 길』(서울 : 거름, 2000), p.30. 울리히 벡에 따르면, 지구화는 초국적 행위자의 권력, 정체성, 네트워크를 통해 재조직되며 관계를 새로이 갖는 과정이지만, 지구주의Globalismus는 이러한 지구화의 다차원성을 경제적 차원으로 환원시키는 신자유주의적 시장 지배 이데올로기이다.

2) 지구사 혹은 새로운 세계사의 연구경향과 특징을 살펴보기 위해서는 특히 조지형, 「새로운 세계사와 지구사 : 포스트모던 시대의 성찰적 역사」, 『역사학보』 173집 (2002. 3), pp.335~369 ; 강선주, 「세계화 시대의 세계사 교육 : 상호관련성을 중심 원리로 한 내용구성」, 『역사교육』 82집 (2002. 6), pp.41~68 참조.

이제 선택사항이 아니라 생존조건이다. 그것은 지구의 모든 지역을 하나의
시장으로 통합한 전 지구적 자본 팽창의 결과 때문만은 아니다. 그것은
무엇보다도 유일한 존재조건으로서의 지구에 대한 각성이 모든 인류에게
보편적 의무로 강제되고 있기 때문이다.3) 이와 동시에, 오늘에 와서야
인류를 정복과 지배의 대상이 아니라 서로 협력하고 의존해야 하는 동반자
로서, 즉 하나의 공동체로서 바라볼 수 있게 되었기 때문이다.

　그러나 안타깝게도 오늘의 한국 역사학계는 지구사에 대한 적절하고도
지속적인 관심을 가지고 있지 않다.4) "유럽중심주의의 극복"을 외치면서
도 여전히 서유럽 중심의 역사연구와 교과과정이 교정되지 않고 있을뿐더
러 서유럽을 제외한 나머지 지역에 대한 의도적인 홀대忽待와 무시가 잔혹
하리만치 역사학계를 지배하고 있다. "최초의 지구적 문명first global
civilization"5)을 일으켰다고 평가되는 이슬람조차 우리 역사학계에서는 적절
한 관심과 평가를 받지 못하고 있을 뿐더러 인도나 아프리카, 북유럽,
남아메리카 등은 학계의 정당한 배려조차 받지 못하고 있는 실정이다.

　이러한 현상은 단순히 지리적인 편협성에만 국한되지 않는다. 우리
역사학계에는 서유럽 중심의 역사 개념과 국가 중심의 이데올로기가 보편
성의 이름 아래 여전히 맹위를 떨치고 있다. 또한 지구사에 대한 국내의
학문적 관심도 그나마 소수의 학자들에 의한 것인데, 많지 않은 그들의

---

3) 유일한 존재조건으로서의 지구를 인식하는 관점에 관해서는 제임스 러브록, 홍욱
　희 옮김, 『가이아 : 살아있는 생명체로서의 지구』(서울 : 갈라파고스, 2004) 참조.
4) 이러한 상황을 타개하고자 하는 노력이 전혀 없었던 것은 아니다. 2002년 역사학회
　가 세계사학회World History Association와 공동으로 세계사/지구사의 문제를 다루기도
　했으며, 2006년 한국서양사학회는 국내의 여러 서양사 연구 학회들과 공동으로
　개최한 연합학술대회에서 세계사/지구사의 문제를 다루기도 했다.
5) 이러한 평가를 제시하고 있는 대표적인 세계사(지구사) 교과서로는 Peter N. Stearns,
　et al., *World Civilizations : The Global Experience*, 4th ed. (New York : Longman, 2003),
　제6장 참조.

연구 성과 가운데에는 '세계사 교과서 속의 한국'을 살펴보는 민족·국가
주의적 논문이 상당수 차지하고 있다.[6] 더욱이 세계사를 (한)국사의 '여분
의 역사'로 간주하는 자민족중심적 접근방식이 여전히 교정되지 않고
횡행하고 있다. 교육부는 제7차 교육과정(사회)을 설명하면서 "지구 전체
가 하나의 생활권으로 변해가고" 있음을 지적하고 "세계에 존재하는 다양
한 문화와 가치에 대하여 그것을 이해하려는 태도와 능력을" 함양해야
한다고 강조했다.[7] 이러한 교육부의 입장은 우리 나라를 제외한 나머지
세계지역의 역사 행위자를 '당위적 공존 상대'가 아닌 '현실적 이해 대상'
으로 타자화하는 자민족중심적 관점에 입각한 것으로, 이는 지구화 시대에
적절하지 않은 역사인식이다.

　이러한 상황을 타개하기 위해, 이 글에서는 지구사를 보다 명료하게
정의하고 그 학문적 범주를 설정함으로써 지구사에 대한 진지한 관심을
환기시키고자 한다. 여기에서 한 가지 감안해야 할 사항은 지구사의 새로
움에 관한 것이다. 지구사라고 불리는 역사학 영역은 1980년대 서양 역사
학계에 출현하여 이미 많은 학문적 성과를 축적했으며, 그 학문적 결과는
여타 역사학 영역에 상당한 영향을 끼쳤다. 달리 말해서, 오늘의 시점에서
바라보면 지구사의 학문적 접근방법과 연구 성과가 이미 다른 역사 영역과
복잡하게 얽혀 있으며 상당히 중첩되어 있다는 것이다. 더욱이 대부분의
지구사 연구자들은 특정 지역을 1차적인 연구대상으로 삼고 있는 지역연
구자이기도 하기 때문에, 그들의 연구 방법론과 성과는 다른 역사분야와

---

6) 이러한 현상은 연구자의 시각에 기인하는 것이라기보다는 국가 주도적 연구의제
　　설정체제에 기인하는 것으로 보인다.

7) 교육부, 『고등학교 교육과정 해설 : 사회』(1997), pp.188~189. 강선주는 "'다양한
　　문화와 가치에 대한 이해'를 돕는 것에 그칠 것이 아니라 상호의존성의 심화라는
　　관점에서 세계에서 일어나고 있는 사건들을 이해할 수 있는 능력과 태도까지
　　함양할 수 있어야 한다"고 주장한다. 강선주, 「세계화 시대의 세계사 교육」, p.42.

중첩될 수밖에 없다. 이러한 이유 때문에, 지구사의 연구 영역과 범주의
경계가 상당히 흐릿할 수밖에 없다. 이 글에서는 이러한 학문적 중첩성을
충분히 고려하면서 기존의 민족·국가 중심적 역사연구와의 차별성을
부각시키고 지구사의 당면과제를 설명할 것이다.

2. 지구사의 정의 : 세계사와 무엇이 다른가?

지구사global history는 흔히 세계사world history/histories와 상호치환 가능한
용어로 사용된다. 예를 들면, "세계사는 지구적 인류공동체global human
community의 (상호)관련성의 이야기"로 정의된다.[8] 이 정의에서 세계사를
지구사로 바꾼다고 해도 그 의미는 실질적으로 달라지지 않는다. 이처럼
지구사의 연구영역도 세계사의 연구영역과 크게 다르지 않다. 그렇다면,
세계사라는 용어를 사용하지 않고 굳이 지구사라는 용어를 대안적으로
사용하는 까닭은 무엇일까?[9]

일단, 용어의 의미를 분명히 하기 위해 국어사전을 찾아보자. 표준국어
대사전에 따르면, 세계는 "지구상의 모든 나라 또는 인류 사회 전체"라
하고, 지구는 "태양에서 세 번째로 가까운 행성. 인류가 사는 천체"로
정의된다. 영어에서도 마찬가지다. 세계world는 중세 영어에서 비롯한 용어

---

8) Patrick Manning, *Navigating World History : Historians Create a Global Past* (New York : Palgrave Macmillan, 2003), p.3.

9) '세계사'의 대안적 용어로서 지구사global history 이외에 학자의 주장과 접근방법에
따라 여러 용어가 사용되고 있다. 예를 들면, '보편사universal history' '통합사
ecumenical history' '거시사macrohistory' '초국사transnational history' '거대사big
history' '세계체제사world-system history' '지역사regional history' '비교사comparative
history' 그리고 '새로운 세계사new world history' '새로운 지구사new global histories'
등이 있다. 그러나 세계사와 지구사라는 용어가 가장 널리 사용되고 있다.

로 '인류의 현존'을 의미하며, 지구globe는 라틴어 globus에서 기원한 구형球
形의 행성을 지칭하는 개념이다. 이러한 정의의 문자적 의미를 따르면
세계사는 인류의 역사가 되지만, 지구사는 행성의 역사다. 전자는 역사학
분야이지만 후자는 자연과학, 특히 지구과학의 분야로 간주될 것이다.
이런 점에서, global history를 "지구사라고 하면 지구과학에서 말하는 지구
사와 혼돈되기" 쉽기 때문에 잠정적으로 '글로벌 히스토리'로 음운을 그대
로 옮겨 사용하려는 고충苦衷은 충분히 이해될 수 있다.10) 그러나 불행하게
도 이러한 번역은 오히려 지구사의 가장 중요한 측면을 간과하거나 왜곡하
는 결과를 초래한다.

　다른 관점에서 이 용어들을 다시 살펴보자. 지구가 구형의 행성이라는
사실을 인지하지 못했던 시대로 돌아가 보자. 그 시대로 돌아가면, 세계世界
는 "지구상의 모든 나라 혹은 인류 사회 전체"가 아니라 단지 "모든 나라
혹은 인류 사회 전체"일 뿐이다. 이때 인류는 단지 지구상의 인류가 아니라
당시의 과거인過去人이 경험하고 인지하는 한도 내에서의 인간 전체가
되며, 세계는 지구 전체가 아니라 당시의 과거인이 알고 있는(지구의 일부

---

10) 배한극은 global history를 '지구사'로 번역하는 조지형의 입장에 대하여 "지구사라
　　고 하면 지구과학에서 말하는 지구사와 혼돈되기 쉽다"고 말하고 잠정적으로
　　'글로벌 히스토리'로 번역하여 사용하고 있다. (배한극, 「글로벌 히스토리와 글로
　　벌 교육」, 『서양사학연구』 8집 (2003. 6), p.109) 차하순은 'global history'를 주로
　　세계사라는 용어로 번역하면서도, 20세기에 들어와 하나의 총체로서의 지구를
　　강화하는 세계화에 따라 "세계사는 새로운 개념(즉, global history)으로 정립"되었
　　다고 주장하고 "역사는 통합된 세계사 또는 '하나의 지구사'로서 다시 쓰이고"
　　있다고 진단함으로써 지구사라는 용어를 일면 받아들이고 있다. (차하순, 「지금
　　왜 세계사인가?」, 『제1회 전국서양사 연합학술발표회』 (한국서양사학회, 2006.
　　11. 18), pp.136~137) 이에 대해, 정선영은 global을 '지구적'으로 옮기는 사회과학
　　분야의 일반적 관례를 감안하여 global perspective를 지구적 관점이라 옮기면서도
　　global history를 지구적 역사 혹은 글로벌 역사로 번역해 병용하고 있다. (정선영,
　　「지구적 시각에 기초한 세계사 교육에서 접근 방안」, 『역사교육』 제85집 (2003.
　　3), pp.1~39)

지역의) 모든 나라 혹은 인간 사회의 세계가 된다.

좀 더 쉽게 설명하기 위해, 아래의 그림을 이용해보자. <그림 1>의 x축은 시간이며 x축의 점선(시점D)을 현재라고 하고, y축은 우주 공간이며 y축의 점선(공간E)을 지구 공간(인간의 거주 가능 공간)이라고 가정해 보자. 현재인現在人은 지구 행성 전체를 인지하고 있지만 오래 전의 과거인은 그 일부만을 경험적으로 인지하고 있었으므로 이를 선α로 표시해보자.

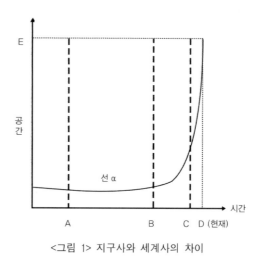

<그림 1> 지구사와 세계사의 차이

현재의 시점D에서 인간이 거주하는 공간은 지구 전체, 즉 행성 전체이며 동시에 이 공간은 인간의 거주 사실을 경험적으로 인지하는 공간이다. 말하자면, 오늘의 시점에서 세계사는 지구사와 동일시된다.

그러나 과거의 시점(A 혹은 B)에서는 사정이 이와 다르다. 설령 과거에 인간의 거주 공간이 지구 전체라고 할지라도, 과거인이 당시에는 지구 전체를 인지하지 못했으며 당연히 지구 전체에 거주하는 인간 전체(즉, 인류)를 인지하지 못했을 것이다. 즉 과거인이 인지한 경험은 지구 공간의 일부분에 지나지 않는다. 그래서 시점A 혹은 시점B의 세계사는 지구사와 동일시될 수 없다.

예를 들어보자. 주변 지역에 있는 민족들을 모두 망라하여 서술했던 사마천司馬遷이나 헤로도토스Herodotos의 역사는 '세계사'일 수 있다. 그러나 그것은 지구사일 수는 없다. 그들은 지구 전체를 몰랐으며, 그들의 역사연구는 지구상의 모든 국가나 민족을 포괄했던 것도 아니다. 하지만 그들이 자신들에게 알려지거나 의미가 있었던 모든 지역을 망라하여 역사를 저술했다는 의미에서, 그들의 역사를 세계사라고 말할 수 있다. 요컨대, 그들의 세계사는 그들에게 "알려진 혹은 의미 있는"[11] 세계의 역사이다. 그러나 오늘날 우리의 관점에서 본다면 그들의 역사는 기껏해야 '지역사regional history'[12]일 수밖에 없다.

그렇다면 세계사가 지구사가 되는 시점은 언제일까? 그것은 일단, 행성으로서 지구의 존재를 인지할 수 있어야 하고 경험적으로 그것을 실천할 수 있는 시점이어야 할 것이다.

다시 위의 그림을 활용해서 설명해보자. 지구에 대한 인지적 경험을 나타내는 선a는 시점B를 통과하면서 급속도로 확장되기 시작하여 시점C를 지나 지구 공간E와 거의 일치하고 있다. 여기에서, 시점B를 1500년경이라고 하고 시점C를 20세기 후반이라고 가정해보자. 물론 학자에 따라 이 시점이 미국혁명이나 프랑스혁명일 수도 있고 산업혁명 혹은 19세기 말의 자유무역과 제국주의적 팽창일 수도 있다.[13] 지리상의 '발견'이나

---

11) Marnie Hughes-Warrington, "World Histories," in Marnie Hughes-Warrington, ed., *Palgrave Advances in World Histories* (New York : Palgrave Macmillan, 2005), p.4 ; William H. McNeill, "The Changing Shape of World History," *History and Theory*, 34:2 (1995), p.8 참조.

12) Bruce Mazlish, "Terms," *Palgrave Advances World Histories*, p.19.

마젤란의 세계일주 혹은 자본주의의 등장 등을 강조하는 사람에게는 시점 B가 지구사와 세계사가 일치하는 시점으로 간주될 것이고, 20세기 후반의 시공간 압축 현상 등의 지구화를 강조하는 사람에게는 시점C가 중요시될 것이다.

흔히, 시점C를 강조하는 후자의 사람들은 시점C 이후 지구화globalization 의 인간 경험을 역사상 유례없는 것으로 평가한다. 브루스 매즐리쉬Bruce Mazlish(2005)는 이러한 유일무이한 경험을 강조하는 입장에서 지금까지 사용해 온 용어인 세계사world history 보다는 새로운 용어 지구사global history를 사용해야 한다고 주장한다. 왜냐하면 지구화의 유일무이한 경험에 대한 역사연구는 기존의 역사연구를 보완하는 것을 넘어선 전혀 새로운 차원의 연구가 되기 때문이다.14)

---

13) 19세기 말의 자유무역과 유럽의 팽창을 강조하는 학자로는 토머스 프리드만Thomas Friedman, 산업혁명을 강조하는 학자로는 앤소니 홉킨스Anthoy Hopkins, 15세기의 지구적 팽창('지리상의 발견' 등)을 강조하는 학자로는 제프리 갠Geoffery Gann, 로비 로버츤Robbie Robertson, 브루스 매즐리쉬Bruce Mazlish(1993) 등이 있다. Thomas Friedman, *The Lexus and the Olive Tree* (New York : Anchor Books, 2000) ; Anthony Hopkins, et. al., *Globalization in World History* (New York : Norton, 2003) ; Geoffery Gann, *First Globalization : The Eurasian Exchange, 1500-1800* (Lanham, Md. : Rowman & Littlefield, 2003) ; Robbie Robertson, *The Three Waves of Globalization : A History of a Developing Global Consciousness* (New York : Zed Books, 2003) ; Bruce Mazlish, "An Introduction to Global History," in Bruce Mazlish and Ralph Buultjens, ed., *Conceptualizing Global History* (Boulder : Westview Press, 1993). 특히 앤소니 홉킨스와 그의 공저자들은 지구화를 3단계, 즉 고대에서 17세기까지의 고졸적古拙的archaic 지구화, 16세기와 17세기의 유럽 중심의 원형적原型的proto 지구화, 산업혁명 이후의 근대적modern 지구화로 구분했다. Hopkins, *Globalization in World History*, pp.4~7. 차하순은 지구사 혹은 세계사를 "세계화의 네트워크로서의 역사"로 파악하고 있으며, 김원수는 매즐리쉬의 입장과 같이 지구사를 20세기 후반 이후 지구화의 과정으로 파악하고 있다. 차하순, 「지금 왜 세계사인가?」, pp.139~141 ; 김원수, 「글로벌 히스토리와 역사들의 지평을 넘어서」, 같은 책, pp.129~133.

14) Mazlish, "Terms," pp.38~39 ; Wolf Shäfer, "Global History : Historiographical Feasibility and Environmental Reality," *Conceptualizing Global History*, p.48.

아이러니하게도, 세계사가 지구사가 동일시되는 시점에서 지구사는 세계사와 분리되고 있는 것이다. 그러나 이러한 분리 현상은 대부분의 세계사 혹은 지구사 연구자들에게서 볼 수 있는 일반적인 현상이 아니며, 매즐리쉬의 정의는 오히려 역사학계의 경향에서 예외적이라고 할 수 있다. 달리 말하면, 매즐리쉬의 지구사 정의는 일반적인 지구사/세계사의 실제 연구에 적용되기 어려운 편협성을 가지고 있다. (사실, 매즐리쉬 이외의 다른 학자가 제시하는 지구사의 정의에 대한 본격적인 연구가 없다는 사실이 지구사와 관련한 혼란을 가중시키고 있다.)

먼저 지적할 수 있는 편협성은 지구화의 기점에 관한 것이다. 매즐리쉬는 지구화의 기점으로 20세기 후반을 지적하고 있지만, 지금까지 지구사의 연구 성과를 고려해 볼 때 그의 주장에 쉽게 동의하기가 어렵다. 지구화의 기점에 관해서는 매즐리쉬와 같이 20세기 후반으로 파악하는 견해뿐만 아니라, 위에서 잠깐 언급한 것처럼 산업혁명 혹은 프랑스혁명, 1500년경의 지리상의 "발견" 혹은 자본주의의 등장, 지구적으로 농경문화가 정착한 기원전 3500~2000년의 '최초의 지구사 시대'(Jerry Bentley), 그보다 더 거슬러 올라가 기원전 15000년경의 '지구 식민화global colonialization' 시대(Irving Rouse) 혹은 그 이전으로 파악하는 견해들도 있다.[15] 매즐리쉬의 정의는 학계의 다양한 견해를 어느 정도 충분히 담아내기에도 역부족이다.

매즐리쉬의 정의에 내재한 또 다른 두 가지의 편협성은 역사의 선형적 인식과 유럽중심적 역사인식이다. 인류의 역사를 살펴보면 20세기 후반의 지구화는 분명 비약적이며 특이한 현상임에는 틀림없다. 그럼에도 지금까지 역사에서 비약적인 지구화를 이룩한 사례는 중국이나 이슬람의 경우도

---

15) Jerry H. Bentley, "Cross-Cultural Interaction and Periodization," p.756 ; Irving Rouse, *Migrations in Prehistory : Inferring Population Movement from Cultural Remains* (New Haven : Yale University Press, 1986).

존재한다. 20세기 후반의 지구화와 정확히 동일하지는 않지만, 그 이전의
지구적 상황과 비교한다면 이슬람의 '최초의 지구적 문명'이나 실크로드
를 중심으로 하는 상업문화적 네트워크 등도 비약적이며, 특이한 지구화
발전이었음에 틀림없다. 이와 같은 지구화가 현재에까지 직접적인 영향력
을 끼치는 누적적이며 체계적인 발전이 되지 못했지만, 현재의 지구화
발전에 초석을 제공했다는 점에서 간과되어서는 안 되는 것이다.

　매즐리쉬의 정의에 대한 비판을 <그림 1>을 이용해 다시 말해 보자.
<그림 1>의 선a는 사실상 역사의 선형적 인식과 유럽중심주의를 그대로
보여준다. 선a에 대한 비판은 단순히 이집트와 메소포타미아의 문명을
반영하지 않았다는 데만 근거하지 않는다. 이슬람이나 실크로드 네트워크
등을 무시하거나 간과하고 있다는 점에서 더욱 그렇다.

　이보다 더 중요한 사실은 위에서 언급한 '최초의 지구사 시대'나 '지구
식민화'를 <그림 1>에 반영한다면 이미 기원전 3500년경이나 기원전
15000년경에 지구를 하나의 역사단위로 그려야 한다는 사실이다. 여기에
서 중요한 점은 당시의 과거인은 물론 최근의 현재인조차 인류가 지구를
하나의 역사단위로 하는 경험을 했다는 사실을 모르고 있었다는 점이다.
이 실체적 경험은 선a로 표시되는 인간의 인지적 경험과 전혀 다르다.
바로 이러한 이유에서, 행성으로서의 지구에 대한 인식을 강조하면서 '코
페르니쿠스적 혁명'에 의지하고 지구화에 대한 20세기 후반의 "지속적
인식"에 초점을 맞춘 매즐리쉬의 주장은 쉽게 받아들이기 어렵다.[16] 인간
의 실체적 경험을 <그림 1>에 표시하기 위해서는 또 다른 선β를 그려
넣어야만 한다. 그리고 선 β는 인류가 아프리카에서 시작하여 전 지구적으
로 팽창한 이후에 y축의 점선(공간E)과 거의 평행선을 이루면서 진행하게

<hr>

16) Mazlish, "Terms," p.37.

될 것이다.

여기에, 또 하나의 차원이 첨가되어야 한다. 그것은 자연과 인간의 상호성 내지 교호성의 차원이다. 인간은 전 지구적으로 움직이며 작동하는 지구 생태계의 각종 생물 및 자연환경과 서로 영향을 주고받으며 교호한다. 인간이 자연의 지구적 메커니즘을 인지하지 못한다고 하더라도 상호관련성 혹은 상호의존성의 영향을 경험할 수밖에 없다. 이러한 경험은 인간의 인지적 경험(선α)이나 실체적 경험(선β)과 전혀 다르며, y축의 점선(공간 E)을 능가하거나 우주적 관점에서 본다면 이보다 훨씬 초월하는 또 다른 선γ로 그려져야 할 것이다. 인간을 중심으로 모든 것을 타자화하는 인간중심주의적 관점을 뛰어넘는다면, 자연을 포함하여 지구를 하나의 총체totality로서 인지하는 지구사의 관점을 얻을 수 있을 것이다.

시공간이 압축되고 세계가 통합된 오늘날의 관점에서 오늘의 역사를 바라보면 지구사와 세계사는 동일한 것이다. 그러나 시간을 거슬러 올라가면, 누구(무엇)의 관점에서 누구(무엇)를 중심에 놓고 바라볼 것인가에 따라 차이가 크게 벌어질 수 있다. 그래서 단적으로, 사마천이나 헤로도토스의 세계사는 우리의 세계사일 수 없다. 볼테르Voltaire가 이념적으로 세계의 모든 곳과 사람을 포함하는 보편사를 서술하려고 했다 하더라도 그 세계사는 서유럽에 "알려진 혹은 의미 있는" 세계로 구성된 세계사라는 점에서, 당시 다른 지식인들보다도 비유럽인에게 관심을 가졌던 볼테르의 세계사도 우리의 세계사일 수는 없다. 그들의 세계는 우리에게 알려지거나 의미 있는 세계와 다르기 때문이다. 그러나 지구사는 소수의 '권력' 집단이나 국가 혹은 지역을 중심으로 하는 그런 종류의 세계사와는 다르다.

지구사는 배타적인 권력의 중심으로부터 특정 지역과 국가뿐만 아니라 특정 집단, 심지어는 '보편적 인간'을 퇴출하고 해방시키고자 한다. 인간이 그 경험을 인지했든 인지하지 않았든 간에, 인간이 그 경험의 중심이었든 중심이 아니었든 상관없이, 지구사는 상호관련성·상호의존성의 관점에서 인간의 경험을 살펴보려고 한다. 1500년대 이후의 근대 혹은 20세기 후반에 와서 인간의 인지적 경험이 전 지구적으로 확장되었다고 해서 그 과정만을 구별하여 지구사라고 부르자고 하는 것은 인간을 역사담론의 중심에 놓는 어리석은 일이다. 도구적 이성의 폐해를 다시 반복할 필요는 없다. 더구나 지구사는 상호관계성과 상호의존성을 강조한다. 그리고 인간의 경험에는 인지적 층위 이외에도 실체적·자연적·우주적 층위 등이 존재한다. 그리고 이러한 여러 층위는 개별적으로 존재하는 것이 아니라 다른 층위들과 복합적이며 중층적, 지구적으로 얽혀 있는 것이다.

지구사는 상호관계성과 상호의존성의 관점에서 이러한 다양하고 복잡한 층위들에 얽혀 있는 인간의 경험을 살펴보려는 것이다. 이러한 점에서, 지구사는 지구적 상호관계성의 역사적 안목과 의식을 전제하지 않는 전통적인 세계사와 다르다. 지구를 하나의 공동체로 바라보지 못하고 특정 집단·지역·국가를 중심으로 인간의 인지적 경험을 읽는 역사는 세계사라고 할 수 있어도 지구사라고는 할 수 없다.

20세기 후반의 지구화를 통해 세계사와 지구사가 중첩되는 시기를 경험하고 있는 오늘, 지구사와 세계사라는 두 용어는 경쟁 중이다. 두 용어 모두 다 살아남아 사용될 수도 있고 어느 하나가 다른 하나를 포섭하여 의미를 독점할 수도 있다. 그러나 적어도 분명한 사실은 위에서 설명한 지구사의 의미가 사라지지는 않을 것이라는 점이다.

3. 지구사의 연구대상 : 무엇을 다룰 것인가?

지구사를 어떻게 정의하느냐에 따라 그 연구대상도 달라진다. 1500년대 이후 혹은 20세기 후반의 지구화globalization 과정의 역사에 지구사를 국한시킨다면, 당연히 지구사는 그 이상의 시대로 거슬러 올라갈 수 없다. 그러나 앞에서 설명한 바와 같이, 다양한 층위의 경험을 추적하는 역사분야로서 지구사를 정의한다면, 지구사의 영역은 엄청나게 넓어질 수밖에 없다.

확장된 연구대상의 범주에 대한 설명을 쉽게 하기 위해 간단한 그림을 그려 보자.[17]

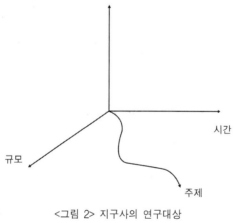

<그림 2> 지구사의 연구대상

<그림 2>의 y축인 공간적 층위에 따른 지구사 연구대상에서 가장 쉽게 생각할 수 있는 것은 초국적transnational 역사행위자이다. 그 초국적 역사행위

17) 이 그림은 세계사 연구를 어떻게 할 것인가에 대한 개념적 도전을 시도한 패트릭 매닝Patrick Manning의 그림을 원용한 것이다. Patrick Manning, "Concepts and Institutions for World History," in Patrick Manning, ed., *World History : Global and Local Interaction* (Princeton : Markus Wiener Pub, 2005), pp.236~239 참조.

자란 초국적 기업·단체·거버넌스 조직(NGOs)·기구(UN 등)·제도·
네트워크 등을 포함한다. 하지만 우리가 공간적 크기에 따라 역사행위자의
공간 영역을 지방local - 민족국가nation-state - 지역regional - 지구global로 구분
한다면, 지구사의 연구대상은 근대 이래로 역사학의 주요 대상이 되어
왔던 민족국가의 영역을 넘어선 지역과 지구가 된다. 물론 지역regions에는
문명 혹은 문명권이나 반구半球hemisphere가 포함될 수 있다. 요컨대, 공간적
으로 지구사는 민족국가를 넘어선 초국적 역사행위자로부터 문명, 문명권,
반구 그리고 지구 전체를 망라하는 범주를 갖는다고 할 수 있다.

　문명권의 역사로는 지중해와 대양大洋을 중심으로 한 네트워크 연구가
주목을 받고 있다. 국내에서도 이에 대한 관심이 많이 증가하여 1997년에
부산외국어대학교 부설연구소로 지중해지역연구소가 개설되어 연구업적
을 착실히 축적하고 있다.18) 또한 대서양문명권을 중심으로 한 역사는
대서양을 중심으로 한 인적·경제적·문화적·자연적(생태적) 교환의 네
트워크 등을 집중하여 살펴보고 있다.19)

　그리고 최근에는 문명권을 넘어서서 반구를 중심으로 하는 연구가 상당
한 호응을 얻고 있다. 지구는 세 개의 구분, 즉 아시아, 유럽, 아프리카를
모두 합친 동반구 혹은 아프로-유라시아Afro-Eurasia, 남북아메리카의 서반구,
그리고 오세아니아로 구분된다. 그러나 이러한 구분은 반구간의 고립을
의미하는 것이 아니며 상호관련성과 상호의존성의 정도의 차이에 따라

---

18) 지중해지역연구소는 정기학술잡지(『지중해지역연구』) 이외에 총서를 간행하는
　　등 활발한 활동을 하고 있다. 그러나 여기에는 여전히 국가 중심에 경도된 연구와
　　발표가 종종 엿보이기도 한다.

19) 대서양문명사에 관한 기본적인 개념에 관해서는 대서양문명사를 개척한 버나드
　　베일린Bernard Bailyn의 *Atlantic History : Concept and Contours* (Cambridge : Harvard
　　University Press, 2005) 참조. 국내의 대서양문명사에 대한 연구로는 김명섭, 『대서
　　양문명사』 (서울 : 한길사, 2001)가 있다.

구분하는 것이다.[20]

<그림 2>의 x축인 시간적 층위에 따르면, 지구사의 연구대상은 단순히 문자와 기록의 시대에만 국한되지 않는다. 그것은 '최초의 지구사 시대'의 기원전 3500년경 혹은 '지구 식민화'의 기원전 15000년경까지 거슬러 올라간다. 또는 우주적 관점에서, 현생 인류의 출현(Homo sapiens sapiens, 10만 년) 혹은 인류의 출현(Homo sapiens, 20만 년)[21]과 지구 행성의 출현(46억 년)을 넘어 빅뱅(137억 년)에까지 거슬러 올라간다. 물론 이러한 시간적 층위의 확대는 당연히 인류학, 지질학, 지구과학, 천문학 등 다른 학문 분야의 도움과 협력을 필요로 한다.

시간과 공간이라는 두 가지 축만을 고려하여 말한다면, 지구사는 인류의 경험의 통시성과 공시성에 대한 통합적 연구라고 할 수 있다. 데이비드 노스럽David Northrup이 지적한 것처럼, 지구사는 종적 통합과 횡적 통합을 추구하는 두 가지 차원의 연구다.[22] 즉, 지구사는 지구의 모든 지역에 있는 인간 경험을 망라하는 작업인 동시에 빅뱅과 원시시대로부터 현재까지 이르는 모든 시간의 인간 경험을 망라하는 작업이라고 할 수 있다.

지구사의 연구대상을 설명하는데 있어서 유용한 또 하나의 축은 규모 scales이다. 일반적으로 규모는 전문적인 역사가들에게 너무나 당연시 되어

---

20) 반구사hemispheric history에 관한 기본적인 개념을 위해서는 Marshall G. S. Hodgson, "Hemispheric Interregional History As an Approach to World History," *Journal of World History/Cahiers d'Histoire Mondiale* (UNESCO), 1:3 (1954), pp.715~723 ; Ross E. Dunn, "The Challenge of Hemispheric History," *History Teacher*, 18:3 (1985), pp.329~338 참조.

21) Christopher Stringer and Robin McKie, *African Exodus : The Origins of Modern Humanity* (New York : Henry Holt, 1996) ; Sally McBrearty and Alison S. Brooks, "The Revolution That Wasn't : A New Interpretation of the Origin of Modern Human Behavior," *Journal of Human Evolution*, 39 (2000), pp.453~563.

22) David Northrup, "Globalization and Great Convergence," *Journal of World History*, 16 (2006), pp.249~250.

의식적으로 인지하지 않는 층위이다. 19세기 중반 이후 전문역사가들은
정상적이고 적합하다고 여기는 역사 연구대상의 규모에 관습화되어 왔다.
오스발트 슈펭글러Oswald Spengler, 웰스H. G. Wells나 아놀드 토인비Arnold
Toynbee 등의 20세기 초 보편사가 혹은 문명사가의 노력에 대한 무시 내지는
폄하는 역사적 근거에 대한 비판적 검토의 부재뿐만 아니라 이런 관습의
담론이 작용한 결과이기도 했다. 사료에 대한 비판적 검토를 근간으로
하는 '과학적' 역사 연구방법론은 수 년 혹은 수십 년의 기간을 바람직한
시간적 규모로 관습화했고, 민족국가에 대한 관심은 한 민족국가의 지리적
영역을 자연스럽고 당연한 공간적 규모로 규정했으며, 여기에 엄청난 양의
정보에 직면하게 되면서 학문이 분화하고 학문 간의 통합이나 통섭을
외면하게 되었던 것이다.23) 달리 말하자면, 지구사는 이러한 근대성의
틀을 뛰어 넘고 유럽중심주의의 담론에서 벗어나려는 시각과 방법론을
제공함으로써 "다른 역사 연구방식을 보완하고 이에 논전論戰하려는 방법
론"이다.24)

　　지구사 역사가들은 전통적인 역사가들과 달리 이러한 관습에서 벗어나
연구대상의 시간적 규모 혹은/동시에 공간적 규모를 확대했다. 재레드
다이아몬드Jared Diamond 는 『총・균・쇠Guns, Germs, and Steel』에서 문명 불평등

---

23) David Christian, "Scales," in *Palgrave Advance in World Histories*, pp.68~71. 물론 모든
　　전문적인 역사가들이 이러한 관습에 얽매여 있었던 것은 아니다. 페르낭 브로델
　　Fernand Braudel의 '장기지속longue durée', 윌리엄 맥닐William H. McNeill의 '문명
　　civilization' 등은 이러한 관습에 예외적인 것이었고 이들은 지구사와 새로운 세계
　　사의 선구자가 되었다. Fernand Braudel, *The Mediterranean and the Mediterranean World
　　in the Era of Philip II*, 2vols. trans, Sian Reynolds (Berkeley : Collins, 1949) ; William
　　H. McNeill, *The Rise of the West : A History of the Human Community* (Chicago : The Univ.
　　of Chicago Press, 1963).

24) Arif Dirlik, "Performing the World : Reality and Representation in the Making of World
　　Histor(ies)," *Journal of World History*, 16:4 (2005), p.392.

의 역사적 기원을 탐구하기 위해 기원전 11000년부터 현재에 이르기까지
의 역사를 검토했다. 다이아몬드가 야생식물의 작물화를 중심으로 여러
문명화 측면을 살펴보았다면, 요한 하우즈블럼Johan Goudsblom은 『불과 문명
Fire and Civilization』에서 불火이라는 단일 주제로 40만 년 전의 호모 에렉투스
Homo erectus의 시대로부터 오늘날에 이르는 문명화 과정의 역사를 탐구했
다.25) 데이비드 크리스챤David Christian과 프레드 스피어Fred Spier는 천체물리
학자 스티븐 호킹Stephen Hawking의 영향을 받아 더욱 시간의 규모를 확대하
여 빅뱅으로부터 오늘에 이르는 '거대사'를 제시하기도 했다.26) 반면에
존 윌스John E. Wills, Jr.는 『1688년 : 지구사1688 : A Global History』에서 같은
해에 세계 각 지역에서 발생한 다양한 사건들을 다루었다.27)

　그러나 연구대상의 규모에 대한 성찰은 단순히 규모의 확대로만 이어지
는 것은 아니다. 지구사는 근본적으로 인류의 존재조건으로서 지구성을
살펴보는 것이기 때문에, 그 규모가 외면적으로 국가보다 작은 규모를
갖더라도 지구성을 보여줄 수 있다면 그것 역시 지구사의 연구대상이
될 수 있다.

　이러한 점에서, 도시는 지구성을 탐구하기 좋은 지구사적 소재가 될
수 있다. 1955년에 전세계 인구의 절반이, 1980년에는 전 세계 인구의
2/3가 도시에 거주하게 되었다. 그리고 "모던 혹은 포스트모던 도시, 종종
거대도시라고 불리는 포스트모던 도시는 최초로 농업 자원에 근본적으로

25) Johan Goudsblom, Fire and Civilization (London : Penguin Books, 1992).
26) Stephen Hawking, A Brief History of Time : From the Big Bang to Black Holes (New York : Bantam Books, 1988) ; David Christian, "The Case for 'Big History'," Journal of World History, 2:2 (1991), pp.223~238 ; idem, Maps of Time : An Introduction to Big History (Berkeley : University of California Press, 2004) ; Fred Spier, The Structure of Big History : From the Big Bang until Today (Amsterdam : Amsterdam University Press, 1996) 참조.
27) John E. Wills, Jr., 1688 : A Global History (New York : Norton, 2001).

의존하지 않게 되었다."28) 오늘날, 동일한 국가의 도시와 농촌간의 동질성
보다 다른 국가라도 도시간의 동질성이 더욱 강력하다. 경제적 동질성뿐
아니라 정치적·사회적·문화적 동질성의 수준에서 그렇다. 이런 점에서,
포스트모던 도시의 지구성은 지구화 과정의 연구에서 가치가 큰 주제라고
할 수 있다. 뉴욕, 런던, 파리, 도쿄, 서울 등 오늘날의 도시는 물론이고
바빌론, 로마, 바그다드, 콘스탄티노플 등도 역시 동시대 '세계의 창'으로
서의 지구사적 안목을 제공해 줄 수 있다.

도시만 지구사적 가치가 있는 것이 아니다. 도시와 인접한 농촌지역도
역시 지구적 내지 지역적 네트워크의 창으로서 지구사 연구자의 기대를
충족시켜줄 수 있다. 실제로 도널드 라이트Donald D. Wright는 6세기에 걸쳐
아프리카 갬비아Gambia의 니우미Niumi 지역의 역사를 연구하여 국가보다는
작은 규모의 지역이지만 특정 지역의 지구성을 보여주는 데 성공했다.29)

달리 말하면, 지구사의 연구대상에서 중요한 점은 지리적 규모가 아니
라 그 지역이 가지고 있는 지구성이라고 할 수 있다. 이러한 이유에서,
지구화된 오늘날 제트 비행기를 타고 전 세계를 부유하는 21세기의 유목
민, '제트 노마드jet nomads'를 피상적으로 대상화하는 접근태도보다 더 중요
한 것은 "지구적인 것과 지방적인 것의 이분법"30)을 뛰어넘어 지구성과
지방성(민족성 등)이 복잡하게 중첩적으로 얽혀 있는 층위들을 깊이 이해
하려는 접근자세이다.

그리고 이러한 시공간적 규모의 변화는 글의 서술방식이나 구성(이야기

28) Bruce Mazlish, "Global History in a Postmodern Era?," *Conceptualizing Global History*, p.122.

29) Donald D. Wright, *The World and a Very Small Place in Africa* (Armonk, NY. : M.E. Sharpe, 1997).

30) Mazlish, "Global History in a Postmodern Era?," p.124.

체)에 있어서도 변화를 초래했다. 규모의 변화는 역사적 흐름의 전환기나 패턴 혹은 순환주기 등에 대한 인식의 변화를 함께 수반하는 것이기 때문이다.[31]

지구사의 연구대상을 보여주는 <그림 2>의 네 번째 축은 주제themes이다. 위에서 이미 간접적으로 언급되었지만, 주제는 연구대상을 선택하고 설정하는 데 있어서 중요한 축 가운데 하나이다. 지구사에 있어서 주제는 어떤 접근방식을 택할 것이며 어느 분과학문(들)을 주로 이용할 것인가에 의해 영향을 받는다.

일반 역사와 달리 지구사 분야만이 가지고 있는 독특한 주제는 '거대사'가 제공하는 주제일 것이다. 지구를 하나의 역사대상으로 삼는 거대사는 천체물리학, 지질학, 지구과학 등의 자연과학적 지식과 창조신화 등에 대한 해박한 지식을 요구한다. 데이비드 크리스찬은 인류의 역사(10만 년~400만 년의 역사)를 훌쩍 넘어 지구 행성의 역사(46억 년)와 빅뱅으로부터 오늘날에 이르는 '거대사'(137억 년)를 주장한다. 1960년대 우주 탐험으로부터 각인된 '행성으로서의 지구'의 경험은 지구에 생존하는 모든 생물이 서로 연관되어 있는 하나의 생물체 가이아Gaia로서의 지구를 인식하게 했다. 지구 행성의 역사에서는 하나의 생물권biosphere에 대한 인류의 (출현과 과정의) 영향과 역할, 여타 생물체의 영향과 그 비교 등이 연구된다면, '거대사'에서는 우주 안에서의 인간의 위치, 인류 역사의 우주적 본질 등이 탐구된다. 이러한 문제를 천체물리학자, 생물학자나 지질학자 등의 고유한 영역이라고 생각하고 방치하는 것은 역사가의 "수치羞恥"[32]이다.

---

31) 지구사의 시공간적 규모의 변화에 따른 이야기체narrative의 변화에 관해서는 Marnie Hughes-Warrington, "Shapes," *Palgrave Advance in World History*, pp.112~134 참조.

32) Christian, "Scales," p.81.

왜냐하면 이처럼 거대한 역사에 대한 인식은 현실에서 유리된 별개의
지식이 아니라 현실을 구성하는 역사 권력이며, 역사가는 역사 속에서의
인간의 역할과 독특성과 관련된 일련의 질문들을 제기하고 이를 논의해야
할 책무를 가진 존재이기 때문이다.[33]

그러나 비교적 역사학에 새로운 주제로서, 지구사 혹은 "세계사를 하나
의 독특한 연구 분야로 만든" 주제는 "생태, 기술, 그리고 보건"이다.[34]
인간중심주의와 근대 사회의 총체적 위기에 대한 성찰적 인식의 결과로
출현한 생태사ecological history 혹은 환경사environmental history는 자연 환경과
생태의 환지구적 가치와 역사성을 탐구한다.[35] 인간이나 동물, 식물은
말할 것도 없이 미생물, 기후, 토지, 나아가 생태계 전체의 변화가 이 분야의
연구대상이 되며 궁극적으로 생태계의 한 부분으로서 인간과 자연이 어떻
게 변화했으며, 어떤 영향을 서로 주고받았으며 어떻게 파괴하였고 공생하
였는지를 살펴보는 것이다. 지구 온난화, 종種의 다양성의 상실, 화석 연료
에 의한 천연자원의 고갈 등에도 깊은 관심을 가지고 있지만 대륙판의
이동이나 장기적 기후변화에 따른 빙하기와 해수면의 변화 등으로 인한

33) *Ibid.*

34) Manning, *Navigating World History*, p.215.

35) 생태사 혹은 환경사에서 주목할 만한 최근 연구로는 Brian M. Fagan, *The Little Ice Age : How Climate Made History 1300-1850* (New York : Basic Books, 2000) ; John Robert McNeill, *Something New Under the Sun : An Environmental History of the Twentieth-Century World* (New York : Norton, 2000) ; Ramachandra Guha, *Environmentalism : A Global History* (New York : Longman, 2000) ; J. D. Hughes, *An Environmental History of the World : Humankind's Changing Role in the Community of Life* (London : Routledge, 2001) ; Robert B. Marks, *The Origins of the Modern World : A Global and Ecological Narrative* (Lanham, MD : Rowman & Littlefield, 2002) ; John Robert McNeill and William H. McNeill, *The Human Web : A Bird's-Eye View of World History* (New York : W.W. Norton, 2003) ; John F. Richards, *Unending Frontier : An Environmental History of the Early World* (Berkeley : University of California Press, 2003) 등이 있다.

종의 발달과 분포 등도 생태사의 관심거리이다.

기술사technological history에 대한 연구는 주로 "기원, 타이밍timing, 역학구조 dynamics, 유산遺産"36) 등에 대한 질문으로 분류될 수 있다. 즉, 기술사 분야는 어떤 기술을 누가 언제 발명했으며 어떤 시기에 다른 사회(문명, 공동체)에 확산되었고, 각 사회에서 어떤 역학구조를 가지면서 발전하고 변화했으며, 어떤 유산을 남겼는지를 연구하는 것이다.37) 여기에서 기술은 식량생산과 주택(건축), 운송 및 교통, 화학과 야금술, 산업, 각종 도구뿐만 아니라 문자, 글쓰기, 통신 등을 포함하는 의사소통의 기술까지를 포괄하는 것이다. 그리고 현대 최첨단 통신기술과 컴퓨터 기술뿐만 아니라 십만 년 전 아프리카에서의 호모사피엔스의 세석기細石器microlithic 기술 그 이상으로 거슬러 올라간다. 기술의 전파설, 동시발생설, 변용설 등이 경쟁하는 기술사는 자연에 대한 인간의 지배 문제뿐 아니라 특정 지역 혹은 집단의 배타적인 창조성과 진보성 그리고 생산성 문제와 이에 따른 사회적 혁신과 변화 문제가 결부되면서 복잡한 연구 경향을 띠고 있다.

그러나 아놀드 페이시Arnold Pacey가 『세계문명과 기술Technology in World Civilization』에서 보여준 것처럼,38) 일반적으로 지구사의 경향은 일방적인 전파가 아니라 쌍방적인 역동적 대화과정이었음을 보여주려고 한다. 이를테면, 다른 지역에서 유입된 기술이라고 하더라도 기술수입지역에서의

---

36) Manning, *Navigating World History*, p.219.

37) 기술사에서 주목할 만한 최근 연구로는 Roger A. Caras, *A Perfect Harmony : The Intertwining Lives of Animals and Humans throughout History* (New York : Simon and Schuster, 1996) ; Judith Carney, *Black Rice : The African Origins of Rice Cultivation in the Americas* (Cambridge, Mass. : Harvard University Press, 2001) ; Joyce E. Chaplin, *Subject Matter : Technology, the Body, and Science on the Anglo-American Frontier, 1500-1676* (Cambridge, Mass. : Harvard University Press, 2001) 등이 있다.

38) Arnold Pacey, *Technology in World Civilization* (Cambridge, Mass. : MIT Press, 1990).

문화전통과 환경 속에서 그 기술이 세련되어 다시 종종 기술수출지역으로
까지 역영향을 주고받는 역동성을 강조하는 것이다.

생태사와 기술사 못지않게 보건사history of health는 일반적인 역사학에서
뿐만 아니라 지구사에서도 주목받는 역사분야다.[39] 독감, 흑사병, 결핵,
말라리아, 에이즈 등 각종 전염병의 번식과 확산 및 패턴을 연구할 뿐
아니라 사회적 환경에 따른 발생률이 달라지는 암癌의 발병을 비교 연구하
는 것도 보건사의 한 부분이다.

물론 보건사는 질병에만 연구의 관심을 집중하는 것은 아니다. 이러한
질병이 어떻게 인간과 사회에 영향을 미치는가를 탐구한다. 예를 들면,
인간 유전자에 대한 연구가 진척되면서 질병이 어떻게 인간에게 영향을
미치는가를 연구할 수 있게 되었다. 한 예로, 윌리엄 더럼William Durham은
유전遺傳과 문화의 역동적 상호관계성에 집중하여 아프리카와 중앙아프리
카에 사는 사람들이 적혈구성 빈혈sickle- cell anemia 유전자를 보유하게 됨으
로써 말라리아로부터 보호를 받게 되었지만 부모 모두가 이 유전자를
가진 경우에는 빈혈을 겪게 되는 대가를 치르게 되었다는 것을 보여주었
다.[40] 말하자면, 보건사는 질병과 이에 대해 인간이 경험한 대가代價와
대응(의료)의 역사를 다루는 것이다. 이런 점에서, 보건사에는 질병사와
의료사醫療史 혹은 의사醫史가 하위 연구 분야로 자리잡고 있다고 할 수

39) 보건사에서 주목할 만한 최근 연구로는 Matthew Gandy and Alimuddin Zumla,
    eds., *Return of the White Plague : Global Poverty and the New Tuberculosis* (London : Verso,
    2001) ; Sheldon Watts, *Epidemics and History : Disease, Power and Imperialism* (New Haven :
    Yale University Press, 1997) 등이 있다.

40) William Durham, *Coevolution : Genes, Culture, and Human Diversity* (Stanford, Calif. :
    Stanford University Press, 1991). 이외에도 Kenneth F. Kiple and Viginia Himmelsteib
    King, *Another Dimension to the Black Diaspora : Diet, Disease, and Racism* (Cambridge :
    Cambridge University Press, 1981) 참조.

있다.

  비록 생태, 기술, 보건의 역사가 지구사의 주요한 연구 분야임에는 틀림
없지만, 기존 역사연구 분야에 따른 주제도 많이 연구되고 있다. 지구사
분야에서 박사를 가장 많이 길러낸 패트릭 매닝Patrick Manning의 평가에
의하면, 지구사 분야에서 정치·경제사는 지구사의 "가장 큰 하위 분야"로
서 "세계사의 중축中軸"이다.[41] 특히 지구사 혹은 세계사가 연구 분야보다
교육 분야에서 더 활발하게 발전하고 있다는 점에서, 문명 중심의 교과서
구성방식 및 교육방식 때문에 정치·경제사는 어느 하위 분야보다 중요하
지 않을 수가 없다. 더욱이 정치경제적으로 이해관계가 복잡하게 얽혀
있는 지구화된 오늘날의 다양한 지역과 사회를 이해하기 위해서는 해당
지역의 정치와 경제에 대한 이해가 우선적으로 선행되어야 하기 때문이
다.[42]

---

41) Manning, *Navigating World History*, p.183.

42) 예를 들면, '서양의 등장' 혹은 '서양은 언제 동양을 앞질렀는가'라는 분기론分岐論
   문제는 윌리엄 맥닐의 저서 제목에서 발견할 수 있듯이 오랜 지구사의 관심사였
   다. 이와 관련하여 괄목할 만한 연구가 이미 많이 발표되었으며 국내에도 번역되
   어 소개되어 있다. McNeill, *The Rise of the West* ; K. N. Chaudhuri, *Asia Before Europe :
   Economy and Civilization of the Indian Ocean from the Rise of Islam to 1750* (Cambridge :
   Cambridge University Press, 1990) ; Richard Von Glahn, *Fountain of Fortune : Money and
   Monetary Policy in China 1000-1700* (Berkeley, Calif. : University of California Press, 1996) ;
   R. Bin Wong, *China Transformed : Historical Change and the Limits of European Experience*
   (Ithaca : Cornell University Press, 1997) ; Andre Gunder Frank, *ReOrient : Global Economy
   in the Asian Age* (Berkeley : University of California Press, 1998) ; James Z. Lee and Wang
   Feng, *One Quarter of Humanity : Malthusian Mythology and Chinese Realities, 1700-2000*
   (Cambridge, Mass. : Harvard University Press, 1999) ; Kenneth Pomeranz, *The Great
   Divergence : China, Europe, and the Making of the Modern World Economy* (Princeton, N.J. :
   Princeton University Press, 2000). 분기론 논쟁에 대한 국내 소개는 강진아, 「16-19세
   기의 중국경제와 세계체제 : '19세기 분기론'과 '중국 중심론'」, 『이화사학연구』
   31 (2004), pp.15~31 참조. 이와 관련하여 '세계체제'의 개념을 의미론적으로
   그리고 시공간적으로 확장한 Andre Gunder Frank and Barry K. Gills, ed., *The World*

그러나 지구사에서 사회사적 연구나 문화사적 연구가 도외시되고 있는
것은 아니다. 20세기 후반 이후 역사학의 중핵을 이루어온 사회사나 20세
기 말에 등장하여 각광을 받고 있는 문화사는 지구사 분야에서도 역시
나름대로 큰 역할을 담당하고 있는 것이 사실이다. 그러나 사회사는 주로
지방 혹은 국가 수준의 통계자료를 근거로 연구가 이루어지는 까닭에
초국적 혹은 지구적 차원의 연구에서 어려움을 겪을 수밖에 없다. 이런
이유로 사회사는 "지구적 역사연구global historical studies의 선두"를 차지한다
고 말할 수 없다.[43] 또한 문화사의 경우에도 최근의 눈부신 약진과 역사학
연구대상의 극적인 확장에도 불구하고 사회사와 별다른 차이가 없다고
할 수 있다. 역사발전의 동력으로서 문명 간의 문화적 접촉을 강조했던
윌리엄 맥닐의 선구적인 업적에도 불구하고, 문화사적 연구는 "개념의
명료성"[44]과 언어 및 문화적 장벽 등의 문제로 어려움을 겪고 있다.

그럼에도 불구하고 사회사에서나 문화사에서 그 생산 속도가 느리기는
하지만 괄목할 만한 연구 성과가 나오고 있다. 특히, 사회사적 연구주제로
서 지구적 및 지역적 인구이동과 인구변화, 여성의 지위와 가부장제 비교,
특정 계급의 형성과 변화, 도시 비교 등에서 활발하게 연구가 진행되고
있다. 또한 문화사 분야에서는 문화적 접촉과 공생, 문화 유형 비교, 지구적
및 지역적 물질문화(의식주 문화 포함), 언어와 사회적 변화, 여행기를
포함하는 문학작품, 세계적 종교 등과 같은 연구주제들이 적극적으로 탐색
되고 있다.

지금까지 시간·공간·규모·주제라는 네 가지 축을 중심으로 지구사

System : Five Hundred Years or Five Thousand? (New York : Routledge, 1993) 참조.
43) Manning, *Navigating World History*, p.201.
44) *Ibid.*, p.229.

의 연구대상을 살펴보았다. 지구사도 역시 역사학의 한 분야인 까닭에, '거대사'를 제외한다면 일반 역사학에 대해 배타적인 연구대상을 특별히 더 폭넓게 가지고 있는 것은 아니다. 그러나 차별화해서 말하자면 지구사 는 다양한 학제적 연구방법을 통해 지구성globality과 지구적·지역적regional 차원의 역사적 동력을 살펴보는 것이라고 할 수 있다. 좀 더 부연하자면, 지구사는 주로 (1) 인류의 존재조건으로서의 지구성globality (2) 하나의 역사 단위로서의 지구 (3) 지구적·지역적 상호연관성 및 상호의존성 (4) 역사행 위자의 지구적·지역적 층위 혹은 의미를 연구하는 것이며 (5) 유럽중심주 의와 모더니티를 뛰어넘기 위한 방법론을 제공하는 것이라고 하겠다.

4. 지구사의 역설 : 이념과 현실

사회사나 문화사가 그러하듯이, 지구사도 나름대로 학문적으로 혹은 정치적으로 표방하는 이념이 있다. 그러나 지구사는 다양한 학문 분야의 여러 접근방식을 통해 지구적 차원뿐 아니라 다양한 지역적 차원의 대상을 연구하고 있기 때문에, 한두 개의 이념으로 지구사의 흐름을 모두 포섭하 여 설명하는 것은 사실상 불가능한 일이다. 그럼에도 불구하고, 이렇게 지구사의 이념과 현실을 살펴보는 것은 지구사가 추구하는 목적과 경향을 대략적으로 살펴보는 데 도움이 될 것이다.

기존의 세계사가 진보의 거대담론에 근거하고 있다면, 지구사 혹은 새로운 세계사는 정의正義를 표방한다. 근대 이후, 유럽중심의 "보편사 universal history" 혹은 세계사는 인류의 역사가 과학·기술·물질뿐 아니라 합리성과 심지어 도덕성에서조차 이전보다 나아질 것이라는 진보의 신념 에 기초하여 작성되었으며, 민주주의의 발달은 그 진보의 역사를 실증해주는 자명한 사례로 간주되었다. 그리고 유럽의 오만 속에서 유럽의 보편적 기준에 맞지 않는 세계의 나머지 지역이나 집단은 역사 없는 무가치한 존재로 폄하되었다. 특히, 제1차 세계대전의 참화 속에서 서양문명을 중심으로 하는 세계사가 확고히 자리를 잡았고 이에 편승한 각종 역사연구와 교과서의 발행이 추진되었다.[45] 이러한 보편적 기준에 부응하기 위해, 우리 나라에서는 한국사의 '보편성과 특수성'을 강조하기도 했다.

   그러나 제2차 세계대전 이후 제3세계가 각성하고 사회 구성원들이 제각기 나름대로의 목소리를 내게 되면서, 1960년대에 유럽중심주의와 인종주의 및 자민족중심주의를 신랄하게 비판하고 진보의 이념을 재검토하기에 이르렀다. 그 결과, 지구상의 각 지역·인종·문화에 대한 균형적인 성찰과 시각을 추구하는 지구사 혹은 새로운 세계사가 등장하게 되었다.[46] 1958년 레프틴 스타브리아노스Leften S. Stavrianos는 "세계사는 유럽의 역사가 아니다"라고 선언하였다. 그는 세계사는 "유럽과 그것의 세계 관계들"로 이루어진 역사가 아니라, "새롭고 진정으로 지구적 관점"을 가진 역사이어야 한다고 주장함으로써 지구사 혹은 새로운 세계사의 필요성을 역설했다.[47]

---

45) Gilbert Allardyce, "The Rise and Fall of the Western Civilization Course," *American Historical Review*, 83:3 (1987), pp.695~725 ; Silvia Federici, ed., *Enduring Western Civilization : The Construction of the Concept of Western Civilization and Its "Origins"* (Westport, Conn. : Praeger, 1995) ; 강선주, 「미국 대학의 교양 교육과정에서의 '서양문명' : 하버드, 콜럼비아, 시카고 대학의 사례를 중심으로」, 『호서사학』 제44집 (2006), pp.143~170. 교육과정이라는 관점에서 보면, 지구사/세계사의 등장은 서양문명사와의 갈등과 투쟁을 수반하는 것이었다. 조지형, 「새로운 세계사와 지구사」, pp.366~367 ; 강선주, 「미국의 세계교육을 둘러싼 논쟁 : 다원론적 관점과 국익중심 관점」, 『미국사연구』 14집 (2001), pp.157~181.

46) 김원수, 「글로벌 역사global history란 무엇인가」, 『사회과교육』 제41권 제2호 (2002), pp.45~58 참조.

47) Lefton S. Stavrianos, "The Teaching of World History," *Journal of Modern History*, 31

이러한 점에서, 지구사는 기존의 세계사에 의해 폄훼되거나 무시되었던 지역·집단의 역사들histories을 복원함으로써 지구적 인류 공동체의 역사를 추구하는 것이다. 제리 벤틀리Jerry Bentley가 정확하게 지적했던 것처럼, 지구사 혹은 "세계사는 특히 세계의 공동 역사에 대한 모든 사람들의 공헌을 밝히는 수단"48)이기도 하다. 지구사는 지금까지 서유럽의 관점에서 폄하되고 왜곡된 '역사 없는 사람들people without history'의 역사49)를 회복하고 서유럽의 "타자"에게 정당한 목소리를 부여하는 작업을 수반한다. 이를 통해 지난 인류가 민족·종족·인종·계급·성별로 겪었던 분열과 갈등(의 역사)을 해소하고 인류의 공헌과 (정복과 착취로 인한) 고난苦難을 동일시하는 정체성을 함께 공유하려는 것이다.

또한 지구사는 서유럽의 역사적 위치를 상대화하는 것처럼 인간 중심의 역사를 상대화함으로써 자연(질병, 기후, 물질, 생태계, 행성으로서의 지구 등)의 정당한 위치와 지위를 찾아주려고 한다. 인간의 정복대상이 아니라 서로 의존하는 공생의 존재로서 자연을 바라보는 생태사ecological history는 '만물의 영장'으로서의 인간의 우월성을 해체하여 자연과 인간 사이의 정의正義 내지 균형을 복원하려는 것이다.

그렇다면, 실제 지구사에서 완벽한 정의와 균형을 기대할 수 있을까? 예를 들어, 고등학교 세계사/지구사 교과서에서 모든 지역과 집단을 정의

(1959), p.112, 116. 이 논문은 1958년 12월 미국역사학회 연례학술대회에서 발표한 글이다. 스타브리아노스 이외에 지구사/새로운 세계사의 선구자로는 윌리엄 맥닐과 마셜 호지슨Marshall G. S. Hodgson이 있다. Marshall G. S. Hodgson, *Rethinking World History : Essays on Europe, Islam, and World History* (New York : Cambridge University Press, 1993)는 유고집으로 국내에 번역 소개되어 있다.

48) Jerry Bentley, *Shapes of World History in Twentieth-Century Scholarship* (Washington, D.C. : American Historical Association, 1996), p.4.

49) '역사 없는 사람들'의 문제에 관해서는 Eric Wolf, *Europe and the People without History* (Berkeley : University of California Press, 1982) 참조.

에 따라 균형 있게 배분하여 가르칠 수 있을까? 지구상의 모든 민족·종족·인종·계급·성별이 완전히 객관적으로 수긍하고 공유하며 함께 존중할 수 있는 지구사가 가능할까?[50] 역사가는 지구사의 너무나 많은 관련 사실과 정보 속에서 결국 선택을 해야 하고 그 자신이 선호하는 어떤 한 관점에서 서술하는 결과에 도달하지 않을까? 예를 들면, 18·19세기의 기술적 발전을 서술하면서 서유럽 중심을 벗어날 수 있을까? 설령 그것이 지구적 관점에서 탐구된 것이라고 하더라도 말이다. 만약 벗어날 수 없다면, 지구사가 추구하는 정의와 균형이란 또 다른 고상한 꿈이 아닐까?

예를 들어보자. 일반적인 연대표기방식으로 BC(Before Christ)와 AD(Anno Domini, in the Year of the Lord)가 사용되어 왔다. 그러나 지구사 혹은 새로운 세계사 연구자들은 더 이상 이러한 연대표기방식을 거부하고 사용하지 않는다. 그 대신, BCE(Before the Common Era)와 CE(Common Era, 인류의 공동시대)를 사용한다.[51] 이러한 노력은 예수Christ의 탄생을 중심으로 하는 BC와 AD의 표기방식이 기독교 중심적이어서 비기독교적 종교·종교지역에 대한 폄하 내지 배타성을 가지고 있다는 비판적 성찰에 따른 것이다.

실제로 BCE/CE의 사용은 용어의 비종교성(세속성) 내지 비서구성 때문에 점차 관련학계에서나 관련 기관에서 호응과 지지를 얻고 있다.[52] 세계

---

50) 이러한 목적을 이룩하기 위한 두드러진 노력 가운데 하나는 서유럽 중심의 역사의 3구분을 철폐하려는 노력이다. 이에 대한 논의에 관해서는 Ross Dunn, "Periodizing World History," Ross Dunn, ed., *The New World History : A Teacher's Companion* (Boston : Bedford/St. Martin's, 2000) 참조. 제리 벤틀리는 고대/중세/근대의 3구분을 폐기하고 고대/고전시대/포스트-고전시대/전근대/근대를   주장했다.   Jerry   Bentley, "Cross-Cultural Interaction and Periodization in World History," *American Historical Review*, 101 (1996), pp.749~770.

51) Bonnie Blackburn and Leofranc Holford-Strevens, *The Oxford Companion to the Year : An Exploration of Calendar Customs and Time Reckoning* (Oxford : Oxford University Press, 1999), p.782.

사학회, 미국의 인류학회, 지리학회, 문헌학회 등 뿐만 아니라 스미스소니언 박물관, SAT 등 대학자격시험을 담당하는 미국대학위원회College Board, 비기독교 소재에 관한 프로그램에서의 히스토리채널 등이 새로운 연대표기방식 BCE/CE를 사용하고 있다.

그러나 예수 탄생을 기준으로 한 연대표기방식인 BC/AD를 BCE/CE로 바꾼다고 해서 그 종교적 성격에서 완전히 벗어나 본질적으로 변화할 수 있는 것은 아니다. 후자의 표기방식을 쓰더라도 그 원초적 기준은 여전히 예수의 탄생이다. 그래서 어떤 이들은 CE가 여전히 기독교 시대Christian Era를 상기시킨다고 비판을 멈추지 않는다. 더욱이 BCE/CE의 분기점, 즉 인류의 공동 시대의 시발점은 정말 인류의 역사에서 공동 시대의 시발점이라고 말할 수 있는지도 문제다.

연대표기방식의 문제에서 나타나는 것처럼, 지구사의 역설逆說은 그 고고한 목적에도 불구하고, "세계 언어"가 된 영어(혹은 영어 이면의 서구 중심 담론)가 가진 기존의 정치적·문화적 이데올로기와 이해관계를 적어도 상당 기간 동안 전 지구적으로 (확대)재생산하게 될 것이라는 점이다. 더욱이 지구사는 지구를 하나의 역사단위로 간주하면서도 동시에 지방─민족국가─지역(문명권, 반구─세계체제)에 대한 연구에 의존하지 않으면 안 된다. 영어로 재코드화recodification를 거친 학문적 성과만이 그것도 논란

52) 우리의 경우, 서양의 시대적 기준이라는 의미로 '서기西紀'라는 용어를 사용하면서 동시에 BC와 AD를 여전히 사용하고 있다. 지구사의 관점에서 보면, 이는 매우 부적절한 것이다. 영문 표기뿐만 아니라 번역어의 경우에서도 서기라는 용어를 중심으로 우리의 삶을 예정하고 기록하는 것은 서양의 시대적 기준을 중심으로 삶을 경영한다는 의미를 가지는 유럽중심주의적 표기관례라고 생각된다. 우리도 새로운 연대표기방식을 적극적으로 검토할 필요가 있다. 만약 BCE/CE를 사용하는 경우 세계가 함께 사용하는 연대표기법이라는 의미에서 '공기共紀'라는 번역어의 사용을 제시하고자 한다.

을 거치면서 반영될 것이다. 세계 각지에서 자국의 언어로 생산된 풍부한
역사 지식과 학문성과는 언어 장벽 문제로 지구사의 역량으로 축적되기에
는 상당한 한계가 있는 것이 사실이다.[53] 여기에서, 각 국가가 가지고
있는 이데올로기와 신념체계의 "소독" 문제도 논란거리가 될 것이다. 더욱
이 지구사는 역사학의 한 분야로 검증가능성을 지녀야 한다. 그것도 사회
과학, 자연과학 분야 등 다양한 학문분야를 망라하며 그러한 다양한 학문
분야들이 통섭을 이루는 분야이어야 한다. 학문 간의 이기주의는 또 하나
넘어야 할 난제이다.

이제, 두 번째의 역설에 대해 이야기를 해보자. 흔히 지구사 연구자들은
하나의 공동체로서의 상호연관성을 강조하며 "총체로서의 세계사
world-history-as-totality"를 주장한다.[54] 지구사는 단순히 기존 역사연구에 추가
된 관점도 아니며, 단순히 특정 집단·국가·문명의 역사적 맥락을 좀
더 잘 이해하기 위한, 좀 더 넓은 역사적 안목도 아니다. 지구사는 그
이상이다. 지구사는 그 자체로 총체이며 그 자체로 충분한 연구가치를
지니고 있다. 그러한 까닭에 지구사는 여러 분야의 전문적 연구의 종합
그 이상일 수밖에 없다.

그렇다면, 모든 실제 지구사는 총체로서의 세계사를 추구하는 것일까?
제리 벤틀리가 적나라하게 비판하고 있는 것처럼, "명확히 모순적"이긴
하지만 자국의 가치와 업적을 배타적으로 강조하는 "애국적 세계사patriotic
world history"가 존재한다.[55] 애국적 세계사는 자국(이 경우 유럽 혹은 유럽과

---

53) 물론 이러한 언어적 장벽을 뛰어넘어 괄목할 만한 연구 성과를 거든 지구사
   연구도 있다. 대표적인 예는 문화사적 관점에서 아프리카의 반투어Bantu languages
   부족의 5,000년 정치적 전통과 역사를 탐구한 Jan Vansina, *Paths in the Rainforests :
   Toward a History of Political Tradition in Equatorial Africa* (Madison : Univ. of Wisconsin
   Pr., 1990) 참조.

54) Dirlik, "Performing the World," p.396.

미국)의 경험을 중시하면서, 역사의 유용성이라는 이름 아래 다른 지역이
나 사람들(민족·종족·인종)의 경험을 단순히 자국 경험의 역사적 맥락
으로만 인정할 뿐만 아니라 심지어는 회피해야 할 경계대상의 경험으로
폄훼한다. 특히, 미국이나 유럽을 제외한 나머지 세계지역의 역사는 민주
주의나 정치적 자유의 발전에 아무런 기여를 하지 않은, 그래서 주목할
이유가 없는 천박한 대상으로 간주된다. 이런 '애국적' 논리 속에서, 지구
사회 그 자체가 지닌 가치 때문에 지구사를 연구할 가치가 있다는 지구사
의 기본적인 개념뿐 아니라, 지구사는 개별적인 집단이나 국가에게 "필수
적이며 무시할 수 없는 콘텍스트"가 된다는 그 파생적 가치조차 전적으로
부정되고 있다.56) 말하자면, 특정 집단이나 민족·국가의 이익이나 가치
혹은 이른바 '국사'에 봉사하는 '애국적 세계사'는 더 이상 지구사로서의
진정한 가치를 상실해버린 또 다른 형태의 유럽중심주의적 '보편사'인
것이다.57)

　　포괄적으로 말하자면, 지구사의 두 번째 역설逆說은 지구사가 지구를

---

55) Jerry Bentley, "Myths, Wagers, and Some Moral Implications of World History," *Journal
　　of World History*, 16 (2005), p.55. 제리 벤틀리가 '애국적 세계사'의 사례로 지적한
　　연구는 Paul A. Gagnon, *Democracy's Untold Story : What World History Textbooks Neglect*
　　(Washington, D.C. : American Federation of Teachers, 1987) ; idem, *Educating Democracy :
　　State Standards to Ensure a Civic Core* (Washington, D.C. : Albert Shanker Institute, 2003) ;
　　Elizabeth McPike, *Education for Democracy* (Washington, D.C., 2003) ; Chester E. Finn,
　　Jr, et al., *Terrorists, Despots, and Democracy : What Our Children Need to Know* (Washington,
　　D.C., 2003) 등이다.
56) Bentley, "Myths, Wagers, and Some Moral Implications of World History," p.57. 여기에서
　　중요한 점은 특정 지역이나 국가의 역사에 대한 콘텍스트로서의 지구사의 불가결
　　성이다. 지구사를 감안하면 특정 국가나 지역 역사를 더 잘 이해할 수 있다는
　　식의 실용적 콘텍스트성을 넘어선다.
57) 한국사의 특수성을 강조하면서도 유럽중심주의적 보편성을 강조하는 한국의
　　세계사 교과서는 이러한 '애국적 세계사'의 한 변종이라고 할 수 있을 것이다.

서로 관련되고 의존하는 하나의 공동체로 내걸고 있지만 누구보다도 지구화된 이익집단에게 봉사하는 경향의 위험성을 매우 농후하게 가지고 있다는 점이다. 특히, 지구화 과정을 다루는 지구사는 전 지구적 세계체제로서의 자본주의의 탈민족적 침탈과 이에 따른 지구화의 불균등성을 본질적으로 조장하거나 지지하는 것은 아니지만, 이를 지원하거나 정당화하는 이론 내지 교육과정으로 전락할 가능성이 상당히 있으며, 현실적으로 그러한 측면이 매우 강한 것이 사실이다. 실제로 미국의 경우 세계사 교육은 지구화의 역사과정에 대한 다문화주의적 이해 함양이나 세계시민으로서의 교양 함양뿐 아니라, 자본주의 체제의 지구화를 더욱 견고하게 하는 '세계화 첨병'의 육성을 목적으로 하거나 적어도 이를 결과로 하고 있다. 지구사의 발전이 오히려 전 지구적 자본주의 지배체제와 공모하는 결과가 되는 측면이 있는 것이다. 또한 팽창주의적 국가 주도의 세계사나 특정 집단(종교적 근본주의자, 정치적 보수주의자) 주도의 세계사 교육과 '애국적 세계사'에서 쉽게 볼 수 있는 것처럼, 지구사는 지구화로 인한 각종 문제들과 긴장과 갈등을 완화하는 기능만 하는 것이 아니다.[58] 달리 말하면, 실제적인 지구사 연구에서 지구사의 상징적인 목적이나 이념보다도 누구의 세계worlds이며 누구를 위한 세계사인가가 더욱 더 중요한 문제인 것이다.

마지막으로 지적할 수 있는 또 다른 지구사의 역설은 역사학의 한 분야로서의 지구사의 학문성에 관한 것이다. 역사학이 되기 위해서는 교육뿐 아니라 검증가능성을 가진 연구가 가능해야 한다. 미국에서 세계사는 2002년 이후 고등학교 AP과목으로, SAT의 주제과목으로 엄청난 호응을 얻고 있다. 그러나 1982년 세계사학회WHA가 발족한 이래 25년이 지난 오늘에

---

58) 세계사의 윤리정치적 문제에 관한 검토는 Charles W. Hedrick, Jr., "The Ethics of World History," *Journal of World History*, 16:1 (2005), pp.33~50 ; Bentley, "Myths, Wagers, and Some Moral Implications of World History," pp.51~82 참조.

이르러서도 아직 전문적인 연구 분야로서 자리를 잡지 못하고 있다. 지구사의 주도적 학자인 제리 벤틀리조차 "개념, 방법론, 범주, 증거, 논리의 문제는 국가사, 정치사, 사회사, 경제사 혹은 문화사에 대한 더욱 전통적인 접근방법에서보다도 지구적 역사분석의 목적에 있어서 훨씬 더 검증되지 못했고 아마도 훨씬 더 신뢰할 수 없다"고 토로한다.[59]

그 결과, 미국에서조차 서너 개의 대학을 제외하고 거의 모든 대학에서 지구사 혹은 세계사는 의미 있는 하나의 연구 분야, 특히 박사과정의 주전공 분야primary field로 인정받지 못하고 있다.[60] 1994~2004년 동안 세계사를 주전공으로 하여 박사학위를 받은 17명 중 12명이 한 대학, 즉 노스이스턴 대학Northeastern University 출신이다. 같은 기간의 역사학 박사학위 취득자 수는 8,000명 정도로, 이는 너무나도 적은 숫자다. 그런데 노스이스턴 대학조차 세계사 박사과정 프로그램의 폐쇄를 심각하게 고려 중이다. 물론 부전공 분야secondary field로서의 세계사의 발전은 다른 이야기다. 이 뿐만 아니다. 위스콘신대, 시카고대, 존스홉킨스대 등 주요 대학에서도 세계사 프로그램은 쇠락하고 있다.

하나의 역사연구 분야로서, 흔히 비교사적 방법을 활용하거나 지구사적 패턴을 추적하는 지구사 연구는 관련된 1차 자료들을 검토하고 새로운 주장을 펼치는 데 있어 지나치게 과도한 노력을 요구한다. 더구나 지구사의 연구는 대개의 경우 2차 자료를 기반으로 하는, 창의적이라기보다는 종합적 연구이다. 물론 지구사 분야에서 창의적인 업적이 전혀 없는 것은 아니다. 그럼에도 지구사의 전반적인 연구경향과 흐름을 살펴보면, 아직까지는 지구사는 하나의 교육 분야로서 괄목할 만한 성취와 의미 있는 주목

---

59) Bentley, "Myths, Wagers, and Some Moral Implications of World History," p.54.

60) Manning, "Concepts and Institutions for World History," pp.242~253.

을 거두었다고 말하는 것이 정확한 평가일 것이다.

그러나 역설적으로, 미네르바의 부엉이는 황혼에 나는 법이다. 지구사의 과거를 돌이켜 보면, 지구화를 명료하게 의식하고 인지하게 된 것은 그리 오래되지 않은 최근의 일이다. 지구사의 연구 성과는 축적되고 있다고 말하기보다 초석을 다지고 있는 중이라고 해야 적확한 평가일 것이다. 사실 지금까지는 지구사와 관련된 기본 개념들과 방법론들을 정립하기조차 부족했던 시간이다. 정치사나 사회사 혹은 문화사가 나름대로의 기본 개념과 방법론을 정립하고 연구업적을 축적해 나가기 시작했던 시간에 비하면, 지구사는 훨씬 더 기나긴 시간을 필요로 한다. 여러 언어에 능숙한 인재들이 나와야 하고 많은 자료와 연구업적이 다른 언어로 '번역'되고 '소독'되어야 할 것이며, 시공간·규모·주제에 있어서 길고 넓게 그리고 깊이 내다보는 다양한 세계사적 분석방법론과 포용적인 지구사적 안목도 정착되어야 하기 때문이다.

5. 맺음말

오늘의 우리에게 지구사라는 용어는 생소하게 보일 수 있다. 마치 자연과학에서 사용하는 용어처럼 들릴지도 모른다. 그러나 생각해보면 자연과 공생하는 인간의 경험과 삶은 단순히 인문학적이지도 사회과학적이지도 혹은 자연과학적이지도 않다. 그것은 그 모든 것의 총합 그 이상이다. 그러한 까닭에, 우리가 함께 누리는 지구에서의 경험과 삶은 인간의 눈으로 바라보는 세계가 아니라 자연과 함께 하는 지구의 관점에서 탐구되어야만 한다. 심지어 때로는 빅뱅의 시각으로.

이와 동시에 지구사는 오늘날의 지구화globalization 속에서 개인과 지구,

지방과 세계, 남과 북, 중심과 주변을 아우르며 지구라는 하나의 공동체 속에서 서로 관련되고 의존하고 있다는 사실을 확인하는 동시에 이를 담보하는 역사학 분야다. 지구사가 가장 발달한 미국에 못지않게, 우리나라도 전 지구적으로 여러 이해관계와 공생관계가 얽혀 있으며 이러한 관계는 앞으로 더욱 심화될 것이다. 역사가는 자신이 몸담고 있는 현재 사회의 필요와 과제에 대응해야 할 의무를 가지고 있다는 점에서, 지구사는 21세기 한국 사회를 사는 우리 역사학자들에게 절실한 당면과제이다.

이와 동시에, 우리는 자민족중심주의적 세계사 혹은 지구사를 경계해야 한다. 오늘까지 우리가 사용해 온 세계사, 적어도 세계사 교과서는 여전히 유럽중심주의와 중국중심주의 그리고 자민족중심주의가 기묘하게 혼합된 왜곡된 세계사다.[61] 일본에 의해 세계에 "편입"된 이후, 우리는 항상 "국사"를 초월적 존재로 놓는 동시에 타자로서의 세계를 이해하기 위한 방편으로 세계사를 취급해 왔다. 그러나 "편입"이 있기 오래 전부터 우리도 중화문화권을 훨씬 넘어서 상호관련성을 가진 전 지구적 네트워크의 일부였으며 오늘도 그러하다. 말하자면, 우리는 지구적 네트워크의 층위를 포함한 여러 상호관련성의 중첩된 층위 속에서 역사적 경험을 꾸려 왔던 것이다. 이런 지구사적 관점에서, 지금까지의 한국사와 세계사의 연구 성과와 교육체계를 비판적으로 재검토하고 수정할 필요가 있다.[62] 그리고

---

61) 세계사의 표면적인 '균형있는 서술'에 대한 비판으로는 강선주, 「세계사 교육의 '위기'와 '문제' : 역사적 조망」, 『사회과교육』 42권 (2003. 3), pp.57~86 ; 이영효, 「세계사 교육에서의 '타자 읽기' : 서구중심주의와 자민족중심주의를 넘어」, 『역사교육』 86집(2003. 6), pp.29~59 참고.

62) 지구적 관점에서 우리의 세계사 교육을 비판적으로 재고찰한 연구로는 특히 강선주, 「세계화 시대의 세계사 교육 : 상호관련성을 중심원리로 한 내용구성」, pp.41~68 ; 정선영, 「지구적 시각에 기초한 세계사 교육에서 접근 방안」, pp.1~39 참고.

서유럽과 미국뿐만 아니라 동유럽, 아프리카, 중남미, 중동, 인도, 오세아니아 등 그야말로 지구상에 있는 모든 지역과 주민들을 실질적으로 포섭할 수 있는 역사학계의 인재와 학문적 역량이 적극 장려되고 육성되어야 한다. 이를 위해서는 국가뿐 아니라 세계적으로 각종 학회와 단체의 적극적인 지원과 활발한 교류가 절실히 필요하다는 것은 두말할 나위가 없다.

지구화된 오늘에는 더욱 더 그러한 것처럼, 지구사는 우리를 포함한 인류의 선택사항이 아니라 존재조건이다. 지구사적인 인식과 이해 없이 우리는 자연과 인류와 함께 공존할 수 없다. 지구 사회의 한 부분의 팽창은 다른 부분의 희생을 전제로 한다는 상호관련성과 상호의존성의 성찰만이 우리가 타자와 함께 정의롭게 공존할 수 있는 삶의 방식을 제공해 줄 수 있을 것이다. 지금 우리 모두가 인류와 함께 어떻게 지구와 지구사회를 만들어갈 것인가를 신중히 지구사를 통해 숙고하는 시대적 소명에 부응해야 할 것이다.

글로벌 히스토리의 도전
: 세계화의 역사화와 역사들의 세계화

김 원 수

1. 머리말

오늘날 세계화/지구화의 동시적 관심에 의해 더욱 고무되고 있는 글로벌 히스토리[1]는 세계화의 일방적인 단일한 변환transformation만을 다루는 역사가 아니다. 그것은 자연과 인간의 역사가 만든 글로벌 변화global change를 재구성하고, 양자의 접속된 관계의 실타래들을 풀어서 해명하려 한다. 그 궁극적인 목표는 글로벌 휴머니티의 재현에 있다. 이 같은 글로벌 변화에 주목하는 역사들로는 세계사world history와 글로벌 히스토리가 있다.[2]

세계사는 헤로도토스Herodotos, 사마천司馬遷 이래로 동서고금의 역사가들이 기술하였고, 최근에도 구미歐美에서 지난 30여 년 이상 초·중등 및

---

[1] Global History에 대해 차하순은 '세계사', '새로운 세계사', 김원수는 '지구 규모의 역사', '글로벌 역사', '글로벌 히스토리', 조지형은 '지구사', 배한극은 '글로벌 히스토리', 이영효는 '글로벌 역사', '전 지구적 역사'로 사용하고 있다. 다른 한편 일본의 경우 官崎正勝은 글로벌시대의 세계사를 독해하는 접근방법으로서, '「地球」世界史'란 용어를 사용, 그 필요성을 제기한다(『グロ-バル時代の世界史の讀み方』(吉川弘文館, 2004, p.1).

[2] 김원수, 「글로벌 히스토리의 현재적 의미」, 『서양사학연구』 제15집 (2006), pp.145~146.

대학의 역사 및 사회과 교육과정의 중추 역할을 담당해왔다. 세계사는
Ecumencial History,[3] Universal history, World history 또는 History of Mankind[4]
등 다양한 용어로 사용되며, 대중적이면서도 확고한 지적 위치를 차지하게
되었다.[5] 이처럼 세계사는 역사학의 발생과 그 맥을 함께 할 만큼 오래되고
케케묵은 장르이면서도, 다른 한편 가장 참신하면서도 미성숙한 면을 지니
고 있는, 변환하고 있는 역사분야라고 할 수 있다.

한편, 글로벌 히스토리와 글로벌 스터디즈Global Studies에 주목하고 있는
학자들은 지구상의 모든 것을 포함한 지적인 기획에 참여할 것을 선택하
고, 기존의 세계사가 갖고 있었던 전통적이고 한정된 역사 서술의 카테고
리에서 벗어나기를 바라고 있다.[6] 그들은 어떻게 하면 국경, 언어, 윤리
및 문화적 장벽을 뛰어 넘어 글로벌한 이해global understanding에 도달할 것인
지를 생각하며, 광활한 영토를 포괄하고, 다양한 인구와 함께 할 것인가를
다루려 한다. 나아가 그들은 기존의 세계사와는 달리 새로운 역사New History
로서 글로벌 히스토리로의 가능성을 조심스레 타진하고 있다.[7]

3) 케사레아Caesarea의 교부 에우제비우스Eusebius가 그의 교회사Ecclesiastical History 속에
새로운 장르를 선정하기 위해 '신의 섭리Providence'라는 용어를 사용한 데서부터
유래되었다. Danys Hay, *Annalists and Historians : Western Historiography from the Eight
to the Eighteen Centuries* (London: Methuen, 1977), pp.27~28.

4) 영국의 역사가/사상가 토마스 칼라일Thomas Carlyle에 따르면, Universal History는
World history, History of Mankind를 의미한다. Thomas Carlyle, "From on Heroes,
Hero Worship, and the Heroic in History", Fritz Stern, ed., *The Varieties of History: From
Voltaire to the Present*(New York: Vintage, 1972). p.101.

5) Bruce Mazlish, "Crossing Bounderies: Ecumenical, World, Global History," Philip Pomper,
Richard H. Elphick & Richard T. Vann, eds., *World History-Ideologies, Structures, and Identities*-
(Malden, Mass: Blackwell, 1998), p. 41 ; Bruce Mazlish, "An Introduction to Global
History," Bruce Mazlish and Ralph Buutjens, eds., *Conceptualizing Global History* (Boulder :
Westview Press, 1993), p.21.

6) Global Studies에 관해서는 김원수, 「글로벌 스터디즈와 사회과교육」, 『한국교육논
총』 12권 제2호 (서울교육대학교, 2001)를 참조하시오.

이 같은 추세는 2007년 5월, 유럽대학협의회The European University Institute(EUI)가 중심이 되어 플로렌스Florence에서 개최한 회의에서 '하나의 원인이나 중심이 없는 지배 서사를 가진, 문화적 전환을 넘어선 새로운 역사'로서 글로벌 히스토리를 논제로 기획하며 보다 실체화되고 있다.[8] 한편 국내에서도 2006~2007년 한국서양사학회가 글로벌 히스토리의 타당성을 검증하고, 그 개념, 방법 및 증거 사례들을 구체화하기 위해 어떻게 새로운 세계사로서 글로벌 히스토리가 이미 구상되고 있는지를 천명하기 위한 지적 전통을 구상하였다.[9]

이 글은 글로벌 히스토리란 무엇인가. 그 밑그림을 그려보고자 한 것이다. 우선 세계사 서술의 오랜 전통과 관련하여 왜 그것이 오늘날에 새로운 형태로 부활되는지를 알아보고, 글로벌 시대의 새로운 세계사로서 어떻게 폭넓은 특정 카테고리들을 구성하고 있는지 살펴보려 하였다. 즉 글로벌 히스토리에 대한 역사가들의 다양한 시각과 접근 방법에 초점을 맞추어 봄으로써, 새로운 역사학의 장르로서 글로벌 히스토리를 인식하려는 데 있다.

---

7) Menfred Kossok, "From Universal History to Global History," Mazlish and Buutjens, eds., *Conceptualizing Global History*, pp.93~111 ; Raymond Grew, "On the Prospect of Global History," Mazlish and Buutjens, eds., *Conceptualizing Global History*, pp.227~249.

8) UNI의 보 스트래스Bo Sträth 교수가 기획한 회의의 논제는 "Toward a Global History. A New History Beyond the Cultural Turn With a Master Narrative Without A Cause and Without A Center?"이다. 초청된 참석자에는 슈뮤엘 아이젠스타트Shmuel Eisenstadt, 챠크라바티, 조지 이거스, 헤이든 화이트, 에드워드 왕Edward Wang 등이 포함되어 있다.

9) 국내에서는 한국서양사학회가 『서양사론』 제92호 (2007. 3)에서 '새로운 시대의 새로운 세계사'에 관한 특집을 마련하였다. 발표논문을 살펴보면 차하순, 「새로운 세계사의 조건」 ; 김원수, 「글로벌 히스토리Global History와 역사들의 지평을 넘어서」 ; 조지형, 「지구사란 무엇인가?」 ; 강철구, 「한국에서 서양사를 어떻게 보아야 하나-유럽중심주의의 극복을 위한 제언」이다.

2. 세계사는 가능한가

글로벌 히스토리에서 지구 전체, 또는 세속적인 세계에 관한 이야기들에 나타나는 코스모폴리탄적 관심사cosmopolitan concerns는 헤로도토스의 세계관에서 그 뿌리를 찾을 수 있다. 그는 그리스 세계는 물론 이집트, 인디아, 바빌로니아, 아라비아, 페르시아를 역사 서술의 범주 내에 포함시킴으로써, 다행히도 투키디데스Thucydides의 편협하고 '유럽중심적인Euro-centric' 어프로치를 뛰어넘었다.10) 그는 자신들과 아시아 사람들 모두의 엄청난 업적들을 기록해 두고 과거의 기억을 보존하려 하였다. 이를 위해 구두증언, 고고학적 유물뿐만 아니라 기록된 자료를 이용하였고, 여러 대륙에서 발생한 사건들의 흐름과 장기간의 시간을 뛰어 넘어 연대와 순서를 정하는 데 신중을 기하였다.11)

그의 『역사Historia』는 페르시아 제국에 대한 그리스 아테네 폴리스의 승리를 축하하는 유럽 승리주의로 끝나는 내용으로 구성되어 있는데, 여기에서 그는 이 상황을 서구와 동양, 전제 정치와 자유, 문명과 야만 사이의 충돌로 묘사하였다.12) 이와 같은 헤로도토스의 폭넓은 시각, 기술 태도 및 비교와 관련에 대한 깊은 관심은 오늘날 글로벌 히스토리에서 전제가 되는 글로벌한 전망Global Perspective과 같은 맥락에 놓여 있다고 볼 수 있다.13)

---

10) 투키디데스는 제안하기를, 역사 기술history writing은 펠로폰네소스전쟁에 대한 자신의 연구를 귀감으로 삼아야 한다고 했다. 초점에 있어서 보다 날카로운, 시간대에 있어서 보다 짧게, 그들의 목적에 있어서 입증된 사실들과 서술적이기 보다는 귀범적인(관례적인) 것에 근거해야할 것을 제안하였다.

11) William H. McNeill, "The Changing Shape of World History," Pomper, Elphick & Vann, eds., *World History*, pp.21~23.

12) Herodotus., *The Histories*, 1/1, Trans. Aubrey de Selincourt (Harmondsworth. 1954), p.13.

13) Patrick O'Brien., "Is Universal History Possible?" (http://www.oslo2000.uio.no/english/index.htm).

그러나 헤로도토스 이후, 세계에 관한 이야기들은 오랫동안 깊은 수렁
에 빠졌다. 폴리비우스Polybios, 디오니시우스Dionysios 등 스토아 철학자와
스타보Stabo, 프톨레미Ptolemy, 플리니Pliny 같은 지리학자 및 민족지학자 이외
에는 별 관심을 끌지 못하였기 때문이었다.[14] 하지만 그레코 로만 시대에
는 기독교사가들의 천지창조에 관한 내러티브들이 인류의 진화에 대한
연대기로 변하였으며, 중세 연대기 작가들도 보편사와 지방사의 내러티브
를 구성하는 데 있어서 주변의 문화, 오리엔트와 아프리카 문명들을 인식
하게 되었다.[15]

세속적인 세계에 관한 이야기들이 다시 유럽인들의 역사 서술 대상이
된 것은, 세계사의 근대적 개념을 대중화하는 데 공헌한 볼테르Voltaire에
의해서였다.[16] 볼테르와 그의 제자들은 신의 의지에 따르는 크리스트교적
인 내러티브들과 군주와 신민을 위한 역사가의 민족주의적 관점을 가지고,
확대되는 세상 이야기들을 서술하였다. 계몽주의 초기에는 서구적 역사
경험에 대한 상대화 경향이 나타나서, 급진적인 지식인들은 중국을 유럽
시스템과는 대조적인 유익한 대안적 모델로 보았다. 이런 추세가 반영되어
유럽의 세계사들은 더욱 확대되고 내용적으로 깊어졌으며, 종교적이고

---

14) 그 시대의 역사가들은 아프리카, 아라비아, 페르시아, 인디아, 중국 등 일련의
    문명을 포함하고, 국경을 접하며, 접촉을 유지한 제국들 내에서 살았을지라도,
    압도적으로 유럽에 관심을 두었다. 그들의 역사들은 주로 로마의 정치와 스캔들
    을 다루거나, 그리스인들 간의 전쟁을 다루었다.
15) 이러한 사실은 거대한 유라시아 대륙의 저개발된 서쪽 끝에 자리잡고 있는 유럽인
    들이 18세기 이전까지는 타 문명들에 비해 문화·가술적인 우위를 확보하지
    못하였기 때문에 별로 놀랄 만한 일은 아니다.
16) 볼테르는 그의 *Essai les moeurs L'esprit des nations* (1754)의 3권에서 *Essai sur L'histoire
    universelle* 란 타이틀로 보편사의 다양한 개념을 설명하고 있다. 김원수, 「국민학교
    에서의 세계사교육을 위한 일고찰」, 『서울교육대학논문집』 제27집 (1995)의 제2
    장 '세계사란 무엇인가'가 참조된다.

민족주의적인 프로파간다를 가질 뿐만 아니라 이데올로기화 되었다.[17]

18세기 중엽, 교역을 통해 상호 관련과 접촉이 증대됨에 따라 세속적인 세계의 이야기들은 고대와 고전 지중해 문명은 물론 중국, 인도, 일본뿐 아니라 막 발견된 아메리카까지도 고려할 만큼 시야를 넓히게 되었다. 유럽 역사가들은 세계사에서 유럽과 크리스트교계의 위상을 재정립한 계몽적 내러티브들을 출간하였다. 이어 19세기 초 유럽의 세계사가들은 세계 거의 모든 지역의 종교와 민족지학들을 다루었다.

그러나 계몽주의시대의 역사가들이 세속적인 세계사에 유럽을 재위치 하는 과제를 수행하려 한 시도들은 프랑스혁명과 나폴레옹 전쟁 이후 팽배한 유럽의 민족주의와 패권주의 전통에 의해 퇴색되어 버렸다. 바로 이 시기에 유럽은 해군력과 군사, 기술 및 상업적 우위를 바탕으로 제국주 의 팽창과 식민 활동을 확대하였고, 서구의 근대화와 산업화에 따른 사회 경제적 발전은 동과 서, 남과 북 사이에 생산력이나 삶의 기준에서 엄청난 차이를 초래하였다. 그 결과 유럽의 세속적인 세계 이야기의 기술은 코스 모폴리탄적 계몽의 국면에서 벗어나 오히려 서구 중심의 민족주의와 문화 적 거만함으로 회귀하였다.[18] 즉 동양에서는 한 사람만이 자유이고, 그리 스·로마에서는 몇몇 사람, 게르만 세계에서는 모든 인간이 절대적으로 자유라는 것을 알고 있다는 식으로, 그리고 세계사의 실체를 이성이 지배 하는 세계정신으로 보고, 세계사 과정을 자유이념의 발전과정으로 파악하 는 헤겔 철학의 방향으로 움직였다.[19]

---

17) W. H. McNeill, "The Changing Shape of World History", pp.23~24.

18) Pomper, "Introduction : The Theory and Prctice of World History," Pomper, Elphick & Vann, eds., *World History*, pp.8~9.

19) 서구 역사가들은 유럽이 근대 세계를 창조하였고, 유럽의 팽창과 산업화의 과정이 낳은 엄청난 재난에도 불구하고, 근대화되지 않은 것보다는 근대화되는 것이

그러나 20세기 들어 두 차례 세계대전으로 인한 엄청난 파괴와 문화충격
은 인류의 이야기들을 다시 복구하고 재현하도록 고무하였다.[20] 그것은
세계대전에 잇따른 페시미즘과 절망의 분위기에서 시작되었는데, 슈펭글
러Oswald Spengler, 토인비Arnold J. Toynbee, 소로킨Pitrim Alexandrovich Sorokin, 웰스
Herbert G. Wells, 멈포드Lewis Mumford, 도슨Christopher H. Dawson 등은 서구의
쇠퇴와 인간의 잔학성을 이해하기 위한 보편사universal history를 기술하였
다.[21] 그들은 문명이라는 무형의 역사에서 교훈과 정신적 의미를 찾고
전체적으로는 인간성의 진화를 숙고하면서, 니체Frederich Nietzche가 천명하
였던 크리스트교와 이성의 죽음에 대한 대안을 찾기를 바랐다.

다른 한편, 제2차 세계대전 이후, 유네스코에서도 평화와 협력을 도모하
기 위한 세계사 공동 서술작업을 지원하였지만, 아무런 성과도 얻지 못하
였다.[22] 따라서 결국 전쟁이 끝나고서도 오랫동안, 서구의 역사학은 르네
상스와 종교개혁 이후 정해 놓았던 시공간에 계속 위치하였다. 즉 관련된

더 낫다고 생각하였다. 이것은 헤겔 역사철학에서 유래된 세계사의 친숙한 유럽
중심적이고 낙관적인 내러티브이다.

20) Randall Colins, *Macro History: Essays in Sociology of the Long Run* (Stanford : Stanford University
    Press, 1999), pp.1~3 ; Stephan. K. Sanderson, *Civilization and World Systems : Studying
    World-Historical Change* (Walnut Creek, Calif. : Altamira Press, 1995), pp.15~21 ; Patrick
    O'Brien, "Is Universal History Possible?"

21) Ostwelt Spengler, *The Decline of the West.* 2 vols. (New York : Alfred A. Knopf, 1928) ; Arnold
    J. Toynbee, *A Study of History*, 12 vols. (London : Oxford University Press, 1934~1961) ;
    Pitrim A. Sorokin, *Social and Cultural Dynamics*. 4 vols. (New York : American Book
    Company, 1937~41) ; H. G. Wells, *The Outline of History: Being A Plain History of Life
    and Mankind*, 2 vols. (1920, 1931, 1940) ; Lewis Mumford, *Technics and Civilization* (New
    York : Harcourt, Brace, 1934) ; Christopher H. Dawson, *The Age of Gods* (Boston :
    Houghton Mifflin, 1928).

22) Ross E. Dunn.ed., *The New World History : A Teacher's Companion* (Boston : Bedford/St.
    Martin's, 2000)의 Introduction : World History after World War II, Search for Alternatives
    to the Western Civ Model, Toward A New World History가 참조된다.

연대기들은 유럽사회들과 국민국가들의 기원과 진화를 이해하는 국가사 national history 수준에 머물러 있었다. 하지만 다행히도 볼테르와 계몽주의시 대 역사가들의 시도들은 살아남았다. 특히 그중에서도 시카고,[23] 노스웨스 턴,[24] 라이프치히 대학들에서 그러하였다. 게다가, 중복되고 상호 보완적 인 역사학은 수많은 대학에서 서구 문명에 관한 개설 강의의 형태로 계속 번창하였다. 즉 지역 연구, 국제 교역의 분석, 제국주의 역사들, 서구의 기술과 문화가 다른 인종과 대륙들에 준 충격에 대한 연구들, 학교와 대중 교육을 위한 백과사전들, 연대기들과 텍스트북의 흐름은 하나의 전체로서 세계에 관련을 두었다. 특히 민족국가와 유럽을 초월한 분야들에 관심을 가지고 있는 소수의 전문 역사가들은 그들의 지적인 정체성을 다시 재정립 하려 하였는데, 글로벌 히스토리에 대한 요구는 그때 70년대 후반부터 다시 재현되었다.

3. 글로벌 히스토리의 구상

글로벌 히스토리가 보다 학문적으로 가시화되는데 일대 전기를 마련하

---

23) 시카고 대학의 윌리엄 맥닐William McNeill은 광의의 해석에 기초하여 대학용 교과서 인 『세계사』(1967)를 저술하였다. 맥닐은 세계에 관한 이해는 주요 문명의 영속적 인 요소를 탐구하는 것이 가능하다는 생각에 기초하여 세계사를 '기원전 500년경 부터의 중요한 유라시아 문명의 시대', '기원전 500년부터 기원후 1500년까지의 여러 문명의 균형의 시대', 그리고 '1500년 이후 서구 지배의 시대'의 3시기로 구분하여 각 시대의 주요 문명이 끼친 문화적·사회적 영향력에 주목하였다.

24) 노스웨스턴Northwestern 대학에서 Global History-Project College를 중심으로 세계사 전체 프로그램 작성에 착수하였던 스타브리아노스Leften S. Stavrianos는 특정지역, 국가, 문화에 한정하는 지역 연구의 방법론상의 편협성을 비판하고 '달로부터의 조망a view from the moon'의 필요성을 역설하고, 1962년에 고등학교용 교과서 Global History를 저술하였다.

게 된 것은 2000년 8월 6～13일 노르웨이 오슬로 대학의 브린덴Blindern 캠퍼스에서 개최된 제19차 국제역사학대회International Congress of Historical Sciences에서였다. 새로운 21세기를 맞아 역사학의 현재적 전망을 모색해 본 이 국제회의에서는 그 첫 번째 주제를 '글로벌 히스토리의 전망, 개념과 방법론Perspectives on Global History; Concepts and Methodology'으로 정하였다.[25]

보편사와 문화 조우cultural encounter를 다룬 이 세션에서는 패트릭 오브라이언Patrick O'brien과 제리 벤틀리Jerry Bentley 교수가 기조 발표를 하고 알렉산더 츄바리안Alexander Chubariyan, 나탈리 데이비스Natalie Zemon Davis 등이 토론자로 참석하였다. 당시 '보편사는 가능한가?'라는 논제를 발표한 패트릭 오브라이언은 글로벌 히스토리로의 현재적 추세를 언급하며, "world, global, universal 이 세 가지 형용사들 사이에 잠정적으로 드러나는 차이들 또는 그 융합의 위험가능성을 다루려는 것은 어쩌면 부질없는 일을 따지고 드는 것일지도 모른다.……하지만 여기 모인 역사가들이 왜 역사기술의 전통적이고 한정된 카테고리로부터 탈피하려 하는지를 설명하는 것은 별로 어려운 일은 아니라……"고 전제하며, 새로운 글로벌 히스토리로의 발상 전환의 의미를 확언하였다.[26]

하지만 글로벌 히스토리로의 변화 움직임은 이보다 앞서 이미 10년 전부터 서서히 진행되었다. 1990년 스페인 마드리드에서 열린 세계사학회 World History Association의 역사교육 분과에서는 '글로벌 히스토리 공간의 결과로 생겨난 역사·정치적 인식에 있어서의 제 변화Changes in Historical-Political Consciousness as a Consequence of a Global Historical Space'가 대회 주제로 선정되어

---

25) 회의 발표 내용은 SΦlvi Sogner, ed., *Making Sense of Global History* (Oslo : Universitetsforlaget, 2001)로 출간되었다.

26) Patrick O'Brien, "Is Universal History Possible?"(PDF, p.1.) (http://www.oslo2000. uio.no/english/index.htm).

각종 보고가 행해졌다.27) 아울러 WHA의 기관지 『세계사 저널Journal of World
History』이 창간되어, 편집장인 하와이 대학의 벤틀리 교수가 '글로벌 히스토
리를 위한 새로운 장卓 A New Forum for Global History'이라는 제목의 권두언을
통해, 기존의 세계사에서 변환하여 새로운 세계사로서 글로벌 히스토리의
가능성을 모색하였다.28)

다른 한편, 그 이듬해인 1991년에는 컬피퍼Culpeper 재단의 후원으로 이탈
리아 벨라지오Belagio에서 매사추세츠 공과대학MIT의 브루스 매즐리쉬Bruce
Mazlish 교수를 위시한 관련 학자들이 중심이 되어, 기존의 전통적인 세계사
로부터 글로벌 히스토리로의 전환을 구상, 그 타당성을 천명하고, 이를
위한 개념, 방법 및 증거 사례들의 실체화를 논하는 국제회의가 개최되었
다. 그 연구 성과는 1993년에 『글로벌 역사의 개념화Conceptualizing Global History』
로 출간되었다. 공동 편집을 담당한 매즐리쉬 교수는 「글로벌 히스토리에
대한 개관An Introduction to Global History」을 통해, 기존의 세계사와는 거리를
둔 새로운 역사로서 글로벌 히스토리의 가능성을 제시하였다.29)

하지만 이 같은 글로벌 히스토리 구상에 있어서 유럽은 미국에 비해
덜 학구적이었다. 유럽 및 기타 지역에로의 확산의 전기가 마련된 것은,
전술한 글로벌 히스토리의 개념과 방법론을 논제로 건 2000년 8월, 노르웨
이 오슬로에서 개최된 제19차 국제역사학대회the International Congress of
Historical Sciences 였다. 이후 유럽에서는 2002년, '보편사와 글로벌 히스토리

---

27) 김원수, 「국민학교 역사교육의 발전방향: '지구규모의 역사 인식'과 관련하여」,
   『한국교육논총』 제7집 (서울교육대학교 초등교육연구소, 1995. 7), pp.81~82.

28) Jerry H. Bentry, 'A New Forum for Global History', Journal of World History, 1:1 (Spring
   1999), pp.iii~v.

29) 매즐리쉬 교수는 Global History를 Ecumencial History, World History와는 달리 역사학
   의 새로운 하위분야subfield로 개념화하였다.

의 유럽네트워크The European Network in Universal and Global History(ENIUGH)'가 구축되었고, 2005년 9월에는 '세계사와 글로벌 히스토리에 관한 제1차 유럽회의First European Congress of World and Global History'가 라이프치히에서 개최되어 세계사와 글로벌 히스토리에 대한 유럽적 전망의 정립을 모색하였다. 아울러 ENIUGH는 전자저널e-journal로 계간지 *COMPARATIVE*를 출판하고, 온라인 포럼Online-forum 사이트로 transnational.com을 개설하였다.30) 그리고 2006년에는 케임브리지대학 온라인과 런던대학 오프라인을 통해 학술지 『글로벌 히스토리 저널*Journal of Global History*』이 창간됨으로써 글로벌 히스토리 연구는 보다 학제화되었다.31)

이처럼 1990년대부터 오늘에 이르기까지 일련의 회의가 열려 글로벌 히스토리에 대한 관심이 점차 높아진 배경은 세계화가 급속히 진전되었다는 점, 그리고 다른 한편으로는 종래의 세계사가 진정한 의미에서 세계사의 역할을 하지 못했다는 자기 반성에 기인한 것이었다.32) 이와 더불어 기존의 사회과학 방법이나 인식론이 가지는 한계를 극복하기 위해 시간과 공간의 다층성을 인식하고, 세계 여러 문명간의 다계성과 복합성을 파악하려는 역사인식론이 대두되었기 때문이었다. 그 주된 경향은 역사적 과정으로서 세계의 보편성과 관련성 및 상호영향력을 인식하려는 것이었다.

30) 공식 사이트는 http://www.uni-leipzig.de/~eniugh/. 라이프치히의 제1차 유럽회의의 초점은 유럽적 전망에서 볼 때, 세계사와 글로벌 히스토리는 전통적으로 유럽 너머 지역들에 대한 관계의 논의일 뿐만 아니라 국제 기구들과 글로벌 네트워크 안에서 유럽 또는 유럽 주권국가들의 역할에 관한 논쟁이다. 이것은 또한 역사적 비교와 관계 사이 또는 통합적 역사 간에 관계의 그것처럼 근본적인 방법론적 의문들과 혼합되어 있다는 것이다. http://geschichte-transnational.clio-online.net/tagungsberichte /.

31) *Journal of Global History*, 1 (2006), Editorial.

32) Gilbert Allardyce, "Toward World History: American Historians and the Coming of the World History Course," *Journal of World History*, 1:1, pp.23~26.

재언하지만 글로벌 히스토리에 대한 요구는 이미 1970년대 후반에 나타
났다. 그 발단은 민족/국민 국가와 유럽을 초월한 지역에 관심을 가진
소수 역사가들이 그들의 지적 정체성을 재정립하려는 데서 시작되었다.[33]
그 뿌리는 마셜 호지슨Marshall Hodgson,[34] 윌리엄 맥닐William McNeill[35]과 레프
틴 스타브리아노스Leften Stavrianos[36]의 저작들에까지 거슬러 올라갈 수 있는
데, 그 실질적인 연구는 4반세기 이상 세계사를 일관되게 탐구한 대학
프로그램 안에서 성숙되었다. 따라서 오늘날 글로벌 히스토리의 부활은
결코 우연적인 것이 아니다. 이것은 지구적 차원의 현재 세계의 가시적인
변화들을 반영한 것일 뿐만 아니라, 외부로부터 대학과 학문에 가해지는
불안정한 상태의 제도적, 문화적 위압에 대한 반응, 그 자체를 반영한
것이기도 하다.

무엇보다도 글로벌 히스토리로의 결정적인 변화를 이끈 것은 세계시스
템을 혁명적으로 변화시킨 세계화 현상이었다.[37] 제2차 대전 후 운송수단
의 새로운 테크놀로지와 정보 확산을 위한 효과적인 커뮤니케이션 시스템
은 국가 간의 통상과 자유주의 형성에 기여하였고, 지구 전체로의 확산과
동시에 세계화를 촉진하였다. 이 같은 운송, 커뮤니케이션 혁명은 시장의
확대, 초다국적 기업Multinational Corporations의 창출, 지역 경제와 주권국가와

33) Noel Cowen, *Global History: A Short Overview* (Cambridge : Polity, 2001), pp.1~5 ; Patrick O'Brien. "Is Universal History Possible?"
34) Marshall G. S. Hodgson, *The Venture of Islam: Conscience and History in A World Civilization*, 3vols. (Chicago : University of Chicago Press, 1974).
35) William H. McNeill, *The Rise of the West: A History of the Human Community* (Chicago : University of Chicago Press, 1963).
36) Leften Stavrianos, *Global History: From Prehistory to the Present* (Englewood Cliffs : Prentice Hall, 1963) ; Leften Stavrianos, *Lifelines From Our Past : A New World History* (Armnk, N.Y. : M. E. Sharpe. 1969).
37) Gilbert Allardyce, "Toward World History," pp.23~26.

세계화와의 상호 관계를 낳았고, 그 제반 현상들은 사회과학자들 및 역사
가들의 검토 대상이 되었다.38) 특히 독일 통일과 소련의 붕괴에 이은 1990
년대 세계체제의 변화는 역사적 전환으로서 세계화를 이해해야할 필요성
을 낳게 하였다.39)

그러나 개별 국가들은 오히려 세계화로 인해 국경 내에 인구, 영토,
재산에 대한 영향력이 급격히 손상되는 것을 거북하고 불편하게 인식하고
있었다. 이러한 정황에서 문명 간의 충돌을 우려하는 모더니스트들은 미국
헤게모니의 상대적 쇠퇴를 우려하였고, 과거의 해석 및 미래에 대한 전망
을 역사가들에게 기대하였다.40) 일대 전환의 계기는 9·11테러의 충격이
었다.41) 이 예기치 못한 글로벌한 충격은 오늘날의 역사학과 역사 서술
방법에 대해 다시 생각하게 만들었다.42)

따라서 이제 근대적 국가 기반들은 부적합한 것으로 인식되고 있다.
이러한 사례는 환경과 관련한 자연과학, 인간과 관련된 생명과학, 국제관
계, 범죄 이민 등 정치·경제활동의 범주를 분석하는 사회과학에서도 공공
연하게 찾아볼 수 있다. 이런 것들은 오늘날 더 이상 국민국가들의 범주

38) Martin Albrow, *The Global Age: State and Society Beyond Modernity* (Stanford : Stanford University Press, 1997), pp.93~97.

39) Timothy Burns.ed, *After History? : Francis Fukuyama and His Critic* (Lanham, Md. : Rowman & Littlefield, 1994).

40) 에릭 홉스봄·안토니오 폴리토 지음, 강주현 옮김, 『새로운 세기와의 대화』(서울 : 끌리오, 2000), pp.49~81.

41) David Palumbo-Liu, "Multiculturalism Now : Civilization, National Identity, and Difference Before and After September 11th," *Boundary*, 2 (2002) ; 9·11테러에 대한 역사가들의 에세이는 Joanne Meyerowitz.ed., *History and September 11th* (Philadelphia : Temple University Press, 2003)에서 찾아볼 수 있다.

42) Jerry H. Bentry, "Myth, Wagers and Some Moral Implications of World History," *Journal of World History*, 16:1 (March 2005).

안에서 이해될 수도 없고, 규제되지도 않는다.[43]. 실제로 민족문화나 지역
문화들은 대중문화, 특히 대중음악, 예술에 의해서 파괴되고 있다. 값싸고
유용한 새로운 운송, 커뮤니케이션 수단과 방편들은 젊은 세대에게는 코스
모폴리탄적 담론을 불러일으키고, 전 세계를 상대로 하는 개인적인 정체성
의 재형성에 기여한다. 즉 그들은 통문화에 대해 호기심을 가지며 기존
세대들보다는 국가사나 편협한 지방사에 덜 유혹된다.

  그러나 모더니스트들은 아직까지도 사회 과학과 모던 역사학의 패러다
임 내에서 제도적 구조들과 형태들을 합리화하려 한다. 그것은 결국 포스
트모던적 주제로의 이동을 결과하여, 전통적 역사들에 놓여있던 시대착오
적인 장벽을 철폐하게 만든다. 하지만 이 과정을 넘어선 글로벌 역사가들
global historians은 먼 시대보다는 최근 시대, 나아가 동시대를 취급하는 역사
내러티브 구성에 관심을 가지게 된다.[44] 이처럼 동시대적이고 나와 관련될
것처럼 보이는 역사들histories을 만들고 가르치려는 경향은 글로벌 히스토
리의 범주를 지정학적, 시공간적, 또는 연대기적으로 덜 한정되게 할 것이
며, 실제로 이러한 추세는 점점 강해지는 듯 보인다.

  최근 수년간 글로벌 스터디즈나 글로벌 히스토리에 관여, 또는 전환을
모색하는 참가자들은 현재와 잠정적인 미래에 깊은 관심을 가지고 있는데,
그들은 21세기의 당면 과제로서 국가사와 유럽사들을 재구성하자고 주장
하고 있다.[45] 그들은 차연과 다양성 및 타자의 역사를 향한 미시사에 대한
관심에 초점을 맞추자는 자신들만의 안티 테제를 가지고 있는데, 그러한

---

43) Malcom Waters, *Globalization* (New York : Routledge. 1995), pp.11~18.

44) Mazlish, "An Introduction," pp.1~3.

45) 김원수, 「글로벌스터디즈와 사회과교육」, pp.171~188 ; 강선주, 「미국의 세계교
    육을 둘러싼 논쟁 : 다원론적 관점과 국익중심의 관점」, 『미국사연구』 제14집
    (한국미국사학회, 2001), pp.158~160.

포스트모던적 요소들은 글로벌 역사가들에게 깊게 각인되고 있다.[46]

이와 같은 글로벌 히스토리가 지향하는 바는, 모던 역사학의 배타적인 서구 우월주의로 복귀하자는 것이 아니라 계몽주의적 프로젝트의 재발견,[47] 즉 인간행동의 합리성의 재발견에 있다.[48] 그것은 유럽중심적 eurocentric이거나 자기중심적egocentric이 아닌, 인간중심humanocentric의 역사를 만들자는 것이다. 그 최선의 방법은 인간성을 중요하게 만든 사건들의 포괄적인 역사들을 하나의 전체로 종합, 재현하기 위해 하나의 거대서사 a grand narrative를 모색하는 것이다.[49]

기존의 세계사는 인간의 진화 과정을 통찰하기 위해 고고학뿐만 아니라 자연과학과 사회과학을 넘나들었지만, 근대화와 산업화에 따른 서구의 발전 논리를 맹목적으로 답습하는 오류를 저지를 위험이 있으며, 비과학적인 듯 보인다.[50] 따라서 지구 규모로 역사를 재현하는 데 있어서는 종래의 유럽중심적인 사고와 근대화 이론에 기초한 모던 역사를 비서구 사람들과

---

46) Michael Geyer and Charles Bright, "World History in a Global Age," *American Historical Review*, 100 : 4 (Oct. 1995), p.1057.

47) Patrick O'Brien., "Is Universal History Possible?"

48) Patrick O'Brien, "Is Universal History Possible?"(http://www.oslo2000.uio.no/) ; Jerry H. Bentley, "Globalizing History and Historicizing Globalization," Gills and Thompson. ed., *Globalization and Global History*, p.30 ; Mazlish and Buutjens, *Conceptualizing Global History*, p.21.

49) Barry K. Gills and William R. Thompson, eds., "Globalizations, Global histories, and historical globalities," Barry K. Gills and William R. Thompson, eds., *Globalization and Global History* (New York : Routledge, 2006), pp.5～16 ; Jerry H. Bentley, *ibid*, pp.25～30 ; Martha Nussbaum, *Cultivating Humanity : A Classical Defence of Reform in Liberal Education* (Cambridge : Harvard University Press, 1997), p.l.

50) 막스 베버Max Weber와 탈콧트 파슨스Talcott Parsons의 사회학에 의해 고무되고, 때로는 프로이드Freud의 심리학과 통합되기도 한 근대화 이론은, 1950년대부터 세계사의 기술에 강력하고도 지속적인 충격을 주었다.

문화 또는 혜택받지 못한 자들의 밑으로부터의 내러티브와 분리하는 데에
유의할 필요가 있다. 왜냐하면 20세기 말에 다시 새로워진 세계사의 중심
적인 과제는 글로벌리티의 시대에 세계의 과거를 재구성해야 한다는데
있기 때문이다.[51] 즉 새로운 역사를 지향하는 글로벌 히스토리는 모던이나
포스트 모던시대보다는 글로벌시대의 보편사를 모색하고 있는 것이다.

4. 글로벌 히스토리의 방향
    : 상호관련과 비교의 접속

일련의 글로벌 히스토리 관련 구상들을[52] 살펴보면 그 총체적인 목표는
하나의 새로운 학문적인 전망, 새로운 역사를 모색하려는 데 있다. 그
경향은 현재 진행 중에 있는 세계화에 초점을 맞추고 있으며, 국가적,
지방적, 지역적인 차원보다는 글로벌한 차원에서 최상의 연구를 끌어내려
한다. 세계화의 역사화와 역사들의 세계화를 위해 글로벌한 전망 하에서
동시대뿐만 아니라, 현재 필요하고 유용한 것처럼 보이는 아주 먼 과거에
까지 관심을 확대하고 있다.[53]

---

51) 모더니티보다는 글로벌리티의 입장에서 역사 서사를 접근한 사례로는 Martin
   Albrow, *The Global Age*의 Chapter 4, Globalization : Theorizing the Transition와 Chapter5.
   Historical Narrative for the New Ages를 참조할 만하다. Geyer and Bright, "World
   History in a Global Age," pp.1037, 1041.

52) '새로운 글로벌 히스토리 구상New Global History Initiative'은 전통적인 세계사의 대안을
   모색하고 세계화에 대한 역사적 전망을 촉진키 위해 1989년 매사추세츠 공과대학
   MIT의 브루스 매즐리쉬Bruce Mazlish가 창안하였으며, 이를 토대로 2003년에 울프
   쉐퍼Wolf Schäfer가 스토니부룩 대학StonyBrook University에 글로벌 히스토리 센터The
   Center for Global History를 만들었다.

53) A. G. Hopkins, "Introduction : Globalization : An Agenda for Historians," A.G. Hopkins,
   ed., *Globalization in World History* (New York : Norton, 2002) ; Bruce Mazlish,

이처럼 동시대적이고 나와 관련될 것처럼 보이는 역사들을 재구성하려는 경향은 글로벌 히스토리의 범주를 패턴과 스타일 면에서 지정학적, 시공간적, 또는 연대기적으로 덜 한정되게 하며, 이러한 추세는 점점 강해지고 있다. 바로 이 같은 관점에서 글로벌 히스토리는 기존의 세계사와는 다르다.54)

전통적인 세계사는 인류 역사를 하나의 전체로 서술하고 통합된 발전과정으로 이해하려는 역사기술로서 세계의 통사와는 다르다.55) 그것은 인류에 대하여 알려져 있는 모든 사항의 백과전서적인 목록이 아니고, 오히려 인간 사회 전체의 발전 속에 의미심장한 양식을 찾으려는 시도인 것이다.56) 즉 세계사는 "……역사의 진보 속에 보편적 법칙이 내재한다고 보고, 이 법칙적 견지에서 세계의 역사를 통일적 전체로 파악한 것으로, 세계사는……세계의 역사로서 지구상의 모든 국가, 민족, 인종의 역사를 포함하

"Introduction," Bruce Mazlish and Ralph Buutjens, eds., *Conceptualizing Global History*, p.7 ; Bruce Mazlish, "Die Neue Globalgeschichte," *Zeitschtift fur Weltgeschichte*, 3:1 (2002), pp.9~22.

54) 브루스 매즐리쉬는 이미 글로벌 히스토리와 세계사의 용어와 의미 차이에 대해서, 관련된 두 저작, Jared Diamond, *Guns, Germs, and Steel : The Fate of Human Societies* (New York, 1998)와 Fred Spier, *The Structure of Big History* (Amsterdam, 1996)를 비교, 검토한 비평 에세이review-essay, "Big Questions? Big History?," *History and Theory*, 38:2 (1999), pp.1~17를 발표하였다. 이와 관련된 매즐리쉬의 논거는 "Comparing Global History to World History," *Journal of Interdisciplinary History*, 28:3 (Winter 1998), pp.385~395 ; Bruce Mazlish, "Crossing Boundaries : Ecumenical, World, Global History," Pomper, Epick, & Vann. eds., *World History*, pp.47~52에서도 참조된다. 한편 필립 폼퍼Philip Pomper는 브루스 매즐리쉬의 글로벌 히스토리와 세계사에 대한 구분은 일반적인 것이 아니며, 그 어떠한 시도도 용어상의 난제를 해결할 수는 없음을 지적한다. Philip Pomper, "Introduction: The Theory and Practice of World History," Pomper, Epick & Vann, eds., *World History*, pp.2~3.

55) Frederic Nietzche, *The Use and Abuse of History* (Indianapolis,1957). p.55.

56) Thomas Cyrle, "From on Heroes, Hero Worship, and the Heroic in History", pp.101~107.

지 않는 것……"이다.[57] 이러한 세계사의 어의를 살펴보면, 보편성, 법칙성, 전체성의 지향 방식에서 글로벌 히스토리와의 유사성을 찾아볼 수도 있다.

그러나 글로벌 히스토리는 접근 방식에 있어서 종래의 세계사와는 다른 면이 있다. 그 두드러진 차이는, 세계사보다 더 근현대사에 비중을 두고 있다는 점이다. 그리고 다음으로는 문화적 요인들, 특히 지리적 이해, 생활 문화의 이해와 더불어 이문화crossculture 이해에 대한 관심을 강조한다는 데 있다.[58] 이를 위해 글로벌 히스토리는 문화와 문화적 가치들의 기원과 발전, 사회체 간의 접촉과 차이에 대해 관심을 가지는데, 특히 시간을 초월한 상호의존의 가속화, 글로벌 이슈global issue에 대한 선례들, 문명의 기원과 성장, 글로벌 시스템global system의 변화 등을 다룬다.

즉 세계화가 진척될수록 세계 각 민족들 간에는 문화 마찰이 증가하게 되는데, 이것은 국가간의 문제가 아니라 그 상층에 언어, 종교, 풍습, 관습이 다른 집단 및 개인 간의 문제가 있기 때문이다. 이를 해결하기 위해서는 이異문화 이해에 필요한 지구적 차원의 상호관계의 이해를 전제로 한 지문화적인geocultural 글로벌한 시각이 요구되는 것이다. 한편 현대사를 중심으로 콘택스트를 구성하고 있는 이유는 현대의 여러 지역 세계의 문화를 명확히 이문화로서 파악하고, 그 문화의 특성을 역사적으로 고찰하고자 하는데 있기 때문이다. 현대사에서는 그 속성상 어느 특정 국가라 해도 자기중심적 고립은 허용되지 않으며 국제적인 연관성에 입각하여 전 지구

---

57) 동아출판사 편, 『동아원색대백과 사전』 (서울, 1983), p.229 ; 네이버 백과사전 (http://100.naver.com/100.nhn?docid=92571), (http://100.naver.com/100.nhn?docid=726975).

58) 김원수, 「국민학교 역사교육의 발전방향 : '지구규모의 역사 인식'과 관련하여」, pp.81~92.

적 현실에 참여할 수밖에 없다. 따라서 현대사에 있어서 국가사나 민족사
의 방향은 기본적으로 새로운 흐름인 글로벌 히스토리의 방향과 일치할
수밖에 없다.59)

글로벌 히스토리 구상에 관여한 브루스 매즐리쉬, 패트릭 오브라이언
Patrick O'brien, 고故 맨프레드 코작Manfred Kossak 등의 저작들을 살펴보면 어프
로치의 공통점을 엿볼 수 있다. 그 경향은 두 가지로 요약되는데, 첫째로,
글로벌 히스토리는 세계화의 역사history of globalization라 할 만큼 세계화의
제반 현상과 관련되어 있다는 것이다. 즉 현재 진행하는 과정에서 세계화
의 요소에 관한 관심들, 그리고 현재 필요하고 유용한 것처럼 보여지는
과거에 관심을 두는 경향이 있다는 것이다. 두 번째로 글로벌 히스토리는
단순하게 지방적, 국가적, 지역적인 차원보다는 지구규모의 수준에서 최상
의 연구를 끌어내려 한다는 것이다. 현재적 상황에서 출발하는 지구적
전망에 근거하여 글로벌 이슈, 글로벌 경제, 글로벌 시스템 및 세계 문화
등에 관심을 가지는데, 여기서는 무엇보다도 세계화의 제반 요소와 문제들
에 대한 시너지synergy 효과와 동시발생성synchronicity에 관심을 기울이고 있
음을 볼 수 있다.60) 이를 살펴보면 관련 연구자들이 대체로 국경과 문화의
경계를 초월한 관계와 비교에 대한 관심 및 인간 활동 형태와 관련한
진화론, 환경과학 및 생물학 분야에 해박한 과학적 지식과 식별력을 가지
고 있음을 알 수 있는데, 그것은 글로벌 시대에 세계의 과거를 기술하는데
있어서는 필요한 전제 사항이라 할 수 있다.

---

59) Ibid.

60) Mazlish, "Crossing Bounderies: Ecumenical, World, Global History", pp.47~48 ; Mazlish,
"An Introduction". 매즐리쉬는 지적하기를, 역사가들은 세계화과정 그 자체의
요소들의 동시발생성과 상승작용을 거울mirror처럼 비추어, 있는 그대로 반영해보
아야 하며, 이 작업은 '하나의 재정의된 역사a redefined history'를 말하려는 것이라고
한다. Bruce Mazlish, *The New Global History*, pp.103~104.

글로벌 히스토리에 접근하는 최선의 방법은 인간성을 중요하게 만든 사건들의 포괄적인 역사들histories을 하나의 전체로 재현하기 위해 노력을 경주하는 일이다. 많은 역사가들은 지역사 또는 국가사의 압도적인 흐름이 재연될 소지를 방지하고 지구 규모의 메타내러티브들을 만들어 내는데 관심을 가진다. 그런데 이것은 또한 글로벌 역사가들이 추구할 사항인 것처럼 보이며, 이러한 움직임은 최근에 비교사comparative history, 거시사macro history와 미시사micro History, 일상사everyday history, 새로운 사회사new social history, 지성사intellectual history, 문화사cultural history, 국제사international history와 외교사 diplomatic history의 영역에서 엿보이고 있다.[61]

하지만 오늘날 많은 역사가들은 학문적으로 너무 깊이 포스트모던주의 자들의 인식론과 언어학적인 관심사에 빠져있으며, 미시사 및 조각난 역사 로의 이행이 필수 불가결한 것으로 시사하고 있다.[62] 그들은 글로벌한 스케일로 역사를 기술하려는 전략들을 연구함에 있어서도, 메타내러티브 의 해체라는 포스트모던적 입장을 취하고 있으며, 타자의 이해 또는 사건 에 대한 추측과 설명을 위해 두껍게 읽기dense description, 미시사 및 전기들에 관심을 갖는다.[63]

---

61) 오슬로 국제 역사학회의의 패트릭 오브라이언 교수의 주제발표 내용과 이에 대한 알렉산더 츄바리안Alexander Chubariyan의 토론내용 참조(http://www.oslo2000. uio.no/english/index.htm, 2000).

62) 아부-루고드Abu-Lughud와 마이클 애더스Michael Adas는 언어로의 전환의 충격 및 전통 적이고 실제적인 구조적 어프로치들과 포스트모던적인 구성주의 사이에 중간적 위치에 관한 연구를 거의 확실하게 반영하고 있다.

63) 김현식, 「전통적 역사학과 새로운 역사학 : 변화하는 역사학의 오늘과 내일」, 『역사학보』 제166집 (2000) ; 조한욱, 『문화로 보면 역사가 달라진다』 (서울 : 책세 상, 2000) ; 위르겐 슐룸봄, 백승종 외 옮김, 『미시사와 거시사』 (서울 : 궁리, 2001) ; Keith Jenkins, *Rethinking History*, 최용찬 옮김, 『누구를 위한 역사인가』 (서울 : 혜 안, 1999).

그러나 포스트모던적 관심과 지적인 노력은 글로벌한 전망 하에서 세계의 과거를 기술하고 분석하려는 글로벌 역사가들에게는 냉철한 주의력과 상상력을 요구한다.[64] 왜냐하면 포스트모던 역사의 미시적 어프로치와 글로벌 히스토리가 추구하는 글로벌 어프로치 사이에는 메타내러티브의 해체와 거대서사의 재구성이라는 묘한 상대적 언밸런스가 나타날 수 있기 때문에 이를 보다 정확히 이해할 필요가 있다. 이미 글로벌 히스토리 장르의 참가자들은 이러한 이슈에 대해 사학사적, 방법론적 논의를 활성화하고 있는데,[65] 그 주된 화두 중 하나는 글로벌 히스토리가 방법론적으로 내러티브의 문제인가 아니면 분석의 문제가 될 것인가 하는 것이다.[66] 그 대답은 아마도 양자의 결합이 될 것이다.[67] 즉 세계화의 경험은 내러티브에 의해 최상으로 다루어질 것이고 세계화의 구조와 추진과정은 분석을 통해 처리될 것이라고 보고 있다.

새로운 세계사라는 역사 탐구영역으로서 글로벌 히스토리는 그 패턴과 스타일을 미리 예견할 수는 없다. 다만 이미 개발된 어프로치 모델들을 통해서 어느 정도 그 범주를 그려볼 수 있다. 맥닐과 스타브리아노스의

---

64) Bruce Mazlish, "Global History In A Postmodernist Era?," Mazlish and Buutjens eds., *Conceptualizing Global History*, pp.113~127.

65) 오슬로 국제역사학대회의 제1주제 "보편사는 가능한가?"에 참가한 이다 블롬Ida Blom, 크래언 스눅Graeme Snooks 등은 글로벌 히스토리에 대해 동적인 과정의 성과물이라고 긍정적인 입장인 반면에, 크리스토퍼 로이드Christopher Lloyd는 역사의 역사적인 주요한 행위자들을 가정한 목적론들은 지구 또는 인류의 역사를 냉혹하게 역사의 어떤 최종 상황을 향해 몰고 가는 것이라고 비판하고 있다.(http://www.oslo2000.uio.no/english/index.htm)

66) Neva R. Goodwin, "The Rounding of the Earth : Ecology and Global History," Mazlish and Buutjens, eds., *Conceptualizing Global History*, pp.27~46 ; Raymond Grew, "On the Prospect of Global History," Mazlish and Buutjens, eds., *Conceptualizing Global History*, pp.227~250.

67) Mazlish, "An Introduction," p.4.

세계사 모델[68]이나 마이클 애더스Michael Adas의 세계사 시리즈[69]등에서 제시된 유형들은 중요하게 평가되며, 세계사교육과 글로벌 역사가들에게 영향을 주고 있다. 이들을 살펴보면 글로벌 히스토리의 스타일은 크게 사관의 세계화와 시대의 세계화라는 유형으로 나눠지는 듯하다.[70] 양자들은 모두 대륙, 국가와 지역을 넘나드는 상호 관련성을 다루며, 페르낭 브로델Fernand Braudel이 말하는 장기지속long-term의 역사의 성격이 강하고, 관련, 상호작용, 조우, 외부인과의 접촉 등이 역사의 원동력으로 재현될 수 있다고 가정하며, 인간성의 진화 과정을 총체적으로 접근한 역사라는 점에서 유사함을 가지고 있다.

그런데 글로벌 역사가들은 기존의 세계사에 나타나는 전체 세계의 전체 역사와 같은 의미의 단일한 세계사를 지향하고 있지는 않은 것 같다. 오히려 그들은 세계화의 제반 요소들이 각기 정밀하게 세목화되어 조사되어야 하며, 이를 위한 간학문적 연구interdisciplinary study의 필요성을 인식하고 있다. 또한 연구 대상 역시 종래의 세계사와는 달리, 역사의 새로운 행위자들인 인권, 환경, 집단과 같은 NGOs, 여성단체, 초다국적기업, 유엔UN 등에 초점을 맞추고 있다.[71].

브루스 매즐리쉬와 아키라 이리예Akira Iriye가 함께한 하버드 대학의 2001년 가을학기 '새로운 글로벌 히스토리New Global History' 강좌를 살펴보면,[72]

---

68) 原田智仁,「クロベル・ヒストリの可能性-スタブリアノスの世界史論をかがり に-」,『社會科教育論叢』第40集 (1993), pp.27~36.

69) 미국사학회American Historical Association에서 마이클 애더스가 낸 시리즈물은 *Essays on Global and Comparative History*이다.

70) 김원수,「국민학교 역사교육의 발전방향: '지구규모의 역사 인식'과 관련하여」, pp.84~86.

71) Mazlish, "Crossing Bounderies : Ecumenical, World, Global History," p.50 ; Mazlish, "An Introduction," pp.2~6.

정보혁명, 다국적기업MNC, 이민, 소비자주의, 자연환경, 인권, 비정부기구
NGOs, 국제주의 특히 국제정치 시스템의 변환, 글로벌문화Global culture 특히
음악, 위성 커뮤니케이션에 의해 조성된 문화의 세계화, 질병의 세계화,
테러리즘 같은 초국가적이고 초문화적transcultural, 통문화적인crosscultural 주
제에 논점을 맞추고 있다. 고로 글로벌 히스토리는 연구 주제에 있어서도
본질적으로는 초국가적transnational, 초문화적transcultural이라 할 수 있다. 나아
가 글로벌 히스토리는 기록된 말의 전통적인 언어들뿐 아니라 보편적
언어의 새로운 형태들의 확산도 연구하고, 이러한 경험적인 연구를 글로벌
공동체와 정체성 이론과 관련시키려는 움직임도 나타나고 있다.73)

　여기에서 주목되는 것이 지구규모 차원의 상호관련과 비교의 방법론이
라 할 수 있다. 원래 비교방법론은 새로운 것은 아니고 이미 기존의 친숙한
것이다. 거기에는 유럽적이고, 국가적이며, 지역적인 바탕을 가지고 있는
비교사와 유사한 것들이 있다. 비교사는 지엽적인 세부사항의 복잡성을
극복하게끔 도와주어, 역사가들이 문제의 다양성을 논리적으로 해결하게
끔 해 준다. 하지만 글로벌 히스토리에서는 넓은 공간과 거대한 인구,
대륙, 대양과 문명들 사이에 나타나는 대조적인 것들을 모아 비교 연구를
위한 언어 조건을 갖추기가 만만치 않고, 발견한 대조적인 것들을 논리에
맞게 전개하는데 어려움이 있다.

　그럼에도 불구하고 비교사의 비교 방법으로부터 유래된 시각은 글로벌
역사가들에게서 실체화되는 경향이 있다. 즉 비교 방법은 오늘날의 복잡한

---

72) NGH의 강의Syllabus는 New Global History 홈페이지 http://www. newglobalhistory.
　org/에서, 그리고 강의 내용 및 자료는 Bruce Mazlish and Akira Iriye, ed., *The Global
　History Reader* (New York : Routledge, 2005)에서 참조할 수 있다.

73) Lucien Febvre and Henri-Jean Martin, *The Coming of the Book*, trans. David Gerard (London :
　Verso, 1990) ; Mazlish, "An Introduction," pp.15~17.

환경의 다양성으로부터 지구규모의 일반화된 기준을 이끌어 낼 수 있으며, 다른 장소의 역사가들의 상호 커뮤니케이션을 통해 각 각의 주어진 경험들에 관하여 세부적으로 인식가능하게 할 수 있다고 보는 것이다. 이러한 상호 관련과 비교 연구를 통해 글로벌 히스토리의 가능성을 드러내며 활발한 논쟁이 이루어지는 영역으로는 젠더의 역사[74]와 자본주의의 역사[75]를 들 수 있는데, 이들의 관심 역시 글로벌 히스토리의 최종 목표라 할 수 있는 인간성의 회복, 또한 인간성의 재발견을 위한 노력에 있다.[76]

또한 보편사의 가치와 가능성을 새로이 재현하려는 글로벌 역사가들은 국가사와 지방사/지역사를 기술하는 학자들과는 달리 지구를 둘러싼 생물권과 생태환경의 다양성에 깊은 관심을 갖고 있다. 그것은 모든 사회의 역사에서의 차이가 근본적으로 환경적 조건의 변동들로 설명되야 하기 때문이었다. 이러한 인식은 글로벌 히스토리와 지리학과의 재통합을 촉진하였고, 장기적인 진화론적 역사에 대한 다시 새로워진 관심은 생물학자들, 지질학자들, 기후학자들, 고생물학자의 주의를 끌고 있다. 이러한 모든

---

74) 최근 젠더에 관한 연구는 어떻게 젠더가 보편사의 목적을 위한 본질적인 분석적 카테고리인가를 확실하게 보여주며, 어떻게 그것이 인간성을 염두에 둔 세계사들을 구성하기 위한 목적으로 계급, 민족성, 인종, 국가 시민권과 식민주의와 같은 기존의 다른 카테고리들과 상호 작용하는가를 잘 보여주고 있다. Ida Blom, "Gender As an Analytical Tool in Global History"(http://www. oslo2000.uio.no/english/index.htm).

75) 최근 글로벌 경제를 컨텍스트에 포함하려는 자본주의 역사 연구는 글로벌 히스토리의 구성 요소에 있어서 물질적인 인간과 그 삶이 중심적 화두가 될 것임을 상기시켜준다. 그 요점은 인간은 역사적 장소에서, 의식주와 제조물을 획득하는 데 몰두하고, 안정이 지속하기를 바라며, 이것이 이루어진 후에야 적절한 삶의 표준을 요구한다는 것이다. Richard J. Barnet and John Cavanagh, "A Globalizing Economy: Some Implications and Consequences," Mazlish and Buutjens, ed., *Conceptualizing Global History*, pp.153~172 ; Kaoru Sugihara, "Oceanic Trade and Global Development, 1500-1995"(http:// www.oslo2000.uio.no/english/index.htm).

76) Patrick O'Brien, "Is Universal History Possible?"

상호 관계에 대한 과학적 지식과 이해 및 커뮤니케이션은 역사로 피드백하고 있다. 과학은 고고학의 작업을 통해서 역사와 아무런 경계도 인정하지 않으며, 보편적인 이해와 호소를 얻어내려고 한다. 그 이유는 인간과 자연의 역사들 사이에 무시된 관계들을 간파하는 통찰력을 경험적으로 유효하게 했던 간학문적 방법론들이 지구규모의 비교 역사를 위한 기초로서 폭넓게 환영받게 되었기 때문이다.[77]

글로벌 히스토리는 정체성의 문제에 다다르면 미완의 프로젝트이며, 다방면의 연구가 요구되고 있다. 글로벌 히스토리는 과학과 테크놀로지의 성과들을 받아들여 우주로부터의 지구를 보게끔 하는 한편, 지구의 진화론적이고 생태학적인 속성에 관심을 집중시키는 새로운 인식, 새로운 관점을 구체화한 역사라는 위상을 가질 수 있을 것이다. 그리고 이러한 지구규모의 인식과 관점은, 기존의 세계사와는 다른 것으로서 글로벌 히스토리를 특징지을 수 있을 것이다.

그러나 이러한 것들이 얼마나 실질적이고 경험적인 역사 연구에 있어서 해결되어질 것인가 하는 문제는 오직 글로벌 역사가들의 부단한 노력 여하에 달려있을 뿐이라 생각한다. 오늘날 글로벌 히스토리와 관련한 다양한 프로그램 구상은 이미 실체화되어 관심의 증대를 반영한다. 국내외 대학의 역사학과들은 전문화의 영역으로서 글로벌 히스토리를 확인하고, 대학 연구기관과 각종 교육프로그램을 개설하였다. 제리 벤틀리 교수의 하와이 대학, 패트릭 매닝의 노스이스턴 대학, 카터 핀들리Carter Findley와 존 로트니John Rothney의 오하이오 주립대학에서의 연구 증대 및 듀크 대학 역사학부의 '대양접속 구상ocean connect initiative', 뉴욕스토니부룩 대학 StonyBrook University의 글로벌 히스토리 센터, 오사카 대학의 세계사연구소,

---

77) Raymond Grew, "On the Prospect of Global History."

서울대학교의 역사연구소와 한양대학교의 비교역사문화연구소RICH 개설 등, 점차 관심과 성과는 확대되고 있다. 아울러 노스캐롤라이나 대학의 글로벌 히스토리 박사과정 개설78) 등은 고무적인 현상이라 할 수 있다.

5. 맺음말

오늘날 통시적·공간적인 네트워크 메커니즘을 통해 전 세계로 확산되고 있는 글로벌 히스토리는 모더니티·포스트모더니티보다는 글로벌리티의 요소들에 보다 접근하는 글로벌 시대의 새로운 역사서사historical narrative를 지향한다. 기존의 세계사를 넘어서 세계화 시대에 세계의 역사들을 통합, 재구성하여 글로벌 휴머니티를 재현하려는 보편사universal history에 관심을 가진다. 나아가 세계화의 역사화와 역사들의 현재화/세계화를 동시 병행하는, 하나의 원인이나 중심이 없는 지배 서사를 가진, 문화적 전환을 넘어선 새로운 역사를 지향한다.

그것은 우리의 시대를 어떻게 개념화, 역사화, 현재화하여 기술해야하며, 그 위상을 세워나가야 하는가에 대한 반성적 성찰에 토대를 두고 있다. 그러한 작업들은 예측 불가능하지만, 나름대로 타당하기를 기대한다. 그것은 인간 사회에 가해지는 자연의 도전이 점차 심화되고, 우주가 확대되고 있는 반면, 지구는 작게 수렴convergence되고 있기 때문이다.

현재라는 동시대의 잠정적 발전 가능성에 의해서 고무된 글로벌 히스토리는 과거의 이야기보다 더 많은 현재와 미래에 대한 이야기가 역사가 될 수 있음을 보여주고 있다. 그래서 글로벌 히스토리는 불확실성의 범주

---

78) http://history.unc.edu/fields/globalhistory/globalhistory.phd

내에 위치하고 있지만, 현재와 미래지향적 역사이다. 글로벌 변화를 주목
하는 글로벌 히스토리는 인간과 자연이 함께 하는 글로벌한 관점에서
탐구된다. 그것은 서구중심적이거나 자기중심적이 아닌, 인간중심적
humanocentric 역사를 만들자는 것이다.

이 같은 글로벌 히스토리의 구상과 지향성은 이데올로기와 냉전체제
하에 금압되고 동결된 역사에서 풀려나와, 종래 학문지상주의에서 결핍되
어 있는 세계관을 찾아, 세계화 및 문명, 문화 충돌과 관련된 논제들에
관한 역사의 장을 마련케 할 것이다. 또한 자본주의의 힘에 의한 비서구사
회의 식민지화와 포스트식민지화를 탐구하는 거시적 전망과 인식의 지평
을 확대할 것이다. 또한 기존의 국가사와 세계사의 경계를 넘어서 더 많은
사람과 공동체 및 문화들의 각양각색의 업적들에 대하여 좀 덜한 자민족중
심주의적 인식을 허용하게 될 것이며, 나아가 공공선Common Good을 위한
세계 시민적 자질을 배양하는 데에도 일조할 수 있을 것이다.

하지만 인간 행동의 글로벌한 영향력들은 상충되는 도전을 야기하고
있다는 사실을 유념해야 한다. 글로벌 시민사회는 코스모폴리탄적인 사회
정의를 추구하지만, 포스트 식민제국들은 아직까지도 전 지구적인 통제를
요구한다. 또한 자연에 대한 인간 지배는 풍족한 삶을 위한 산업적 또는
탈산업적인 방식을 지원하지만, 다른 한편 핵전쟁, 생태환경적 재앙, 또는
생물권의 붕괴에 의한 죽음을 초래할 수도 있는 것이다. 그럼에도 불구하
고 글로벌 히스토리의 동시대적인 정신상태를 과거의 인간사를 재구축하
는 데 적용하는 것은 현재 상황의 기원들에 대하여 더 많은 혜안의 빛을
던져줄 수 있을 것이다.

제 2 부

새로운 세계사와 세계사 연구

글로벌 히스토리와 글로벌 교육

배 한 극

1. 머리말

근년에 와서 역사학과 역사교육 분야에서 새로운 세계사나 글로벌 히스토리Global History[1]에 대한 관심이 높아지고 있다. 예컨대 1990년의 국제역사학대회(마드리드)의 역사교육학부회의에서는 "지구 규모의 역사 공간의 탄생의 결과 일어난 역사 정치의식에 있어서 변화Changes in Historical Political Consciousness as a Consequence of the Creation of a Global Historical Space"를 대회 테마로 설정한 가운데 각종의 보고가 행해졌다. 동년 미국에서는 세계사학회World History Association(약칭 WHA, 1982년의 미국역사학회 학술대회에서 성립)의 기관지 『세계사 저널』이 창간되었다. 그 편집장 제리 벤틀리(하와이 대학)는 「글로벌 히스토리를 위한 신 포럼」[2]이라는 권두언에서 이 저널이 글로벌 히스토리의 새로운 광장이 될 것이라고 하였다. 그리고 다음해 1991년

---

[1] 'Global History'에 대해서 학자마다 용어를 다르게 사용하고 있다. 차하순은 '세계사', 조지형은 '지구사', 김원수는 '글로벌 역사'라고도 하나 필자는 잠정적으로 '글로벌 히스토리' 원어 그대로 사용하였다. 세계사라고 하면 종전의 세계사와 구별이 되지 않고, 지구사라고 하면 지구과학에서 말하는 지구사와 혼동되기 쉽다.

[2] Jerry H. Bentley, "A New Forum for Global History," *Journal of World History* (Spring 1990), p.iii.

에는 아메리카 학자들을 중심으로 글로벌 히스토리를 논하는 회의가 이탈리아에서 열렸다.

그리고 2000년 8월에는 노르웨이 오슬로의 국제역사학대회에서 "글로벌 히스토리에 대한 제 시각 : 개념과 방법Perspectives on Global History : Concepts and Methodology"이라는 주제로 다시 한 번 글로벌 히스토리에 대한 새로운 시각들이 다루어졌다.

한편 한국에서도 이에 대한 소개와 담론이 이루어지고 있다.[3] 특히 2002년 8월에 세계사학회는 역사학회와 공동으로 "역사 속의 한국과 세계"라는 주제로 역사학회 창립50주년기념 역사학국제회의를 서울에서 개최하였으며 여기서도 세계사학회 전회장인 루프H. Loupp는 세계사학회 차원의 글로벌 히스토리의 보급을 위한 교육 프로젝트를 소개하기도 했다.[4]

그리고 제7차 교육과정 중 세계사의 목표에서도 "인류역사의 발전과정을 종합적이고 체계적으로 이해함으로써 오늘날 세계의 성격과 과제를 올바로 인식하며" 국제이해와 국제협력의 자세와 인류문제의 해결에 능동적으로 참여하는 자세를 가지도록 하고 있다.[5] 또한 사회과 교육과정개정의 중점방향 중에는 정보화·세계화 시대의 사회변화를 주도할 새로운

---

3) 조지형, 「새로운 세계사와 지구사 : 포스트모던 시대의 성찰적 역사」, 『역사학보』 제173집 (2002), pp.336~339 ; 김원수, 「글로벌 역사Global History란 무엇인가 : 새로운 세계사에 대한 담론」, 『사회과교육』 제41권 2호 (2002), pp.45~58 ; 정선영, 「지구적 시각에 기초한 세계사 교육에의 접근 방안」, 『역사교육』 제85집 (2003), pp.1~39 참조.

4) 금번 역사학 대회에서 강선주는 「유럽 대 아시아 : 세계사 교육과정의 구성틀」에서 우리 나라 고교 세계사 교육의 발전사를 소개하고, 특히 1988년부터 우리 나라 세계사 교육과정에서 글로벌 접근이 이루어졌음을 밝히고 있다. 그리고 전세계사학회장 하이디 루프Heidi Roupp는 글로벌 히스토리의 관점에서 개발 보급되고 있는 「새로운 교수 영역의 개발 : 21세기를 향한 세계사」 프로젝트를 소개하였다. 『역사학회 창립50주년기념 역사학 국제회의 발표문』 (2002), pp.13~21 참조.

5) 교육부, 『사회과 교육과정』 (서울 : 대한교과서주식회사, 1998), p.181.

시민적 자질의 육성에 중점을 두고, 교육과정의 지역화를 구현함과 아울러
지구촌 사회의 요구에 부응하기 위해 지구촌적 관점의 반영에 유의하였다.
개정의 중점에서는 교육과정 지역화의 요구와 지구촌 교육 즉 글로벌
교육 요구를 동시에 수용하기 위해 내용 선정에서 지역 사회와 세계와의
상호의존 및 그 관련성을 강조하였으며, 지역사회에서 세계를 발견하는
학습 경험을 제고함으로써 환경확대법의 제한점을 보완하고자 하였다.[6]

  일본에서도 국제화 등의 사회의 변화에의 대응을 이유로 1989년 고등학
교 교육과정에 지리역사과가 성립되고 세계사가 필수로 지정되었다. 새
세계사 교육과정은 1994년부터 실시되었으나 거기에는 "과거 이문화에
대한 이해, 국제이해, 국제적 상호의존관계의 이해"[7]가 목표로 되어 있다.
그 때문에 내용적으로는 세계의 일체화가 진행된 근현대사가 중시되고
방법적으로는 "세계제국 상호의 관련을 다각적으로 고찰"(세계사 A)로
정해져 있다든지 "문화의 다양성 복합성과 상호교류를 넓은 시야로부터
고찰"[8](세계사 B)시키는 것이 강조되고 있다. 그것들은 역시 글로벌한
역사인식의 시점과 방법을 의미하는 것이라고 할 수 있다. 역사교육학계에
서는 글로벌 히스토리의 가능성을 집중적으로 검토한 바도 있다.[9]

  이러한 관심의 배경에는 한편으로 글로벌 시대에 있어서 글로벌화의
급격한 진전이, 또 한편으로는 종래의 세계사가 진정한 의미에서 월드
히스토리world history가 될 수 없다는 현상이 지적되고 있다.[10] 사실 세계사

---

6) 교육부, 『초등학교 교육과정 해설(III) : 국어, 도덕, 사회』(서울 : 대한교과서주식
   회사, 1999), p.236.

7) 文部省, 『高等學校學習指導要領解說 地理歷史編』(實敎出版, 1989), p.7.

8) 學習指導要領 『世界史 B』의 각 목표 참조.

9) 原田智仁, 「グローバル・ヒストリーの可能性-L.S. スタブリアーノスの世界史
   論を手がかりに-」, 『社會科敎育論叢』 弟40集 (1993), pp.37~49.

10) Gilbert Allardyce, "Toward World History : American Historians and the Coming of

라고 할 때 유럽중심의 세계사, 아니면 중국 중심의 세계사였다. 과거의 세계사는 진정한 의미의 세계사가 될 수 없다는 것이다.

　미국 역사학자 중에서도 윌리엄 맥닐William H. McNeill과 함께 고등학교 및 대학 역사교육에 큰 영향력을 행사하는 레프틴 스타브리아노스Leften S. Stavrianos[11])는 '왜 세계사인가'에 대신해서 '세계사란 무엇인가?'를 묻는 시대가 되었다고 했다.[12]) 이에 대해서 폰 라우에Von Laue는 "우리의 역사는……글로벌 히스토리가 되지 않으면 안 된다"[13])고까지 말하고 있다. 물론 좁은 전문성을 고집하는 역사학자와 '서구문명' 코스를 지지하는 교육자 중에는 반발도 있으나, 세계사 교육의 필요성을 자각하는 사람들에게는 그것이 거의 공인되고 있다.[14]) 글로벌 히스토리는 미국의 글로벌 교육에도 영향을 미치고 있다. 일찍이 미국 글로벌 교육의 제1인자인 윌리엄 니프William H. Kniep는 글로벌 교육global education에 관한 연구영역으로서 인간적 가치, 글로벌 시스템, 글로벌 문제, 논쟁과 함께 글로벌 히스토리를 들고 있다.[15])

---

the World History Course," *Journal of World History*, 1 : 1 (1990), pp.23~26.

11) 미국의 세계사 교육학계의 양대 거목이라고 할 수 있는 맥닐과 스타브리아노스 (1913년 밴쿠버 출생)는 둘다 캐나다 출신으로, 맥닐은 시카고 대학, 스타브리아노스는 노스웨스턴 대학에서 각각 정년 때까지 교수활동을 하였으며, 스타브리아노스는 정년 후에는 캘리포니아 대학 센디에고교에서 활동하였다. 그들의 초기의 저술은 그리스 역사에 관한 것이었다.

12) L.S. Stavrianos, "From 'Why World History?' to 'What World History?'," *Social Education*, 39:6 (October, 1975), pp.360~363.

13) Jan L. Tucker, "Global Change and American Citizenship Education : The Vital Role of History," *Social Education*, 54:5 (September, 1990), p.312.

14) Nathan Douthit, "The Dialectical Commons of Western Civilization and Global/World History," *The History Teacher*, 24:3 (May 1991), p.312.

15) William H. Kniep, "Social Studies with A Global Education," *Social Education* (November/December, 1986), pp.536~542.

이 글에서는 이러한 글로벌 사회, 글로벌 시대의 추세에 비추어 글로벌 역사의 성립배경을 살펴보고 미국의 글로벌 히스토리의 제1인자인 스타브리아노스의 세계사론을 통해서 글로벌 히스토리의 성격, 개념, 내용, 과제, 문제점 그리고 그 가능성을 글로벌 교육과 관련지어 고찰해보고자 한다.

2. 글로벌 히스토리의 성립 배경

새로운 세계사로서의 글로벌 히스토리가 미국에서 먼저 일어나게 된 배경을 보면, 양차 세계대전 이후 미국사회에 대한 성찰적 태도와 인식전환에 근거한 것으로 볼 수 있다.[16] 제1차 세계대전 이후 세계 초강대국으로 등장한 미국에서 대학과 역사학계는 서양역사의 후계자이며 민주주의의 수호자로 자처하면서 서양문명사를 통해 이를 강조하고 정당화하여 새로운 세대를 교육시켰다.

그러나 1957년 소련의 스푸트니크호 발사성공은 미국 교육계를 비롯한 미국사회 전반에 걸쳐 큰 반향을 불러일으켰다. 그후 학문중심의 신사회과 운동이 일어났고, 역사학계도 1960년대와 1970년대에는 미국과 미국문화의 정체성에 대한 강한 의문과 회의를 품게 되면서 미국 국민의 다양한 구성원에게 역사적 뿌리를 묻지 않으면 안되었다. 이리하여 글로벌 히스토리에 대한 요구는 1970년대 후반에 본격적으로 나타났다.[17] 사실 미국 역사와 문화는 아메리카 인디언과 아프리카 흑인, 유럽인들에 의해서 형성

---

16) 조지형, 「새로운 세계사와 지구사 : 포스트모던 시대의 성찰적 역사」, 『역사학보』 제173집 (2002), pp.366~367.

17) 김원수, 「글로벌 역사Global History란 무엇인가 : 새로운 세계사에 관한 담론」, 『사회과교육』 제41권 2호 (2002), p.49.

된 것이며, 와스프WASP만이 존재하는 것이 아니라는 것을 인식하게 되었다. 나아가 다양한 인종과 문화가 존재하는 미국에서 다양한 세계문화와 다문화주의에 눈을 돌리게 된 것은 사치와 여유의 소산이 아니라 생존과 갈등의 소산이라 인식했다.[18] 그와 동시에 제2차 세계대전 이후 세계경제를 독점한 미국은 세계전략의 일환으로 세계를 포괄적으로 이해해야 했고, 다국적기업과 세계자본주의체제는 국가주의와 서양중심주의를 벗어나 글로벌 사회와 대면해야할 필요가 있었다. 이에 따라서 교육계에서는 글로벌 교육운동과 함께 글로벌 스터디즈global studies가 개발되었고, 역사학계에서는 학문 분야와 교과목으로서의 서양문명사는 쇠퇴하고 새로운 세계사 내지 글로벌 히스토리가 주목받아 괄목할 만큼 성장하게 되었다. 사실 제1차 세계대전 이후 서양문명의 몰락에 수반된 세계사적 사건에 대한 지적 도전이 슈펭글러와 토인비의 문명사론이었다면, 글로벌 히스토리는 1970년대 후반의 미국 역사학계의 지적 도전이라고 말할 수 있을 것이다.

한편 글로벌 교육은 미국에서 1970년대 말부터 1980년대를 거치면서 크게 발전하였다. 미국의 시민성citizenship 교육은 초·중등학교에 있어서 전 교육과정에 중심적 사명이었으며, 현재도 그러하다. 글로벌 교육은 미국의 시민성 교육의 비전과 의미를 지역사회, 주州사회, 국가사회뿐만 아니라 지구사회global society까지도 포함할 만큼 확대하고자 하였다. 글로벌 교육은 국민국가의 국민형성에 주력해 온 종래의 전통교육을 초월해서 지구사회에 살아갈 수 있는 "지구인globalist"으로서 갖추어야 할 "지구시민성global citizenship"을 포함하는 높은 차원의 시민성citizenship을 비전으로 제시하고 있다. 이러한 글로벌 교육의 배경은 역시 글로벌 히스토리의 배경과 마찬가지로, 두 가지 현실에 뿌리를 두고 있다. 첫째, 제2차 세계대전 후

---

18) 조지형, 앞의 글, p.366.

오늘날에는 그 전과는 전혀 다르게 다층경계multiple boundary의 세계에 살고
있다는 것. 즉, 국민국가의 세계만이 아니라 전 지구에 걸쳐 모든 사람이
영향을 주고받는 세계규모의 시스템world system or global system 안에 살고
있다는 것이다. 둘째, 인류는 국민국가 레벨에서 취해진 행위만으로는
해결될 수 없는 문제들의 위협을 받고 있다는 것. 우리들이 당면한 가장
다급한 환경적, 사회적 문제들 즉, 환경오염, 기후 온난화, 세계의 기아,
국가 테러주의, 핵위협과 같은 것들은 국제적 해결이 없이는 결코 해결될
수 없다는 것이다.

   글로벌 교육은 미국에서 젊은이들에게 다원주의, 상호의존, 그리고 변
화로 특징지어진 세계에서 생활하기 위해 보다 좋은 준비가 절실히 필요하
다는 데서 비롯되었다. 학교에서는 글로벌 교육을 도입하는 데 있어 가장
공통적인 접근은 코스를 재구성하고 재배치, 또는 창출보다는 기존의 교육
과정에 융합시키려고 하는 것이었다. 그래서 글로벌 교육에서, 확대된
시민성을 젊은이들에게 제공할 책임을 가지고 있는 사회과는 특별한 사명
을 띠고 있다는 것이다. 지구사회의 모든 분야에 건전하며 책임성 있게
참여하도록 노력해야 된다는 것이다.

   글로벌 교육에서 사회과의 목표는 오늘날 상호의존의 세계에서 가장
지배적이고 강한 행위요소의 하나인 민주사회에서 시민성의 요구로부터
나온다. 사회과의 내용은 주로 역사, 사회과학, 인문학에서 끌어낸다. 니프
는 글로벌 교육에서 본질적 연구요소를 앞에서 말한대로 ① 인간 가치의
연구, ② 글로벌 시스템의 연구, ③ 글로벌 이슈와 문제의 연구, ④ 글로벌
히스토리의 연구로 들고 있다. 글로벌 히스토리는 보편적이며 다양한 인간
가치의 진보, 현대의 글로벌 시스템의 역사적 발전, 그리고 과거의 상황과
오늘날 글로벌 이슈의 원인에 초점을 맞추고 있다. 이러한 인류적인 문제

를 해결하고 미래를 대비하려면 글로벌한 시각으로 인류의 역사를 연구하여야 한다는 것이다.

이러한 역사학계와 교육계의 코페르니쿠스적 인식의 대전환에 의해 전술한 바와 같이 1982년 세계사학회가 창설되고 1990년에는『세계사저널 *Journal of World History*』창간호가 뒤늦게 발간되었다.[19] 벤틀리Jerry Bentley는 권두언에서 세계사 저널은 종래의 "'국민국가의 관점view point of nation states' 이 아닌 '지구 공동체의 관점global point of view'으로 연구하는 체계적 역사연구와 조사를 장려할 것"이라고 하였다. 이어서 그는 세계사 저널은 비교연구와 또 크로스컬추럴한 주제를 주로 다룰 것이라고 하였다. 예컨대 하나의 문명이나 문화지역에서보다는 그들 지역에서 영향을 많이 미칠 역사적 발전에 대한 비교연구와 타문명이나 문화적 지역 사람들 사이에 회우에 대한 분석, 세계사의 역사서술에 대한 연구, 역사에 있어서 개념화와 시대 구분에 관한 성찰, 세계사에 있어서 방법론에 관한 논문 그리고 특별히 세계사의 주요한 테마에 대한 최근 저술의 서평 등도 게재할 것이라고 하였다. 뿐만 아니라 세계사에 있어 교과서를 비롯한 최근 저술에 대한 서평, 세계사 교육과 연구와 관련된 다른 문제와 학술회의와 교육과정에 관련된 통신도 실을 것이라고 하였다.

미국의 역사학계와 세계사 교육자들은 과거 30~40년 동안 국가사회에 초점을 맞춘 역사서술과 유럽중심사관에 내재된 한계를 점차 인식하게 되었다. 동시에 그들은 도전을 인식하고 또한 국경을 넘는 역사적 시각의 가능성도 깨닫게 되었다. 많은 역사적 추동력은 국가나 문화적 경계선을 존중하지 않고 있으며 오히려 지역적, 대륙적, 혹은 전 지구적 규모로

---

[19]『세계사 저널』이 하와이 대학을 중심으로 해서 창간되었다는 것은 일찍부터 동서문화연구의 노하우가 축적되어 있었기 때문이 아닌가 한다. 권두언을 쓴 제리 벤틀리는 하와이 대학 교수다.

영향을 미치고 있다. 예컨대, 이들 역사 추동력은 인구이동, 경제적 변동, 기후변화, 기술이전, 전염병이나 질병의 확산, 제국주의의 확장, 원거리무역, 이념과 이상, 그리고 종교적 확산 등을 들고 있다.

3. 글로벌 히스토리의 성격과 개념

글로벌 히스토리의 성격을 파악하려면 먼저 미국의 역사학자들이 글로벌 히스토리를 어떻게 해석하고 있는가를 알아볼 필요가 있다. 네이던 다우싯트Nathan Douthit에 의하면, 미국에서는 글로벌 히스토리에 대해서 두 가지의 해석이 있다고 한다. 그 하나는 세계사에서 주요한 문명의 전개와 상호작용을 취급하는 것으로서, 이른바 종래의 세계사와 같은 의미로 사용된다. 글로벌 히스토리에 대한 광의의 해석이라고 해도 좋을 것이다. 단, 1960년대에 이러한 용어가 처음으로 유행했을 때에는 "우주시대의 세계사에의 수식어"로 평가되듯이 다분히 분위기적인 면도 엿보인다.

그리고 종래의 지역연구적 세계사와 구별하기 위해서 사용된다는 면도 간과할 수 없다. 지역연구area studies는 제2차 세계대전 중에 미국의 국가전략적 이유로부터 생겨난 것이기 때문에 비서양 여러 지역의 문화를 그 자체의 맥락에서 이해하는 바, 방법론적인 특징이 있다. 이 지역연구의 접근은 외교정책연구foreign policy studies 접근과 함께 1950~60년대의 세계사 교육을 포함한 국제교육international education 접근에도 도입되고 있다.[20]

당시 미국 세계사 교육사상 처음으로 글로벌 히스토리를 주창하고 그것의 보급을 위해 필생의 노력을 기울인 스타브리아노스는 노스웨스턴 대학

---

20) David E. Vocke, "Those Varying Perspectives on Global Education," *The Social Studies*, 79:1 (January/February, 1998), pp.18~19.

에서 글로벌 히스토리 프로젝트Global History Project at Northwestern University라는, 대학을 중심으로 하고 고등학교에서부터 대학원 레벨까지의 세계사 전체 프로그램 작성에 착수하였다. 스타브리아노스는 서양, 비서양을 불문하고 대상을 특정 지역 국가 문화에 한정한 지역연구법의 편협성을 비판하고, '달로부터의 조망a view from the moon'[21]을 주장하였다. 그리고 1962년에는 고등학교용 교과서『에쿠메네 : 인류의 이야기』를 저술했다. 미국 세계사 교육의 또 다른 거인인 시카고 대학의 윌리엄 맥닐William H. McNeill[22]도 글로벌 히스토리의 광의의 해석에 기초하여 대학원 교과서『세계사』(1973)를 내놓았다. 맥닐은 세계에 대한 이해는 그 주요한 문명의 영속적인 요소를 탐구하는 것에 의해 가능하다는 사고 위에서 세계사를 '기원전 500년까지의 주요한 유라시아 문명의 시대', '기원전 500년부터 기원 1500년까지의 제문명의 균형시대', '1500년 이후의 서양 지배의 시대' 등 세 시대로 나누어 각 시대의 주요문명이 가져다 준 문화적·사회적 영향력에 주목했다.[23]

글로벌 히스토리에 대한 또 하나의 해석은 글로벌 교육의 시대에 걸맞게 "글로벌 히스토리의 시대"라고 하는 어법이 보여주듯이 일정한 시대를 가르치는 개념으로 파악하는 방법이다. 이것은 이른바 협의의 글로벌 히스토리이다. 언제부터 글로벌 히스토리의 시대가 시작되었는가에 대해서는 논자에 따라서 견해가 갈라지나, 유력한 견해는 두 가지가 있다. 하나는

---

21) Gilbert Allardyce, *op. cit.*, p.43.
22) 맥닐은 뉴히스토리의 주창자인 로빈슨의 제자로, 토인비가 신에 대해서 관심을 가졌다면 그는 지구에 관심을 가졌다. 원래 그는 1917년 벤쿠버에서 출생했으며 책 *The Rise of West*는 1960년에 역사 전기 부분에서 전국 도서상을 수상하였다.
23) David D. Victor, "Sources and Resources for Teachers of World History," *Social Education*, 39:6 (October 1975), p.382.

1500년 전후를 경계로 하는 견해이다. 그것은 대항해 시대 이후의 유럽의
확대에 의해 지구규모의 상호관계가 강화되었다는 인식에 기초하고 있다.
스타브리아노스도 기본적으로는 이 입장을 취하고 있다. 교과서의 타이틀
에는 『글로벌 히스토리Global History』라고 씌어져 있으면서도, 본문에서는
"글로벌 히스토리는 1500년에 시작되었으며, 이 해를 기점으로 해서 유라
시아와 타 여러 대륙간에서 각각의 역사가 존재하는 시대는 종언을 고했
다"고 기술하고 있다. 이 입장의 글로벌 히스토리론에 큰 영향을 준 자는
사회학자 이매뉴얼 월러스틴Immanuel Wallerstein이다.[24] 그의 이론은 '세계시
스템론'으로 알려지고 있는데, 그것에 의하면 1450~1620년 사이에 자본
주의 원리에 기초를 둔 시스템이 유럽에 출현했고, 다음으로 유럽(중심)에
의해 비유럽 사회(주변)에 대한 지배의 관계로서 확립하고, 이후 4세기간에
걸쳐 전 세계에 확대되었다는 것이다.

  이에 대하여 같은 사회 시스템론의 입장을 취하면서도 1965년 "우주선
지구호의 경제학The Economics of Coming Spaceship Earth"[25]으로 유명한 케네스
볼딩Kenneth Boulding은 "단일 사회 시스템답게 된 것은 겨우 20세기에 들어서
부터이며, 19세기 중엽에 이르러도 아프리카는 암흑대륙이라 부르고 있고,
겨우 연안지역만이 타 세계와 접촉하고 있다"고 기술하고 있어, 월러스틴
과의 차이를 보이고 있다. 이처럼 19세기말부터 20세기를 글로벌 히스토리
의 시대로 본 것이 두 번째 유력한 견해이다. 서양문명의 이해를 위한
글로벌한 틀의 개발이라는 점에서 1940~1950년대의 역사학계를 리드한
영국의 역사학자 배라클러프Geoffrey Barraclough는 제2차 세계대전의 종결
이후를 지구문명Global Civilization의 시대라고 위치지웠으며,[26] 한스 콘Hans

24) Nathan Douthit, *op. cit.*, p.299.
25) http://csf.colorado.edu/authors/Boulding.Kenneth/spaceship-earth.html.

Kohn은 20세기 중엽에 이르러 인류는 글로벌 히스토리의 최초의 단계로 돌입했다고 서술하고 있다.[27]

이 두 가지 글로벌 히스토리의 관계를 어떻게 파악하면 좋을까. 스타브리아노스는 그의 대학용 교과서『글로벌 히스토리 : 1950년 이후의 세계』(1966)와『글로벌 히스토리 : 1500년까지의 세계』(1970)를 간행했다. 그 공통의 서문에서 "세계가 실질적으로 일체화되어 왔기 때문에 그 이해를 위해서 세계사가 필요할 뿐만 아니라, 인류의 이야기는 본래 시초부터 기본적으로 일체였다는 인식이 중시되지 않으면 안 되기 때문에 세계사가 필요한 것"[28]이라고 기술하고 있다. 여기에 글로벌 히스토리에 대한 혼란을 푸는 열쇠가 있다고 생각된다. 왜냐하면 그것은 레벨이 다른 개념이기 때문이다. 하나(광의의 개념)는 세계사를 파악하는 시야의 문제이고, 하나(협의 해석)는 사실로서의 세계사의 일체화에 관한 문제이기 때문이다. 즉 세계사를 유럽중심주의에 의해서가 아니라 글로벌한 시각으로부터 파악하려는 시도가 광의의 글로벌 히스토리이며, 지구규모로 일체화한 세계사의 시대를 파악하는 개념이 협의의 글로벌 히스토리라고 할 수 있다.

앞에서 소개한 글로벌 히스토리의 해석을 바탕으로 글로벌 히스토리의 성격을 정리해보면 다음 네 가지로 나누어 볼 수 있다. 첫째, 글로벌 히스토리는 문자 그대로 범지구적이고, 초국가적인 역사현상을 연구단위로 하고 있다. 제2차 세계대전의 종식에 따른 유럽문명의 쇠퇴와 식민지 독립으로

---

26) G. Barraclough, eds., *The Times Atlas of World History* (London : Times Books, 1978).

27) Hans Kohn, *The Age of Nationalism : The First Era of Global History* (New York and Evanston : Harper Torchbooks, 1968), p.x.

28) L.S. Stavrianos, *The World Since 1500*, 6th ed. (Englewood Cliffs, N.J. : Prentice Hall, 1991), p.xi.

인해 각성된 새로운 세계사 연구자들은 유럽중심적 민족주의적 역사학으로는 전후 세계질서와 관계를 설명해 줄 수 없다고 파악하고, 민족국가 중심의 역사학을 지양하고자 한다.

둘째, 글로벌 히스토리는 제2차 세계대전 이후의 세계 질서의 변화에 대한 지적 반응이었다. 슈펭글러나 토인비의 문명사론은 문명을 역사의 연구단위로 연구하였다. 그러나 글로벌 히스토리에서는 지구를 단일 시스템으로 보고 범지구사회 내지 인류사 전체를 연구대상으로 하고 있다. 글로벌 히스토리가 종래의 민족중심의 역사에 보완적인 성격을 띠기보다는 오히려 기존의 민족중심의 역사가 글로벌 히스토리에 부차적이고 보완적인 성격을 띠고 있다고 하겠다.

셋째, 글로벌 히스토리는 근대 이후에 세계화된 세계뿐만 아니라 근대 이전의 세계에 대해서도 적극적인 관심을 표명하였다. 그러나 근대 이후에 관심을 많이 가졌다. 일찍이 마르크스도 세계시장의 확대와 그 결과로 세계사가 처음 등장하였다고 인식하였다. 자본주의의 발달과 제국주의의 팽창이 역사상 처음으로 세계를 하나의 역사단위로 만들었다는 것이다. 윌리엄 로즈베리도 글로벌 히스토리는 세계시장의 팽창과 함께 도래하였다고 주장하였다.

넷째, 새로운 세계사인 글로벌 히스토리는 다른 문화와 사회의 사람들 간의 상호작용과 교류관계에 관심을 갖는다. 문화 상호간의 교류를 탐구하고 그 역사적 흐름을 추적하는 과정으로서의 세계사의 성격을 갖는다. 따라서 문화교류가 발생한 시대와 지역이 있다면 그것이 근대 이전이냐 근대 이후냐에 상관없이 새로운 세계사인 글로벌 히스토리에게는 관심이 된다. 근대 이후보다 근대 이전의 세계를 주요 연구대상으로 삼기도 한다.

4. 글로벌 히스토리의 내용 구성과 인식 원리

그러면 글로벌 히스토리의 내용구성과 그 인식원리를 글로벌 히스토리의 제1인자인 스타브리아노스의 대학용 교과서『글로벌 히스토리 : 선사로부터 현재까지』[29](1995년판)를 중심으로 생각해 보고자 한다.

이 책은 앞에서 소개한 스타브리아노스의 두 저서를 하나로 합한 것이다. 1971년의 초판 이래 개정을 거듭해서 1995년까지 6판이 나왔다. 신사회과New Social Studies의 시대에 부응하여 작성된 세계사 교과서 중에서 현재까지 사용되고 있는 거의 유일한 것으로 알려지고 있다.[30] 그 내용을 보면 모두 8부, 45장으로 구성되어 있는데, 그 목차 구성을 보면 다음과 같다.

제1부 문명 이전
 1장 식료채집자로서의 인간
 2장 식료생산자로서의 인간과 국가건설
  * 인간의 본성

제2부 유라시아의 고전 문명(~500)
 3장 최초의 유라시아 문명
 4장 고전문명이 유라시아의 통일을 개시
 5장 그리스 로마 문명
 6장 인도 문명
 7장 중국 문명
 8장 고전 문명의 종말

---

29) L.S. Stavrianos, *A Global History : From Prehistory to the Present*, 6th ed. (Englewood Cliffs, N.J. : Prentice Hall, 1995).

30) Gilbert Allardyce, op. cit., p.61.

    * 문명 : 재앙, 그것과 함께 은혜

27장 지구의 일체화의 시작
 * 지역의 자립성과 지구의 일체성

제7부 서양지배하의 세계(1763~1914)
 28장 유럽의 과학혁명과 산업혁명
 29장 유럽의 정치혁명
 30장 러시아
 31장 중동
 32장 인도
 33장 중국과 일본
 34장 아프리카
 35장 아메리카와 영국의 지배
 36장 지구적 일체성의 강화
  * 마르크스의 예언은 반대로 되었다

제8부 서양의 쇠퇴와 승리(1914~)
 37장 제1차 세계대전 : 지구적 반향
 38장 식민지세계에서의 민족주의의 대두
 39장 1929년까지의 구주의 혁명과 화해
 40장 5개년 계획과 대공황
 41장 전쟁에의 표류(1929~1939)
 42장 제2차 세계대전 : 지구적 반향
 43장 제국의 종말
 44장 대 연합, 냉전, 그 후
 45장 제2차 산업혁명 : 지구적 반향
  * 인류의 전망

내용 구성의 특성을 보면 크게 네 가지로 나누어 볼 수 있다. 제1의 특색은 본서의 사정으로 당연하다고도 할 수 있으나, 전체가 1500년경을 경계로 해서 전반부(1부~5부)와 후반부(5부~8부)로 나뉘어져 있다. 그 근거는 1500년까지를 여러 지역세계가 비교적 고립된 이른바 지역사 시대로, 1500년 이후는 유럽을 중심으로 세계의 일체화가 진행된 시대(협의의 글로벌 히스토리의 시대)로서 파악하고 있다는 데 있다.

제2의 특색은 전반부를 선사시대와 문명성립 이후의 시대로 나누고, 후자를 더욱이 유라시아의 문명과 비非유라시아로 나누어, 그 전개를 더듬고 비유라시아에 대해서는 아프리카, 아메리카, 오스트레일리아의 각 문명을 1500년까지 일괄해서 취급하고 있다.

제3의 특색은 후반부를 유럽중심의 세 시대로 구분해서 취급하고 있다는 데 있다. 먼저 유럽의 확대전야의 각 지역세계를 개관한 후에 ① 중상주의적 유럽의 확대 ② 산업혁명 후의 유럽의 세계 지배, 제1차 세계대전 후의 유럽의 정치적 군사적 쇠퇴와 기술적 승리라는 순으로 취급하고 아시아와 아프리카에 대해서도 취급하고 있으나, 어디까지나 유럽지배의 틀 안에서 다루고 있다. 특히 동아시아사에서는 주로 중국과 일본만을 다루고 있고 세계사적으로도 의미가 있는 한국의 불교와 유교가 일본으로 전파되어 일본 문명의 발전에 어떻게 영향을 미쳤는가 하는 기술은 거의 없다. 결과적으로 스타브리아노스가 비판한 유럽중심주의가 깔려 있고, 아시아사는 중국·일본 중심으로 서술되어 있다.

제4의 특색은 각 부의 말미에 "그것은 오늘의 우리들에게 무엇을 의미하는가?"라는 타이틀로 현대와의 관계 깊은 과제와 세계사의 시각 사고방식에 관한 에세이가 설정되어(앞쪽의 *표), 저자의 견해가 전개되어 있다.

스타브리아노스의 글로벌 히스토리에 보이는 인식원리는 네 가지로 나누어 볼 수 있다. 제1의 인식원리는 인간 및 문명의 상호작용의 중시이다.

즉, 초기의 인류의 집단, 지역간에서 때때로의 교섭으로부터 콜럼버스와 바스코 다 가마에 의해 시작된, 대양을 넘는 대규모적인 접촉을 거쳐, 여러 대륙간의 교섭을 항상화하고, 통신, 수송기술의 발달과 맞물려 오늘의 지구촌global village이 출현했다는 인식이다. 따라서 문명의 진보에 있어서 상호작용과 확대가 어떻게 중심적 역할을 하는가를 검증하는 과정으로서 글로벌 히스토리는 구성되었다. 그것을 뒤집어 보면 타자와의 상호작용의 기회를 적게 한 민족과 문명의 후진성을 설명하는 이론이 되기도 한다.

　제2의 인식원리로는 '뒤떨어진 자의 선도의 법the Law of Retarding Lead'[31]이라는 것을 지적한다. 그것은 중심적 문명의 주변 내지 변경에 위치하는 후진적인 문명이 중심 문명의 문화와 기술을 섭취하여 역으로 선진적 지위에 서고, 그것에 의해 시대를 전진시킨다는 이론이다. 분명히 신新진화주의를 취하고 있는 미국의 문화인류학자 서비스E. H. Service와 마셜 사린즈 Marshall Sahlins[32]의 영향을 볼 수 있다. 스타브리아노스에게 최대의 관심은 유라시아 문명 중에서도 다른 것이 아니고, 왜 유럽이 세계에 확대되었는가라는 점이었다. 이 원리에서 보면 쉽게 설명이 된다. 이것은 유럽의 확대 이전에도 또한 현대에도 적용이 가능하다. 고대에 있어서 문명의 중심은 "오리엔트로부터 지중해로, 그리스로부터 마케도니아와 로마로 그리고 로마로부터 게르만으로"와 같이 늘 주변부로 옮겨갔다는 것이다. 현대는 유럽이 가장 발달한 문명의 중심에 위치해 있다. 그것은 우리들에게 무엇을 의미하는가가 스타브리아노스가 묻는 바일 것이다.

　제3의 인식원리는 유럽의 확대에 관한 시스템 이론적 시각이다. 스타브

---

31) L.S. Stavrianos, From "Why World History?" to "What World History?," p.363 참조.

32) 사린즈는 미국인류학자로서 미개사회의 생산양식, 재의 유용성과 사용가치 및 증여교환의 상징성에 관심을 가지고 문명사의 관점으로부터 미개사회와 현대산업사회를 상대화하는 방법론을 전개시켰다.

리아노스의 사적 시스템론에는 전통적인 세력균형 원리에 입각하여 유럽
제 국가시스템과 자본주의적 세계시스템과의 결합이 보인다. 먼저 전자에
관해서는 근대 초기에, 유럽의 확대 단계를 이베리아의 단계(1500~1600),
네덜란드·프랑스·영국의 단계(1600~1763), 러시아의 시베리아 진출의
단계의 세 국면으로 나누어서 기술하고 있는 것이다. 이것은 중상주의
시대의 패권 항쟁으로서 전형적인 방법이다. 또한 후자에 관해서는 1500년
부터 1914년까지의 시대를 1763년에서 크게 양분하고, 전반은 유럽에 있어
서 자본주의의 성립과 상업활동에 의한 세계 일치화를, 후반은 과학혁명과
산업혁명을 거친 유럽의 세계지배의 과정을 기술하고 있다.

　제4의 인식원리는 현재와 과거, 현재와 미래를 연결하는 강렬한 의식이
다. 스타브리아노스는 「저자로부터 독자에게」라는 제목으로 한 서문에서
"과거는 현재에 있어서 의미 있는 방식으로 분석되어야 하며, 과거와 현재
의 관계가 보다 강조되어야 하는 것이다. 과거의 패턴을 이해하면 우리들
은 현재 그리고 미래에의 어떤 지침을 입수할 수 있다"[33]고 기술하고
있다. 대학용인 본서에서는 분명하지 않으나 앞에 언급한 고등학교용 교과
서에서는 여러 지역의 세계문명에 관해서 먼저 각각의 현상을 파악하고
이어서 왜 그렇게 되었는가 그 기원을 더듬는 방식으로 내용이 구성되어
있다. 이것은 뒤를 조명해본다는 '플래시백 방식flashback method'으로 칭해지
며 주목을 받고 있다.[34]

---

33) L.S. Stavrianos, *A Global History*, p.xiii.

34) A. Wesley Roehm, "More About Less Versus Less About More In World History," *Social Education*, 24:4 (April 1960), p.166.

5. 글로벌 히스토리의 과제

스타브리아노스는 일찍이 달로부터의 조망을 주장했었다. 그러나 길버트 알라디스는 이에 대해서 "실제 달에서 바라보면 지구 그 자체만 보일 뿐 인간과 역사는 전혀 보이지 않는다"고 스타브리아노스를 비판하고 있다.[35] 글로벌리즘globalism은 오랫동안 미국인을 지배해 온 서양중심사관을 타파하는 데는 힘을 발휘해 온 것이 사실이다. 그러나 유럽중심사관을 대신하는 세계사상을 제기할 수는 없다고 비판받기도 한다. 그런 의미에서 세계사는 무엇인가에 대해서 "세계사란 글로벌 히스토리다"라고 슬로건만으로 답하는 시대는 아니라는 지적을 받고 있다. 지금이야말로 글로벌 히스토리의 내용을 구체적으로 물어야 한다는 주장도 있다. 이에 대해서 스타브리아노스는 글로벌 히스토리의 과제를 해결하기 위한 도전을 시도하였다.

그는 역사에 대한 글로벌한 시야의 확립은 글로벌 히스토리에의 제1의 스텝이라고 하고, 지금은 제2의 스텝으로 나설 때라는 것이다. 과학으로서의 가치를 높이고 내용을 정선하고 재편성하기 위한 통합적인 프레임워크를 작성하는 것이 긴급한 과제로서 의식되지 않으면 안되며, 그를 위해서는 "과감하게 관계를 지우고 그리고 과감하게 반성하라"[36]는 것이 스타브리아노스의 결론이었다.

스타브리아노스는 글로벌 히스토리에 대해서 제2의 스텝의 성과로서 1989년에 『우리들의 과거로부터의 생명선 : 새로운 세계사Lifelines From Our Past : A New World History』라는 제목의 책을 간행하고 문자 그대로 도전적인

---

35) Gilbert Allardyce, op. cit., p.60.

36) Ibid., p.61.

새로운 세계사상을 제기했다.

  그 구성을 보면 ① 친족사회, ② 공납사회, ③ 자본주의사회(상업자본주의 : 1500~1700, 산업자본주의 : 1770~1940, 하이테크자본주의 : 1940~), ④ 인류의 현재로 되어 있다. 이 책은 앞에서 분석한 교과서 구성을 대담하게 정리한 시대구분을 하고 있다. 또한 각 시대관에서 환경, 남녀관계, 사회관계, 전쟁의 4개의 관점─이것이 스타브리아노스가 말하는 인류에 있어서의 생명선life line이다─에서 접근하고 글로벌 히스토리로서의 시대의 구조를 그려내었다. 이 책에서도 다수의 인물과 사건이 등장하나 이른바 종래의 세계사에서 연상하는 것과 같은 순서·맥락으로는 묘사되어 있지 않았다. 거기에 있는 것은 인간의 생존(자연적 존재·사회적 존재·문화적 존재)을 선사로부터 현재까지 장기간 시간의 틀로 파악하고, 그 위에서 미래를 조명하려고 하는 지구적 또는 인류사적인 시각이다. 그리고 시대구분과 사회구조의 파악에 있어서 앞의 책과 같이 문화인류학의 강한 영향이 엿보인다. 이것은 그 세부적 내용은 고사하고라도, 글로벌 히스토리의 하나의 극치를 이루는 모델이라고 할 수 있을 것이다.

  이 책은 앞의 대학교재와는 달리 학생용의 교과서는 아니다. 스타브리아노스의 목표는 인류사를 통일적으로 파악하는 원리·개념의 틀을 다시 정리하는 데 있었다. 따라서 세계사 커리큘럼의 관점으로부터 이 모델에 접근하고 어떠한 시사점을 얻으려고 한다면, 계열성sequence으로서의 세 가지 시대구분 방법, 다음에는 범위scope라고 해야 할 네 개의 생명선에 대해서 검토할 필요가 있을 것이다.

  먼저 시대구분에 대해 말하자면, 선사시대를 친족사회kinship societies로 파악하는 것은 좋다고 해도 문명성립 이후의 시대를 공납사회로 일관되게 파악하는 것은 약간 지나친 것 같다. 스타브리아노스가 과거와 현재의

관계를 중시하는 것은 이해할 수 있으나, 전前근대 세계에도 다양한 문명이
존재하고 그것들 사이의 빈번한 교류가 이루어지고 있다는 사실은 광의의
글로벌 히스토리의 관점에서도 오히려 적극적으로 취급해야할 것이다.
그런 의미에서 앞 책에서의 제 문명의 상호작용에 역점을 둔 전근대사
구성은 유지되어야 한다. 또한 자본주의 사회 중, 1940년 이후를 하이테크
자본주의로 파악하는 방법은 영국의 과학자 C. P. 스노우Charles Percy
Snow(1905~1980)[37]의 영향이라고는 하나, 그것도 상업자본주의 및 산업자
본주의와의 관련 위에서 검토할 필요가 있을 것이다.

다음으로 생명선에 관해서 본다면, 어떤 근거로 이 네 가지가 선택되었
을까. 그에 의하면 이 4개의 테마는 다른 많은 테마가 무의미하기 때문이
아니고, 오늘날 우리들에 있어서 대단히 관심이 있고 인간이 경험한 폭넓
은 분야를 점하고, 우리들의 과거와 현재의 지구적 위기를 최대한으로
연결할 수 있기 때문에 선택되었다고만 설명하고 있다. 또한 스타브리아노
스의 모델에는 인권의 개념과 과학의 개념이 결여되어 있고, 논리의 논거
가 명시되어 있지 않다. 역사가의 개론·방법과 정치학자와 사회학의 그것
을 안이하게 동일범주로 논해야 되는 것은 아니지만, 어떤 논리에 의거하
려면 그 근거를 명시하는 것이 필요할 것이다.

6. 맺음말

지금까지 미국에서 글로벌 시대와 사회에 부응하기 위하여 일어난 신사

---

37) 스노우는 영국의 소설가, 과학자로서 과학과 문학에 관한 책인 *The Two Cultures
and the Scientific Revolution*(1959)을 발표하여 유명해졌다. 그는 현대사회의 두 문화,
즉 과학과 문학 사이의 커뮤니케이션의 단절이 세계문제를 해결하는 데 주요한
장애가 된다고 주장하였다.

회과 교육의 주요한 영역으로 발전한 새로운 세계사인 글로벌 히스토리를 살펴보았다. 그것은 현대세계의 시대조류와 문화조류의 소산이라고 볼 수 있다. 세계사에 있어서 글로벌한 시각은 시대의 요청으로 나타난 것이었으며, 그리고 그 중심의 하나가 지구성과 '상호의존성'이었음을 알 수 있다. 또한 그것은 국민국가의 관점이나 유럽중심사관에서 지구중심의 사관으로의 시각과 관점의 대전환이었음을 알 수 있었다. 글로벌 히스토리의 글로벌한 접근법은 이론이 있지만, 세계사를 어떤 하나의 '시스템'으로서 파악하려는 데 시점의 공통성이 있다는 것도 알 수 있다.

요컨대 새로운 세계사인 글로벌 히스토리는 복잡하고 다층적인 미국사회의 부산물이자 그 반성의 산물이다. 글로벌 히스토리의 현실적 필요성에도 불구하고 그 이면에는 미국 중심의 자본주의와 신자유주의적 경향이 감추어져 있다는 사실을 간과해서는 안될 것이다. 세계사의 연구 가운데 상당 부분이 미국의 범지구적 이해와 세계인식을 반영하고 있는 것이 사실이다.

글로벌 히스토리의 여러 가지 문제점도 지적되고 있다. 우선 이미 알라디스Gilbert Allardyce가 기술한 것처럼 글로벌한 의식을 선행하게 한 나머지, 인간이 보이지 않는 역사로 되어버렸다는 것이다. 그럼 어떻게 하면 "글로벌한 시각global perspective"을 살리면서 인간과 인간생활을 그려내는 것이 가능할까라는 의문이 든다.

또 인류사회의 시스템도 너무 고정적·정형적으로 파악하고 있다. 월러스틴의 세계시스템론과 종속이론에 대한 비판도 거기에 집중되고 있다. 세계가 일체화되어 가는 가운데서도 각각의 지역세계에 고유의 생활과 의식은 간단히 없어지는 것은 아니다. 모든 것이 중심부로 향하고 수렴해 가는 것도 아니고, 중심부도 또한 주변 세계와의 접촉·교섭을 통해서 변모해 간다. 그러한 가변적이고 유연한 구성의 시스템을 설정하는 것이 필요할 것이다. 동시에 세계를 단일의 자본주의적 시스템으로만 파악하는 것이 아니고, 복수의 지역시스템 없이 부분시스템간의 관계로서 파악하는 것도 고려해야할 것이다. 그 점에서 스타브리아노스의 생명선 개념은 문제를 내포하면서도 주목할 만하다고 하겠다.

글로벌화가 이루어진 근대 이후를 너무 중시하고 전근대를 경시하고 있다는 비판도 있다. 따라서 글로벌 히스토리를 살리려면 전 근대에 있어서도 역사의 동시성·공시성에 착안해야 할 것이다. 그를 위해서는 여러 지역(문명)과 접촉·교류를 중시하는 것이 필요하다. 종래 문명교류의 취급은 왕왕 종교와 사상·예술 등에 치우치는 경향이 보였으나, 오히려 접촉·교류를 매개한 사람(개인)과 물자(교역품) 및 교류의 장(바다·초원·사막·도시 등)에도 주목해야 할 것이다. 그렇게 하면 동시대의 세계가 넓어짐과 동시에 지역사회와 인간생활이 부각되게 될 것이다. 이것은 '사회사' 등 새로운 역사학의 관심사의 하나이기도 하다. 이러한 글로벌 히스토리의 문제점을 보완하고 살려나가기 위해서는 역설적이지만 지역적인 시각과 사회사적인 발상이 함께 중요한 역할을 해야 할 것이다.

그리고 우리가 흔히 지칭하는 글로벌화가 진정한 지구화라고 말할 수 있는가라는 점도 문제이다. 자본주의의 전 지구적 확대로 보여지는 세계경제의 질적 변화도 기껏해야 서유럽, 동아시아, 북미에 집중되어 일어나는 현상이다. 글로벌화는 지구적 실제라기보다는 오히려 신자유주의적 자본주의 공세와 수사에 지나지 않기 때문에 글로벌 히스토리와 세계사 사이에는 근본적 차이가 없게 된다는 것이다.

또 다른 문제점은 글로벌화의 시작과 관련된다. 글로벌화는 언제 시작되었는가? 글로벌화의 개념은 지구 전체에 작용하는 역사 추동력으로 한정지을 수는 없다. 이미 인류는 기원전 1500년경에 지구상의 거의 모든 거주 가능한 지역으로 흩어졌으며, 선사시대조차도 문화상호적 원거리 교류와 의사소통체제가 존재했기 때문이다.

이상과 같은 여러 가지 문제점과 과제가 지적되고 있지만, 글로벌 히스토리는 우리들에게 지역주의, 민족주의, 국가주의, 유럽중심주의 그리고 중국중심주의의 시각을 극복하고, 국사든 세계사든 모든 역사에 있어서 '글로벌한 시각'에서 역사를 바라볼 수 있게 했다는 데 큰 의미가 있을 것이다. 특히 과도하게 민족주의가 강조되고 있는 우리 나라 역사학, 역사 교육계 현실에 비추어 볼 때 시사하는 바가 크다고 생각된다.

글로벌 히스토리는 새로운 시대, 즉 우주시대, 지구촌 시대에 살아갈 글로벌 시티즌 즉, 지구시민을 교육하고자 하는 글로벌 교육의 대단히 중요한 커리큘럼으로 계속 연구되고 개발되어야 할 것이다. 사실 세계사 교육은 '너 자신을 알라'는 교육이 아니라 '남을 알라'는 교육이고, 나아가서는 인류를 알라는 교육이다. 또한 세계사 교육은 평화교육이다. 지구사회가 평화롭게 협조하면서 살아가기 위해서는 인류에 대한 이해가 무엇보다 필요할 것이다. 지구사회는 더욱 좁아질 것이고 더욱더 하나의 인류공동체로 발전해 갈 것이다. 따라서 초등학교에서 대학에 이르기까지 모든 학교에서 다음 세대에게 지구인 · 지구시민으로서의 소양과 능력을 키우기 위해서 글로벌 히스토리를 가르쳐야 할 것이다.

새로운 세계사와 지구사
: 포스트모던 시대의 성찰적 역사

조 지 형

1. 머리말

에드워드 카Edward H. Carr는 역사를 "과거와 현재의 끊임없는 대화"라고
정의했다. 대화로서의 역사는 흔히 과거의 사실과 역사가의 대화로 이해된
다. 그러나 카가 지적하고자 했던 것은 첫째 장의 제목에서 시사하듯 역사
가historian와 그의 사실his facts, 즉 역사가의 역사인식/역사담론을 통해 구성
된 사실constructed facts과의 대화였다. 대화로서의 역사를 제시하였음에도
불구하고 카는 결국 본질주의적 인식으로부터 자유롭지 못하였다. 그러나
분명히 그는 역사가가 몸담고 있는 현재와 현재인식이 역사연구에서 얼마
나 중요한가를 명확하게 보여주었다.[1]

『역사란 무엇인가』가 번역된 1960년대 중반 이후, 한국 역사학계에는
카의 연구를 역사학의 입문서로, 심지어는 경전처럼 받들고 인용해 왔다.
그럼에도 정치적 억압의 공포와 이데올로기적 편향성 때문에 한국 역사학
계는 학문의 전문성과 객관성이라는 미명아래 지역과 시대로 구분된 역사

---

1) 물론 여기에서 말하는 현재란 미래에 대한 전망을 포함하는 현재이다. 전망으로서
의 미래의 역사적 의미에 관해서는 이상신, 「미래의 역사학적 의미」, 『역사학보』
172 (2001), pp.305~333 참조.

학 분과학문에 안주하면서 현재와 현실문제를 도외시해 왔다. 한국전쟁을
본격적으로 연구하게 된 것도 외국학자의 '도발적' 해석 때문에 비로소
가능했고, 그것도 정치학계의 뒤를 쫓아다녀야 했다. 그러나 한국전쟁
이후 민중의 민주화 항거와 독재의 억압으로 점철된 한국현대사는 여전히
역사학계에서 폄하되고 터부시되고 있다. 역사학계의 보수적 관행과 분과
학문주의에도 불구하고, 카가 우리에게 제시하였던 역사학의 이상을 저버
릴 수는 없다. 현재에 대한 진지한 문제제기가 없다면, 역사도 없다. 우리가
몸담고 있는 현재를 성찰하면서 역사적 사실을 탐구하는 일은 역사가의
의무이며 권리이기 때문이다.

　우리의 현재 사회는 어떠하며, 현재 사회의 역사적 특수성은 무엇일까?
독일 사회학자 울리히 벡Ulrich Beck이 명쾌하게 지적했던 것처럼, 현재 사회
의 가장 두드러진 역사적 특수성은 "지구성globalität의 수정불가능성"에
있다.[2] 지구성이란 인류의 존재조건으로서, 인류가 오래 전부터 하나의
지구사회 속에 살고 있었다는 사실/경험이며 이에 대한 인식이다. 20세기
에 들어와서 기술과 경제의 혁명적 확대와 발전으로 현실생활에서 경험/지
식의 동시성과 동공간성이 유래없이 확장되었고, 국민국가의 틀과 정치로
서는 통합하거나 규정할 수 없는 초국적인 사회관계와 지구 공동체가
뚜렷이 등장하였다. 지구화의 과정 속에서, 이 지구에서 벌어지는 어떠한
사소한 현상도 지역적으로 국한되는 것은 없으며 결국 지구 전체와 중층적
으로 관련된다. 그러나 상호작용성에도 불구하고 이러한 관계들은 동시에

---

2) 울리히 벡, 조만영 옮김, 『지구화의 길』(서울 : 거름, 2000), p.30. 울리히 벡은
　지구주의Globalismus과 지구화Globalisierung, 그리고 지구성Globalität을 구분하고 있다.
　그에 따르면, 지구주의란 지구화의 다차원성을 하나의 경제적 차원으로 환원하는
　단선적인 신자유주의의 이데올로기 혹은 탈정치화의 세계시장 지배 이데올로기
　이지만, 지구화란 국민국가들과 그 국민들이 초국민적인 행위자의 권력, 정체성,
　네트워크를 통해 재조직되며 관계되는 과정이다.

나름대로 고유논리를 가지고 다차원적으로 존재하기 때문에 어느 하나의
차원/층위로 환원되거나 반영되지 않는다. 예를 들면, 지구사회의 경제적
관계와 문화적 관계 가운데 어느 하나가 본질적으로 항상 우선하는 것은
아니다. 지구적 관계의 독자성과 상호작용성, 중층성 그리고 상호의존성
속에서 인류의 각자가 자신의 삶과 정체성, 사회조직과 제도들을 재조직해
야 한다는 인식과 기획project 그리고 경험은 어느 시대에도 인류가 뚜렷이
경험하고 인식하지 못하였던 것들이다.

 '새로운' 현상으로서의 지구성은 경제학이나 사회학뿐만 아니라 오늘
을 성찰하는 역사학에서도 관심대상이어야 한다. 그러나 '세계화'가 현실
의 당면문제로서가 아니라 정치도구로 도입되어 왜곡되어왔던 우리 사회
에서는 세계화 혹은 지구화에 대한 정책적·이론적 연구만 있었을 뿐
성찰적 연구와 토론이 거의 없었다. 다행히도, 세계무역센터에 대한 테러
리즘과 대테러전쟁에 자극받은 국내 일반인까지도 지금까지 거들떠보지
도 않았던 이슬람 세계와 문화에 관심과 호기심을 보이기 시작했다. 그러
나 지구를 역사성을 가진 하나의 연구단위로 보는 진지한 관심은 거의
찾아볼 수 없다. 이 글은 이러한 학문적 공백을 메우고 지구사의 경험적
연구의 가능성을 모색하고자 하는 것이다.

2. 세계사 담론 비판과 보편사의 종말

 우리에게 세계사란 무엇인가? 1955년 세계사 과목이 중등학교에 정식으
로 설치된 이래, 세계사의 정의와 범주 그리고 세계사 교육에 대한 여러
논의와 제안들이 제시되었다. 서구의 세계사 교육과 연구가 소개되기도
하였으며 국내 세계사 교육과 연구에 대한 신랄한 비판과 자성의 목소리도

있었다. 그럼에도 불구하고 세계사는 하나의 중등교과로 평가절하되고 있을 뿐 대학이나 학회에서 전문적으로 탐구되는 하나의 역사분야 혹은 연구대상으로 인식되고 있지 않다.

세계사가 '객관적' 연구대상이 될 수 없었던 이유는 무엇일까? 우선, 세계사는 우리에게 절대타자였기 때문이다. 민족이 역사의 절대선으로 간주되는 민족주의의 이데올로기 아래 다른 모든 가치와 역사적 관점은 부차적이며 종속적인 것으로 폄하되고 억압되었다. '우리' 민족을 다른 민족과 구분하여 항상 우선시하고 민족을 역사의 보편적·절대적 추동력으로 파악하는 민족 중심의 역사관 속에서, 세계사는 언제나 '우리' 민족 이외의 '여분의 역사'로 간주된다. 이 같은 역사담론 속에서 세계사는 '우리'가 없는 세계의 역사로서 근본적으로 우리가 공유하거나 공감할 수 없는 시공간으로 전락하였다.

절대타자로 전락한 세계사는 무엇보다도 국사와 세계사를 분리하여 차별하는 역사인식과 역사교육을 통해 계속적으로 재생산되었다.[3] 국사와 세계사의 분리담론은 "역사교육에 있어 세계사와 민족사의 양극적 통일의 지향"[4]이라는 종합론이나 "국사는 그 출발에서 동양사의 일부로서 인식되어야 하고 최근세의 국사는 세계사의 일부로서 이해"[5]해야 한다는 통합론에 의해 수사적으로는 도전받는 듯이 보였다. 그러나 사실 종합론이

---

3) 물론 식민지 경험의 집단적 기억뿐만 아니라 독재의 정치적 억압과 보수주의적 학계풍토도 과도한 민족 중심의 역사학을 재생산하고 강화하였다는 점이 지적되어야 한다.

4) 이원순, 「역사교육의 신전환을 위하여」, 『역사교육』 5 (1961), p.10.

5) 노명식, 「서양사교육의 문제와 방향」, 『역사교육』 14 (1971), p.175. 세계사 중심의 통합론도 있었지만 한국사 중심의 통합론도 역시 제시되었다. 강우철은 "중학교 세계사에 있어 한국사와 관련이 깊은 동양사 내용을 한국사 과정에 포함"시켜야 한다고 주장하였다. 강우철, 「중학교 역사교육과정의 개편을 즈음하여」, 『교육(서울대 사범대학 교육회)』 12 (1961), p.74.

나 통합론은 분리담론을 수정하거나 변경하기보다는 이를 윤색하고 더욱
강화시킴으로써 결국 분리담론의 한 부분으로써 기능하였다. 제3차 교육
과정이 시작되면서 국사는 독립교과로 독립하게 되고 세계사는 사회과에
잔존하게 되었으며, 국사교육은 강화되었지만 세계사 교육은 필수과목에
서 선택과목으로 전락하였던 것이다.6) 심지어 국사와 세계사의 이분법적
현실의 수용을 전제하고 국사와 세계사의 균형을 강조하는 현실적 균형론
까지 제기되었다.7) 제7차 교육과정에 들어와서 국사는 독립교과의 위치를
완전히 상실하고 사회교과에 통합되었으며, 세계화 속에서 세계시민의식
을 고취시키면서도 역사적 주체성의 함양에 주력하기 위해 "세계사와
연계시켜" 교육하도록 지침이 내려졌다.8) 그러나 분리담론이 극복되지
않은 상황 속에서 세계사와의 연계교육은 외형적인 노력만이 있을 뿐
"세계사와 한국사를 병치시켜 놓음으로써……당초의 목적을 달성하지
못하고 수업시간에 설명해야 할 내용이 많아지는 결과만"9)을 초래한 제6
차 교육과정을 답습할 가능성이 농후하다.

분리담론은 기본적으로 국사와 세계사라는 언어를 통해 단적으로 표현
되었다. 국사라는 언어는 지역적 개념으로서의 세계사의 반대어 그 이상이
다. 국사란 '우리' 민족의 절대적 우월성과 배타성을 강조하는 문화적
당위개념이며 본질주의적 개념이다. 국사라는 언어 이면에는 '우리'라는

6) 1973년 이후, 세계사는 잠시 필수화되었으나 다시 선택과목으로 전락하였다.
   윤종영, 「신교육과정 사회과의 역사학 내용의 특성」, 『사회과교육』 16 (1983),
   p.66.
7) 이민호, 「세계사 교육과 교과과정의 문제점」, 『역사교육』 40 (1986), p.138.
8) 『세계화·정보화 시대를 주도하는 신교육체제 수립을 위한 교육개혁방안(III)』
   (1996. 2), p.40.
9) 이배용, 「고등학교 역사 교육의 과제와 전망」, 이기백 외, 『역사교육, 무엇을
   어떻게 가르칠까』 (서울 : 도서출판 소화, 2000), p.94.

언어가 숨겨져 있다. 즉, 국사는 '우리' 나라의 역사라는 뜻이다. 선험적이
며 혈통적으로 규정된 추상적 집단자아로서의 '우리'는 선험적 정체성과
규율권력을 독점하고, '우리' 나라의 역사인 국사는 '우리'라는 언어가
가진 절대적 우월성과 배타성을 그대로 전유한다. "창조된 전통"이 가진
억압적 권력의 작동방식처럼, 현재의 '우리'는 과거의 '우리'를 창조하고
오늘의 분단논리와 사회적 차별을 과거의 역사 속에 재생산한다. 또한
'우리' 중심의 전체주의적 역사는 우리의 복합적 정체성과 혼종성hybridity
을 민족의 이름으로 재단하고 역사로부터 은폐한다. 국사를 우리의 역사로
받아들일 때, 너와 나는 비로소 '우리' 안에 있게 되고 우리 모두는 획일적
실재가 된다. 이러한 이유로, 국사는 조금이라도 간격을 두고 객관화시킬
수 있는 탐구대상이 될 수 없다. 국사가 '우리'의 역사인 한, 국사는 비판적
거리를 둘 수 있는 한국사로 불릴 수 없다. 그리고 국사가 '우리'의 역사인
한, 국사를 제외한 모든 역사는 우리의 것이 아닌 것이다.10)

국사와 세계사의 분리담론은 대학과 학회에서도 선험적 차별을 재생산
하였다. 거의 예외없이 대학의 교양·전공과정은 국사와 그 외의 역사로
구분되어 교수되었다. 최근 들어 "문화사와 같은 개론적, 입문적 강의가
축소되고 그 대신 주제별 강좌가 대폭 늘어났다"고 하지만, 여전히 "많은
대학들이……한국사, 동양사, 서양사에 관한 개론과목을 개설"하고 있
다.11) 대학 교양교과목의 개설은 동양사와 서양사를 합한 세계사와 국사의
이분법적 사고틀에 기초해 이루어지고 있는 것이다. 학회의 연구와 구성

10) 한국사와 세계사의 접맥을 위한 방안으로서 국사와 세계사를 하나의 독립교과
'역사과'로 통합하자는 제안도 주목할 만한 것이다. 양정현, 「사회과 통합논의와
역사 교육」, 『역사교육』 61 (1997), p.196.

11) 김영한, 「대학에서의 역사 교육」, 이기백 외, 『역사교육, 무엇을 어떻게 가르칠까』,
pp.174~175.

및 발전에서도 마찬가지였다. 한국 역사학계의 학회는 시대와 주제에 초점을 둔 몇 학회를 제외하면 거의 대부분 연구대상의 지역성에 초점을 맞추어 구성되어 있으며, 그 지역성은 근본적으로 분리담론에 기초해 있다. 역사연구자들에게는 세계사가 국사를 제외한 동양사와 서양사의 총합 혹은 서양사의 확대를 의미하기 때문이다. 다만 현실적으로 동양사와 서양사의 통합을 통해 세계사의 연구와 교수가 가능한가에 대한 논의와 의견차이가 있었을 뿐,[12] 세계사의 한 부분으로서의 한국사에 관해서 심각하게 논의된 적은 거의 없었다.[13] 오히려 세계사는 언제나 국사와 민족의 주체적 절대성 앞에 무릎을 꿇어야 했다.

아이러니컬하게도 세계사는 국사의 절대타자이기도 했지만, 다른 한편으로 '우리' 민족을 포함한 모든 민족의 모든 시공간을 당위의 역사 속에 강제 편입시킨 절대주체이기도 했다. 이른바 보편사적 세계사 Universalgeschichte는 거대담론으로서 역사의 법칙성 · 합리성 · 객관성에 대한 기준과 사고틀 그리고 역사적 서술의 표준가치를 제공하고 역사의

---

12) 1971년 "역사교육의 과제와 방향"이라는 공동주제를 가지고 개최된 제14회 전국 역사학대회에서, 이러한 논의와 의견차이가 분명하게 드러났다. 특히, 주제발표 뒤의 공동토론은 전해종의 통합불가론과 노명식의 유보적 가능론이 신랄하게 비판되고 논의되었다. 『역사교육』 14 (1971), pp.179~180. 전해종과 노명식의 주제발표에 대해선 전해종, 「동양사교육의 문제와 방향」, 『역사교육』 14 (1971), pp.162~168 ; 노명식, 「서양사교육의 문제와 방향」, 『역사교육』 14 (1971), pp.169 ~175 참조. 김한식은 양자의 발표에는 "세계사란 단순히 동양사와 서양사의 결합에 지나지 않는다는 인식이 전제"되어 있다고 비판하였다. 김한식, 「해방후 세계사교육 연구의 경향과 과제」, 『역사교육논집』 25 (1999), p.112.

13) 새로운 세계사에 대한 예외적인 소개/연구로는 박종욱, 『세계사 교육의 새로운 인식론에 관한 연구 : 지구촌적 세계사Global History를 중심으로』, 이화여자대학교 교육대학원 석사학위논문 (1991) ; 김원수, 「국민학교 역사교육의 발전방향 : 지구 규모의 역사 인식과 관련하여」, 『한국교육논총』 7 (1995), pp.79~93 ; 김영한, 「대학에서의 역사 교육」, pp.182~195 참조.

특수성과 개별성, 그리고 우연성을 억압하였다. 절대주체로서의 세계사는
역사연구의 대상이라기보다는 숭배의 대상일 뿐이었다. 1950년대 후반에
세계사 과목이 설치된 직후 세계사의 정의와 성격을 논의하는 가운데,
보편사적 세계사는 한국 역사학계와 역사교육학계에 뿌리를 단단하게
내렸다.14) 1959년, 이성수는 「세계사의 성격과 그 교육론」이라는 논문에서
기본적으로 "세계사란 모든 것의 역사 또는 전 세계의 역사적 지식을
말하는 것이 아니며, 각국사를 나열한 만국사와 같은 것도 아니며 그렇다
고 해서 동양사와 서양사를 단순히 합친 것도 아니라", "세계의 역사를
종합적으로 체계화한 것으로 이와 같은 개념을 포함한 보편사·일반사를
의미한다"라고 주장하였다.15)

　　그러나 보편사적 세계사는 현실적으로 달성하기 힘들다는 판단아래,
보편사의 사전작업 혹은 잠정적 방안으로서 크게 두 가지 방식으로 역사연
구와 역사교육에 적용되었다. 첫째는 발전단계론적 접근법이다.16) 이 관점
은 각 민족사나 국가사에 공통되거나 이를 초극하는 인류의 보편적 발전단
계를 개별 역사단계에 적용함으로써 개별 역사의 역사적 의미를 도출해내
는 관점이다. 봉건제도를 둘러싼 논쟁이나 근대화에 대한 논쟁은 이러한
발전단계론적 관점에서 이루어진 예라고 할 수 있다. 둘째는 개별적 특성
과 발전에도 불구하고 특정 지역 및 민족 사이에 존재하는 공통점과 유사

14) 보편사적 세계사는 역사학계보다는 역사교육학계에서 주로 실용적·편의적 필요
　　에 의해 강조되었다. 세계사와 국사가 상이한 교과체계에서 운영되고 중등학교에
　　서 세계사의 교수 필요성에 의해 고무된 역사교육학계는 세계사의 성립가능성에
　　대해 끈질기게 모색하였다.
15) 이성수, 「세계사의 성격과 그 교육론」, 『역사교육』 4 (1959), p.13, 9 ; 윤세철,
　　「세계사 교육과 국제이해」, 『서울대학교 사대논총』 20 (1979), pp.17~28 참조.
16) 이성수, 위의 논문, p.12 참조 두 가지 방식 이외에 양자의 절충적 방식으로 문화권
　　습적 방식이 있을 수 있다. 이동윤, 「세계사 교육의 당면과제」, 『역사교육』 2
　　(1957), p.14.

성 그리고 차이를 주제·지역(문화권 포함)·영역·개념 등을 중심으로
연구하는 상호교섭사적 혹은 상호비교사적 접근법이다.

어느 방식을 취하던 간에 보편사적 세계사는 역사의 총체성을 추구하는
인식론이며 접근방법으로서 내적 모순과 권력논리를 내포하고 있다. 첫째,
보편사적 세계사는 역사의 특정지역 혹은 특정단계를 보편화함으로써
세계사뿐만 아니라 역사 그 자체의 축소를 가져왔다. 역사발전단계 중
한 단계라도 혹은 원형적으로 경험하지 않는 경우에는 "역사없는 민족the
people without history"으로 간주되어,[17] 역사의 범주에서 제외되었던 것이다.
보편사적 세계사는 특정 역사(유럽)의 추상적 추론결과였을 뿐만 아니라
유럽환원주의의 논리에 따라 개별 역사의 역사성을 무시하고 대안적 역사
의 가능성을 백안시하는 결과를 가져왔다. 이러한 이유로, 보편사적 세계
사를 구성하는 유럽을 제외한 그 외 지역, 특히 아시아에서는 어떤 해석방
식을 통해서라도 해당 발전단계 혹은 보편적 요소가 자생적으로 존재하였
음을 과시하려고 하였으나 이것은 헛된 노력일 뿐이다.

둘째, 유럽중심의 역사발전에서 도출된 보편사적 세계사는 서구의 제국
주의적인 패권적 역사를 당연하고 자명한 것으로 정당화하였다. 보편사적
세계사로 정당화된 서구의 힘과 패권은 특히 제국주의의 등장 이후 세계를
위계질서화하고 권력과 힘의 논리를 자연과 신의 논리로서 절대화하였다.
반면 근대 이후 식민주의를 경험한, 특히 아시아 민족들은 서구중심의
세계질서 속으로 편입되면서 역사추동력과 창조력이 결여된 민족으로
간주되어 근대화와 서구화의 실험대상이 되었다. 근대 이전에 역사의 역동
성과 창조성을 보여준 비유럽 지역의 문화와 역사는 진정한 보편적 현상/

---

17) "역사없는 민족" 담론에 대한 성찰적 연구로는 Eric R. Wolf, *Europe and the People
without History* (Berkeley : University of California Press, 1982) 참조.

단계가 아니라 일시적이고 일회적인 것으로 간주되었다. 비록 과거의 찬란 했던 문화를 자랑하더라도 그것은 보편사와 아무런 관련없는, 회고적 감정 에 매달리는 것일 뿐이라고 폄하되었던 것이다.

셋째, 현 세계의 강대국의 권력정치와 전략을 반영하는 보편적 세계사 는 약소국의 열등한 지위와 상황을 재생산하였다. 강대국의 세계전략과 헤게모니는 절대화되고 터부시되며, 약소국에게는 외부적인 자극과 영향 만이 보편사에 동참할 수 있는 유일한 희망인 것처럼 세뇌하였다. 보편사 적 세계사에 대한 비판이 결여된 이들은 서구의 제도와 가치를 절대적이고 보편적인 것으로 신봉하며 "세계 표준global standard"의 제도화라는 미명아 래 자신의 사회를 '개혁'하였다. 그러나 이들 사회는 서구의 영향력과 침탈에 더욱더 무방비 상태로 노출되었다.

보편사적 세계사는 보편사가 아니다. 그것은 서구패권의 역사이며 강대 국의 세계지배논리일 뿐이다. 보편사적 세계사의 모델인 서구모델은 우리 의 모델일 수 없다. 서구모델은 동일시되어서도 안되며, 모방되어서도 안된다. 자랑스러웠던 '우리'의 역사도 여기에서는 본질적으로 2류의 역사 로 전락하였다. 서구모델을 지탱하고 강화시켰던 이데올로기가 고스란히 '우리'의 역사에도 침투하여 왜곡을 극대화하였다. 이 과정 속에서, 절대주 체였던 '우리'는 보편사적 세계사의 역사담론을 통해 절대객체로 전락하 면서 역사학에 대한 진지한 관심과 효용성을 포기하게 되었다.[18]

제2차 세계대전 이후 서양에서조차 "보편사의 종말의 시작"이 진행되 고 "역사의 '탈서구화de-Westernization'"가 진행되었음에도 불구하고,[19] 한국

---

18) 이러한 맥락에서 최근 '역사의 대중화' 작업은 역사학의 회복을 위해 매우 의미있 는 일이라 할 수 있다.

19) Manfred Kossok, "From Universal History to World History," in *Conceptualizing World History*, ed. Bruce Mazlish and Ralph Buultjens (Boulder : Westview, 1993), p.103, 107.

의 역사학은 절대주체로서의 '우리'와 보편사적 세계사의 틈새에 갇혀
인간의 구체적인 삶을 성찰할 수 있는 학문적 기반을 마련하는 데 역부족
이었다. '세계사의 보편성과 한국사의 특수성'이라는 분리담론의 이데올
로기에 의해 규율화된 역사학은 현재와 세계를 상실한 역사학일 뿐이다.
한국의 역사학은 오늘의 역사에 첨착한 연구를 객관성을 상실한 연구라고
폄하하였고 세계의 역사에 초점을 둔 연구를 구체성을 결여한 연구라고
파문하였다. 그러나 정작 '국사 규율'과 '보편사 규율'에 희생된 것은 바로
역사학 자체였다. 지금까지 역사학을 지배한 것은 따뜻한 인간의 역사성찰
이 아닌 절대주체의 규율논리였기 때문이다.

3. 새로운 세계사와 성찰적 역사

그렇다면, 새로운 세계사world history란 무엇인가? 1982년, 미국에서 세계
사학회World History Association가 설립되면서 새로운 세계사는 역사학의 한
분야로 등장하였다.[20] 미국역사학회American Historical Association를 위한 지구
사/비교사 시리즈의 편집자인 마이클 애더스Michael Adas는 "'새로운' 지구
사 혹은 세계사는 기존의 연구와 근본적으로 다르다"라고 선언하였다.[21]
그러나 세계사학회가 제시하고 있는 세계사의 정의와 범주는 모호하고

맨프래드 코삭은 보편사의 종말의 시작을 역사인식의 근본적인 전환점이라고
평가하면서 여기에는 탈식민화의 시작이라는 긍정적인 측면과 역사와 정치에
대한 전통적 개념의 위기라는 부정적인 측면이 있다고 지적하고 있다.

20) 기관지인 『세계사연구Journal of World History』는 1990년에 와서야 뒤늦게 출간되기
시작하였다. 세계사학회의 공식적인 웹사이트(http://www.theWHA.org) 참고.

21) Jerry H. Bentley, *Shapes of World in Twentieth-Century Scholarship* (Washington, D.C. :
American Historical Association, 1996), p.v.

혼란스럽기까지 하다. 세계사학회는 "회원모집Invitation to Membership"에서 "전 세계의 전체 역사whole history"를 가르치는 사람들에게 깊은 관심을 표명하고 있기 때문이다.[22] 후술하겠지만, 더욱이 새로운 세계사 혹은 지구사의 연구자들이 다양한 관점과 연구방법을 채택하고 있기 때문에 구체적 정의에 대한 모호성과 혼란은 그리 쉽게 해소될 것 같지 않다.

새로운 세계사와 지구사에 대한 단순한 정의에 얽매이기보다는 이들의 성격과 범주 그리고 경향을 살펴보고 이를 통해서 새로운 세계사에 대한 이해를 도모하도록 하자. 첫째, 새로운 세계사는 문자 그대로 전 세계를 연구대상으로 하되, 초국적인transnational 역사현상을 연구단위로 한다. 20세기 초, 아놀드 토인비Arnold Toynbee · 오스발트 슈펭글러Oswald Spengler와 같은 세계사 연구자들은 유럽중심주의와 민족주의적 관점을 극복하고자 민족국가가 아닌 문명을 그 연구단위로 삼았다. 이들과 마찬가지로, 제2차 세계대전의 종식에 따른 제국의 붕괴와 식민지의 독립에 의해 각성된 새로운 세계사 연구자들은 유럽중심적 · 민족주의적 역사학으로는 전후 세계질서와 관계를 설명해 줄 수 없다고 파악하고, 민족국가 중심의 역사학을 지양하고자 하였다. 토인비나 슈펭글러의 세계사 연구가 제1차 세계대전, 독일제국의 쇠퇴, 제2차 세계대전의 발발과 같은 세계사적 사건에 대한 지적 도전이었다면, 새로운 세계사는 2차 세계대전 이후의 세계질서의 변화에 대한 지적 반응이었던 것이다.

그러나 새로운 세계사 연구자들은 연구단위로서의 문명 역시 특정 지역과 국가에 대한 과도한 편견(설령 우호적인 것일지라도)에 근거한 것이라

---

22) A printed mail from Richard Rosen, Executive Director, World History Association, no date. Bruce Mazlish, "Crossing Boudaries: Ecumenical, World, and Global History," in Philip Pomper, Richard H. Ephick, Richard T. Vann ed. *World History : Ideologies, Structures, and Identities* (Malden, Mass. : Blackwell Publishers, 1998), p.44에서 재인용.

고 파악한다. 비록 토인비나 슈펭글러가 유럽문명과 비유럽문명을 문명이
라는 동일한 관점과 동일한 수준에서 파악함으로써 유럽중심적 역사학에
큰 타격을 가하였지만, 문명 중심의 역사는 근본적으로 지리적 범주에
근거한 것이며 결국 문명을 가진 국가와 그렇지 않은 나라로 차별하는
역사서술이었다.[23] 또한 초국적인 현상은 문명단위로 일어나는 것이 아니
라 문화와 사회, 그리고 그 사이(관계)에서 일어나는 것이다. 더욱이 새로운
세계사 연구자들은 문명 중심의 역사가 경험적 연구를 토대로 한 것이라기
보다는 철학적 사색의 결과로 간주되면서 이른바 정통 역사학자들로부터
외면을 당했던 역사적 기억을 가지고 있다.

　새로운 세계사 연구자들은 이러한 단점과 한계 그리고 역사적 기억을
뚜렷이 인식하면서 초국적 현상에 대한 연구에서 민족 중심의 역사를
극복할 수 있는 길을 찾았다. 초국적 현상이란 개별 국가의 통제와 영향으
로부터 어느 정도 벗어나 그 나름대로 논리를 가지고 있는 역사현상을
말한다. 예를 들면, 중세말의 흑사병은 단순히 어떤 지역이나 국가에 한정
되어 일어났던 현상이 아니라 유라시아 전역을 휩쓴 역사적 사건으로,
한 국가의 사회뿐 아니라 수많은 국가의 정치구조, 경제구조 및 국가들의
관계에도 막대한 영향을 끼친 사건이었다. 민족 중심의 역사학으로는 도저
히 흑사병의 역사적 중요성과 영향력을 제대로 파악할 수 없다. 그러나
초국적 현상이 본질적으로 확연히 구분되어 있는 것은 아니다. 어떤 역사
현상이든 단순히 국가의 정치적 경계를 뛰어넘는 것이라면 모두 초국적
현상이 되는 것은 아니다. 여러 국가가 중첩적으로 관련되어 있는 원거리
통상과 무역이라고 하더라도 국가 중심의 관점에서 연구된다면 그것은

---

23) 문명사적 접근방법에 대한 재고논의에 관해서는 William H. McNeill, "The Era
　　of Civilizations in World History," *World History Bulletin* 4 (1986~87), pp.1~4 참조.

더 이상 초국적 현상으로 이해되지 않기 때문이다. 초국적 현상은 후술하겠지만, 초국적 관점과 연구방법론을 통해서 파악될 때 비로소 초국적 역사현상이 된다.

물론 여기에서 지적되어야 하는 점은 새로운 세계사의 목적이 기존의 역사학을 대치하려는 것이 아니라 보완하려는 것이라는 점이다. 그럼에도 불구하고, 이와 더불어 강조되어야 하는 점은 역사현상에는 지역적 특성이 강한 것과 국가적 특성이 주된 것이 있는 것과 마찬가지로, 흑사병의 경우처럼 초국적 요인이 주요한 역사추동력이 되는 역사사건이 있다는 점이다. 이러한 맥락에서 본다면, 초국적 역사현상에 관한 한 새로운 세계사적 연구는 민족 중심의 역사에 보완적인 성격을 띠기보다는 오히려 기존의 민족 중심의 역사가 새로운 세계사에 부차적이고 보완적 성격을 갖고 있다고 말할 수 있다.

둘째, 새로운 세계사는 근대 이후의 세계화된 세계뿐 아니라 근대 이전의 세계에 대해서도 적극적인 관심을 표명한다. 흔히 근대 이후 자본주의 발전과 그 결과로 비로소 세계사의 시대가 열렸다고 주장한다. 자본주의를 날카롭게 분석하고 신랄하게 비판했던 칼 마르크스조차 세계시장의 확대와 그 결과로 세계사가 처음 등장하였다고 인식하였다.[24] 자본주의의 발달과 제국주의의 팽창이 역사상 처음으로 세계를 하나의 역사단위로 만들었다는 것이다. 이러한 관점에서 보면, 세계사는 곧 '세계의 유럽화'의 역사이다. 결과로서의 세계사는 근본적으로 서양중심적 역사인식을 가정하고

---

24) 윌리엄 로즈베리도 "지구사는 세계시장의 팽창과 함께 도래했다"고 주장하고 있다. William Roseberry, "Marxism and Culture," in Brett Williams ed., *The Politics of Culture* (Washington, D.C. : Smithsonian Institution Press, 1991), p.39 ; Karl Marx, *Zur Kritik der politischen Oekonomie*, 김호균 옮김, 『정치경제학 비판을 위하여』 (서울 : 중원문화, 1988), p.222 참조.

있다. 근대 이전에 존재하였던 지구적 관계는 전근대사회의 특정현상 혹은 특징으로만 간주되기 때문이다. 이러한 서양중심적 관점은 국내의 세계사 연구서와 교육내용에서도 쉽게 찾아볼 수 있다. "어떤 특정의 시기까지를 각 지역 및 각 민족의 개성적 발전이 가능하였던 시대로 생각하고, 개성적 발전의 내적 동인을 추구하여 일체로서의 세계사의 성립을 구라파歐羅巴 제 민족을 중심으로 한 세계질서의 확립시점에서 구하여 그곳에 일관한 세계사의 특징을 찾아내는"25) 연구 및 교육방식은 전혀 비판없이 서양중심적 관점을 그대로 답습하고 있는 것이다.

그러나 새로운 세계사는 다른 문화/사회의 사람들간의 상호교류와 관계에 관심을 갖는다. 근대세계라는 특정 시대와 체제를 기준으로 하여 시간을 거슬러 올라가는 환원주의적 성격을 가진 '결과로서의 세계사'와 달리, 새로운 세계사는 문화상호간의 교류와 관련성을 그대로 탐구하고 그 역사적 흐름을 추적하는 '과정으로서의 세계사'의 성격을 갖는다. 따라서 문화교류가 발생한 시대와 지역이 있다면, 그것이 근대 이전이냐 근대 이후냐에 상관없이 새로운 세계사 연구자들의 관심대상이 된다. 말하자면, 새로운 세계사 연구자들이 과도한 민족주의적 경향과 관점을 극복하기 위해 초국적 역사현상에 관심을 기울이고 있다면, 서양(유럽)중심의 역사적 경향과 관점으로부터 벗어나기 위해 문화상호적cross-cultural 현상에 연구의 초점을 두고 있는 것이다. 그러나 일반적으로 결과로서의 세계사가 널리 당연한 것으로 인식되고 있는 현상황을 수정하기 위해 새로운 세계사 연구자들은 근대 이후보다는 근대 이전의 세계를 주요 연구대상으로 삼는

25) 이동윤, 「세계사 교육의 당면문제」, 『역사교육』 2 (1957), p.14 ; "국사는 그 출발에서 동양사의 일부로서 인식되어야 하고 최근세의 국사는 세계사의 일부로서 이해되는 것이 정당"하다는 주장도 마찬가지이다. 노명식, 「서양사교육의 문제와 방향」, p.169.

경향이 있다.

여기에서, 지구사와 세계사의 차이를 논해 보도록 하자. 지구사란 지구라는 행성을 하나의 연구단위로 삼는 역사학의 한 분야이다. 브루스 매즐리쉬Bruce Mazlish의 정의에 따르면, 지구사는 두 가지의 의미가 있다.[26] 하나는 세계화 혹은 지구화globalization의 역사에 관심을 두는 것으로 지구화를 가져온 요인과 그 과정을 역사적으로 연구하는 것이며, 또 다른 의미는 지역이나 국가적 층위가 아니라 지구적 층위에서 역사연구가 가장 잘 수행될 수 있다고 보는 역사현상 혹은 과정을 연구하는 것이다. 매즐리쉬에게는 전자가 가장 중요하고 고유한 지구사의 영역이며, 후자는 세계사 world history라는 연구분야 혹은 범주와 중첩될 수 있는 부차적인 것으로 간주된다.

이러한 구분은 세계와 지구에 대한 다음과 같은 정의에 기초한다. 세계 world는 중세 영어로부터 기원한 것으로 "인류의 현존"이라는 의미를 갖는다. 세계는 궁극적으로 인류의 거주지와 거주환경을 의미하는 것이다. 반면에 지구는 라틴어 globus로부터 유래한 말로 구형球形을 강조한다. 지구는 행성으로서의 지구earth와 유사어로서 구형의 행성 전체를 지칭하는 개념이다. 따라서 지구사라고 할 때에는 행성으로서의 지구 전체와 관련된 역사현상을 연구하는 것이며, 세계사는 인간이 현존하는 지역 전체와 관련된 역사현상을 연구하는 것이라고 말할 수 있다.

이러한 구분은 그 편의성에도 불구하고 두 가지 문제점을 내포하고 있다. 하나는 현재 우리가 지칭하고 있는 지구화를 글자 그대로의 진정한 지구화라고 말할 수 있는가 하는 점이다. 지구화의 신화를 강조하는 이들의 견해에 따르면, 자본주의의 전 지구적 확대로 보여지는 세계경제의

---

26) Mazlish, "Crossing Boundaries," p.47.

질적 변화는 제1차 세계대전 직전의 상황과 비교할 때 아직 이루어지지 않았으며 지구화의 징표들도 기껏해야 서유럽, 동아시아, 북미에 집중되어 일어나는 현상일 뿐이라고 주장한다.[27] 이들은 오히려 지구화는 사회적 실재라기보다 오히려 신자유주의적 자본주의의 공세와 수사라고 주장한다. 이들의 주장을 받아들인다면 지구화란 수사에 지나지 않기 때문에 결국 지구사와 세계사 사이에 근본적인 차이가 없게 되는 것이다.

또 다른 문제점은 지구화의 시작과 관련된다. 지구화는 언제 시작되었는가? 지구화의 개념이 행성으로서의 지구 전체에 작용하는 역사추동력의 등장과 실현과정이라고 말한다면, 지구화는 근대 혹은 20세기의 현상만으로 한정지을 수는 없다. 이미 기원전 15000년경에, 인류는 지구상의 거의 모든 거주가능한 지역으로 흩어졌으며 선사시대에조차 문화상호적 원거리 교류와 의사소통체제가 실재하였던 것으로 밝혀지고 있다.[28] 즉, 선사시대의 주요한 특징 중 하나는 인간의 "지구 식민화global colonization"인 셈이다. 또한 기원전 4300년경에는 인류가 말을 길들이기 시작하여 4000년경에는 우크라이나의 스레드니 스톡Sredni Stog 문화 담당자들이 말을 타기 시작하였으며, 기원전 4000년 중기에는 메소포타미아와 이집트인들이 페르시아만, 아라비아해, 홍해, 지중해 등을 항해할 수 있는 해양선박을 건조하기 시작하였다. 이 같은 운송 및 항해술의 기술 발달과 전파를 근간으로 농경정착문화가 발전하였으며, 기원전 3500년과 2000년 사이에는 "최초의 지

---

27) Paul Hurst and Graham Thomson, *Globalization in Question : The International Economy and the Possibilities of Governance* (Cambridge : Polity Press, 1996) ; 구춘권, 『지구화, 현실인가 또 하나의 신화인가』 (서울 : 책세상, 2000).

28) Irving Rouse, *Migrations in Prehistory : Inferring Population Movement from Cultural Remains* (New Haven : Yale University Press, 1986) ; Robert J. Wenke, *Patterns in Prehistory : Humankind's First Three Million Years*, 4th ed. (New York : Oxford University Press, 1999) 참조.

구사 시대"가 열렸다.[29)]

그렇다면, 지구사는 20세기 혹은 현대의 역사현상이 아니라 인류가 등장하면서 시작되었다고 할 수 있다. 지구사는 지구성globality의 역사인 셈이다. 인류의 존재조건으로서 인류가 오래 전부터 하나의 지구사회 속에 살고 있었다는 경험과 인식은 지구사의 연구대상인 동시에 역사인식이다. 다만, 지구성에 대한 자각이 20세기에 들어와 "지구화"를 인간생활의 모든 층위에서 뼈저리게 경험하면서 명확하게 인식하였을 뿐이다.

이러한 맥락에서, 새로운 세계사와 지구사를 구분해보자. 어떠한 역사현상들도 결국 지구적 네트워크 속에서 상호관련될 수밖에 없다는 결과론적 시각을 잠시 접어둘 수 있다면, 새로운 세계사와 지구사는 동일한 역사현상을 다른 관점에서 보는 것이라고 할 수 있다. 세계사와 지구사 양자 모두가 처음부터 지구성에 대한 확고한 인식을 가지고 출발하지만, 새로운 세계사는 연구대상을 초국적 역사현상에 정초하고 있는 반면, 지구사는 지구성의 역사를 연구대상으로 삼고 있는 것이다.

학문으로서의 역사학이 민족국가를 연구대상으로 삼으면서 출발한 이래, 역사학은 민족국가의 미래를 보여주는 예언자인 동시에 민족국가의 이익에 봉사하는 시녀였다. 그러나 지구성에 대한 각성으로 역사학은 새로운 세계사와 지구사를 통해 민족주의와 유럽중심주의의 멍에를 벗고, 자신과 세계를 성찰하는 가운데 새로운 역사대상과 역사적 관점을 갖게 되었다. 하나밖에 없는 지구 위에서 의사소통하며 공존해야 하는 인류의 삶이 추상적이며 형이상학적 개념이 아니라 현실적이며 구체적인 소명으로

---

29) Jerry H. Bentley, "Cross-Cultural Interaction and Periodization in World History," *American Historical Review* (1996), p.756. 이 시기에 비록 중국과는 직접적인 문화적 접촉은 없었지만 유목민족과 이주민들에 의하여 유라시아와 간접적인 접촉이 있었다. *Ibid.*, p.757.

다가오게 되었다. 비록 명확한 정의와 범주가 설정된 것이 아니라 하더라
도, 새로운 세계사와 지구사는 오늘과 내일의 현실을 사는 모든 인류에게
역사의 훈계와 가르침을 가져다줄 것이다.

4. 포스트모더니즘과 새로운 세계사의 가능성

1980년대에 등장한 새로운 세계사와 지구사는 신문화사와 마찬가지로
포스트모더니즘의 세례를 받았다. 토인비와 슈펭글러와 같은 세계문명사
가, 월트 로스토우Walt Rostow와 같은 1950·60년대의 근대화론 주창자들,
장기지속과 지중해세계를 연구한 페르낭 브로델Fernand Braudel 등의 아날학
파 역사가들, 이매뉴얼 월러스틴Immanuel Wallerstein과 같은 세계체제론자,
테다 스카치폴Theda Skocpol과 새뮤얼 헌팅턴Samuel Huntington과 같은 사회과
학자들 등의 새로운 세계사에 대한 지적 영향을 무시할 수는 없다. 그러나
누구보다도 미셸 푸코Michel Foucault, 쟈크 데리다Jacques Derrida, 에드워드 사이
드Edward Said, 피에르 부르디외Pierre Bourdieu 등의 지적 영향력을 간과할 수는
없다. 새로운 세계사의 연구를 잠깐 살펴보더라도, 이들의 영향력을 쉽게
느낄 수 있다.

우선, 새로운 세계사의 경향을 크게 네 가지로 분류하여 그 흐름을
읽어보자. 첫째, 새로운 세계사는 지구적 확산diffusion[30]의 세계사라는 경향
을 갖고 있다. 지구적 확산의 세계사는 주로 하나의 주제를 선택하여 시간
의 흐름에 따라 확산의 다층성과 역동성을 탐구한다. 예를 들면, 나침반이

---

30) Diffusion이라는 용어는 흔히 전파라는 말로 번역된다. 그러나 전파라는 용어는
문화간의 위계성과 문화교환(전달과 수용)의 의도성을 전제하고 있기 때문에
여기에서는 확산이라는 역어를 사용하였다.

나 화약과 같은 발명(품)이 시간의 흐름에 따라 다른 문화권으로 확산되어
가는 과정과 사회적 영향력을 연구한다. 따라서 주로 확산의 역사는 물질
조건과 지식/기술에 깊은 관심을 가진다. 인류학자나 고고학자들은 오랫
동안 문화 확산의 역사에 깊은 관심을 보여주었으나 역사학계에서는 사상
의 확산에 주로 관심을 기울여왔다.[31] 그러나 새로운 세계사가 시작되면서
확산의 역사를 지구적 차원에서 다루기 시작하였다.

지구적 확산의 세계사는 윌리엄 맥닐William McNeill의 선구적인 연구에서
가장 적절하게 예시된다. 누구보다도 새로운 세계사에 대한 선구적 열정을
가지고 있었던 맥닐은『서양의 발흥The Rise of the West』에서 다른 문화전통을
가진 사회와 사람들간의 접촉이야말로 문화간의 긴장과 갈등에도 불구하
고 인간사회 변화의 주요 요인이라고 파악하고 문화접촉을 통한 새로운
사상과 기술의 확산이 어떻게 권력관계와 사회구성에 끊임없는 변화를
초래하였는가를 보여주었다.[32]『권력의 추구The Pursuit of Power』에서, 맥닐은
국민으로부터 권력을 장악하고 유지하기 위한 수단으로서 군사적·산업
적 기술의 확산문제를 다루었다.[33] 여기에서 그는 기원전 1000년 이후의

---

31) 예를 들면, Nobert Elias, *The Civilizing Process : The History of Manners* (1978), 박미애
옮김, 『문명화과정 1·2』(서울 : 한길사, 1999) ; Benedict Anderson, *Imagined
Communities : Reflections on the Origin and Spread of Nationalism* (1983), 최석영 옮김, 『민족의
식의 역사인류학』(서울 : 서경문화사, 1995) 참조.

32) William H. McNeill, *The Rise of the West : A History of the Human Community* (Chicago :
University of Chicago Press, 1963). 『서양의 발흥』에는 여전히 유럽중심적 역사서술
의 흔적이 많이 남아 있었으며, 이러한 이유 때문에 많은 세계사 연구자들로부터
비판을 받기도 했다. William H. McNeill, "The Rise of the West Twenty-Five Years,"
Journal of World History 1 (1990), pp.1~21 ; Marshall G. S. Hodgson, *Rethinking World
History : Essays on Europe, Islam, and World History* (New York : Cambridge University
Press, 1993), pp.ix~x, 92~94 참조.

33) William H. McNeill, *The Pursuit of Power : Technology, Armed Force, and Society since A.D.
1000* (Chicago : University of Chicago Press, 1982).

권력패턴의 변화를 설명하면서 청동기와 철기 야금술, 2륜전차, 기마술, 화약, 포술, 총기, 군사조직의 모델, 전쟁무기생산의 상업화 등의 발명과 확산이 이에 대한 통제권을 장악한 사람들의 권력을 확대시켜 주었음을 보여주었다.

지구적 확산의 과정은 단순한 기술이양이나 기술의 일방적인 전파가 아니라 쌍방적인 역동적 과정이다. 아놀드 페이시Arnold Pacey는 700년 이후 20세기에 이르기까지 기술의 확산은 쌍방적인 대화였음을 보여주었다. 『세계문명과 기술Technology in World Civilization』에서 그는 다른 문화/국가에서 유입된 기술이 기술수입지역의 문화전통과 환경 속에서 세련되고 향상되었으며 다시 향상된 그 기술이 종종 기술수출지역 혹은 다른 지역에 역동적인 영향을 끼침으로써 기술혁신을 서로 자극하였다는 사실을 보여주었다.[34]

그러나 지구적 확산은 의도적이거나 계획적인 전파에만 한정되지 않는다. 전혀 의도하지 않았으며 심지어는 통제가 전혀 불가능했던 질병도 전 지구를 대상으로 확산되었으며 이에 따라 의료기술과 의료문화가 확산되거나 자체적으로 발전하기도 하였다. 『흑사병과 사람들Plagues and Peoples』에서, 맥닐은 다른 문화전통을 가진 사람들간의 문화접촉이 사상과 기술의 전파뿐 아니라 이전에 면역력이 전혀 없었던 사람들에게 치명적인 병원균/질병을 가져다준 역사추동력이었음을 실증적으로 보여주었다.[35] 흑사병은 14세기부터 17세기까지 인구를 급감시켜 인구학적 문제를 야기하였을 뿐만 아니라, 유라시아 전역에 걸쳐 무역, 산업, 금융 등 경제체제를 붕괴시켜 관련국가와 제국의 생존을 심각하게 위협하였으며 고대 실크로드를

34) Arnold Pacey, *Technology in World Civilization* (Cambridge : MIT Press, 1990).

35) William H. McNeill, *Plagues and Peoples* (Middlesex : Penguin, 1976).

통한 무역로와 문화교류를 폐쇄하였던 것이다.

둘째 경향은 지구적 네트워크의 세계사이다. 지구적 네트워크의 형성과 구조는 네트워크 안의 문화들을 통합하고 규율하는 방식을 통해 이루어지며, 외부의 네트워크와 끊임없이 긴장과 갈등관계를 통해 정체성을 구성하며 서로 작동하게 된다. 또한 문화상호적 접촉에 의하여 네트워크는 다른 네트워크에 연결되거나 편입되기도 하고 기존의 네트워크를 중첩화하고 강화시키도 한다. 이러한 점에서, 만일 지구적 확산의 세계사가 지구성의 원심적 구성방식이라면, 지구적 네트워크의 세계사는 지구성의 구심적 구성방식이라고 할 수 있다.

그러나 지구적 네트워크의 세계사의 중요한 특징은 통합과 강화에만 있는 것은 아니다. 지구적 네트워크의 세계사는 크게 두 가지 하위경향으로 구분될 수 있다. 하나는 주로 네트워크의 작동방식에 관심을 두면서 네트워크의 디아스포라diaspora36) 분석에 초점을 맞추는 것이고, 다른 하나는 주로 네트워크의 형성과 변화과정을 분석하는 것이다. 만약 전자가 네트워크의 동시성에 주로 관심을 갖는 공간적 분석이라면, 후자는 네트워크의 통시성에 초점을 둔 시간적 분석이라고 할 수 있다.

네트워크의 세계사에 대한 이해를 쉽게 하기 위해, 근대 자본주의의 발달사를 다룬 월러스틴의 세계체제론을 먼저 이야기해 보자. 1970년대에 월러스틴은 사회과학을 지배했던 경제발전론 및 근대화론에 대한 비판론으로서 세계체제론을 제시하였다. 그는 16세기에 중심부－반주변부－주

---

36) Diaspora는 원래 그리스어에서 유래한 말로 분산分散 혹은 이산離散을 뜻한다. 역사적으로 디아스포라는 헬레니즘시대와 초기 기독교 시대에 그리스 근역과 로마세계에서 유대인의 이산과 그 지역을 가리킨다. 이민사에서 디아스포라는 국제적 이산(이산민, 이산 지역, 이산 공동체)을 뜻하며 최근에는 특정 문화의 이산 혹은 이산 공동체를 의미하는 경우에도 사용되고 있다. Robin Cohen, *Global Diasporas* (Seattle : University of Washington Press, 1997) 참조.

변부의 상호의존적 경제분업구조로 이루어진 다국가체제로서의 세계체
제가 등장하였다고 주장하였다.[37] 그러나 중심부 밖에서 유럽 자본주의체
제와는 독립적으로 성장하고 있던 세계경제의 실재 가능성이 제기되면서
월러스틴의 유럽중심주의가 비판의 대상이 되었다.[38] 또한 세계체제의
내적 구조, 경계, 자율성뿐만 아니라 이들의 역사적 위치와 시기에 대해서
도 의문이 제기되었다. 월러스틴은 유럽중심부의 안팎에 존재하는 경제의
성격뿐 아니라 유럽과 아시아의 경제적 관계를 잘못 이해했으며,[39] 16세기
의 유럽경제가 자본주의적이라고 할 수 없다는 비판이 이어졌다.[40] 더욱이
유럽 이외의 지역을 타자로 인식한 그의 기능주의적 분석의 결정적 한계는
그의 의도와 달리 분석단위가 초국적 차원의 세계경제가 아닌 민족국가에
머물러 있었다는 것이다.[41]

　새로운 세계사는 유럽중심주의와 구조주의에 기인한 세계체제론의 한
계와 결점을 충분히 인식하면서 장기지속적 구조로서의 세계체제보다는

---

37) 월러스틴은 이슬람 세계의 주변부에 있던 유럽이 세계적 헤게모니를 장악하게
　　된 이유를 단일한 세계경제 안에서 다양한 형태의 노동의 분업체계와 주변부의
　　경제적 의존성을 통해 세계체제를 유지하면서 주변부의 자본주의 세계경제로의
　　편입을 통해 자본축적의 위기를 조정할 수 있었던 역사과정에서 찾았다. Immanuel
　　Wallerstein, *The Capitalist World-Economy* (Cambridge : Cambridge University Press, 1979)
　　; idem, *The Modern World-System*, 3vols. (New York : Academic Press, 1974∼1989).

38) E.L. Jones, *The European Miracle* (Cambridge : Cambridge University Press, 1987) ; Janet
　　Abu-Lughod, *Before European Hegemony : The World System, A.D. 1250-1350* (New York :
　　Oxford University Press, 1989).

39) Jane Schneider, "Was There a Pre-capitalist World-System?," *Peasant Studies* 6 (1977),
　　pp.20∼28.

40) 월러스틴의 세계체제론에 대한 논쟁을 개괄적으로 살펴보기 위해서는 Christopher
　　Chase-Dunn and Thomas D. Hall, *Rise and Demise : Comparing World Systems* (Boulder :
　　Westview Press, 1997) 참조.

41) Lauren Benton, "From the World-Systems Perspective to Institutional World History :
　　Culture and Economy in Global Theory," *Journal of World History* 7 (1996), p.269.

역사적 유연성과 우연성을 강조하는 네트워크에 관심을 갖는다.[42] 네트워 크는 특히 경제적 관계의 성립에 따라 무역로와 해양을 중심으로 형성되며 시간의 흐름에 따라 그 범위와 층위가 역동적으로 변화하게 된다. 네트워 크에는 물론 경제 네트워크만이 있는 것은 아니다. 문화적 층위(의 두께)에 따라 네트워크는 오스트레일리아의 코로보리 축제|corroborees와 같이 결혼이 교환되는 축제 네트워크나 정보 네트워크 혹은 커뮤니케이션 네트워크, 그리고 복합 네트워크일 수도 있다. 또한 네트워크는 여러 지역간에 경제 적·정치적·문화적 상호관계가 중첩되면서 이루어지고 발전한다. 네트 워크 안에는 여러 층위의 상호관계에 따라 비대칭적인 권력관계가 생성되 며 변화한다. 지구적 네트워크의 세계사는 이러한 네트워크의 역사현상을 다루는 것이다.

네트워크의 동시성을 가장 적절하게 보여주는 연구로는 설탕의 근대사 를 다룬 시드니 민츠Sydney W. Mintz 의『설탕과 권력Sweetness and Power』과 필립 커틴Philip D. Curtin의『문화상호적 무역의 세계사Cross-Cultural Trade in World History』 가 있다.[43]『설탕과 권력』은 설탕과 단맛의 역사인류학적 연구를 통해 설탕의 생산방식과 문화적 의미의 변화가 카리브해 설탕농장과 유럽, 특히 영국 지배계층의 권력관계와 자본주의의 발달에 어떤 영향을 서로 미쳤는 지를 보여준다. 십자군전쟁을 통해 아랍에서 전 유럽으로 전파된 설탕은

---

42) 그러나 종속이론가 앙드레 군더 프랭크Andre Gunder Frank는 아프로-유라시아 Afro-Eurasia가 이미 5,000년 이전에 하나의 세계체제를 형성하고 있었다고 주장하면 서 세계체제 모델의 효용성을 계속 견지하고 있다. Andre Gunder Frank, "A Plea for World System History," *Journal of World History* 2 (1991), pp.1~28 ; Andre Gunder Frank and Barry K. Gills, eds., *The World System : Five Hundred or Five Thousand?* (New York : Routledge, 1992) 참조.

43) Sydney W. Mintz, *Sweetness and Power* (1985), 김문호 옮김,『설탕과 권력』(서울 : 지호, 1998) ; Philip D. Curtin, *Cross-Cultural Trade in World History* (New York : Cambridge University Press, 1984).

왕과 귀족의 희귀품과 호사품, 즉 권위의 상징이었다. 16세기 말 아프리카 노예무역과 아메리카 식민개척으로 설탕의 근대적 네트워크가 형성되었고, 설탕은 대량생산과 대량소비를 통해 일상필수품이 되면서 설탕의 네트워크를 위계질서화하였다. 『문화상호적 무역의 세계사』는 장거리 무역에 관심을 가지고 문화적 경계를 넘나들었던 상인, 중개인, 판매자 등의 공동체들, 즉 무역 디아스포라의 역사현상을 다룬 역작이다. 커틴은 시간의 추이에 따른 무역 디아스포라의 변화에 깊은 관심을 기울이지 않은 것은 아니지만 무역 디아스포라에서 동시적으로 벌어졌던 역사현상에 남다른 주의를 기울였다.[44]

쵸두리K. N. Chaudhuri는 네트워크의 통시성을 가장 잘 보여준 새로운 세계사 연구자이다. 유럽과 북아프리카 그리고 서남아시아의 사회와 사람들을 통합하는 하나의 세계로서 지중해를 인식하였던 페르낭 브로델로부터 자극을 받은 쵸두리는 경제적 통합과 구심적 역할을 한 대규모 경제권으로서의 인도양 세계를 연구하였다. 『인도양에서의 무역과 문명Trade and Civilization in the Indian Ocean』과 『유럽 이전의 아시아Asia before Europe』에서, 그는 7세기 이후 18세기 중반에 이르는 약 천년 동안 인도양의 다양한 상업중심지와 화물집산지의 변화과정과 역사를 중심으로, 인도양의 무역 네트워크의 역동성과 변화과정을 보여주었다.[45]

---

44) 필립 커틴은 지구사의 여러 주제를 특히 대규모의 사회경제적 분석을 통해 연구하는 이른바 "위스컨신 학파"를 형성하였다. 위스컨신 학파에 관해서는 Craig A. Lockard, "The Contributions of Philip Curtin and the 'Wisconsin School' to the Study and Promotion of Comparative World History," *Journal of Third World Studies* 11 (1994), pp.180~223 참조.

45) K. N. Chaudhuri, *Trade and Civilization in the Indian Ocean : An Economic History from the Rise of Islam to 1750* (Cambridge : Cambridge University Press, 1985) ; idem, *Asia before Europe : Economy and Civilization of the Indian Ocean from the Rise of Islam to 1750* (Cambridge : Cambridge University Press, 1990).

셋째, 새로운 세계사는 환경과 생태의 역사성을 하나의 역사학적 범주로 설정하여 연구하는 환경의 세계사 혹은 환경사라는 경향을 가지고 있다. 여기에서, 환경이란 이항대립적 인식에 근거하여 인간을 배제하거나 제외한 일체의 외계, 즉 인간의 외적인 물적 조건을 의미하지 않는다. 그것은 인간(역사)과 긴밀한 상호관련성을 가지면서 변화하는 물적 조건이면서 동시에 인간(역사)에 개입하고 변화를 가져다주는 역사추동력이다. 따라서 환경의 세계사는 단순히 인간이 외적인 물적 조건에 대한 인상과 반성적 결과로 얻어지는 역사의 변화뿐만 아니라 인간(역사)과 자연(환경)이 갖는 역동적인 상호작용에 더 관심을 표명한다. 그러나 환경의 세계사는 단순히 한 지역만을 독립적으로 분리하여 연구하기보다는 초지역적 transregional, 초대륙적, 혹은 환지구적 규모와 차원에서 환경의 역사적 과정과 영향을 추적한다. 왜냐하면 성격상 환경이란 한 지역만 따로 분리할 수 있는 성질의 것이 아니기 때문이다.

환경사는 인간중심적 근대화와 근대사회의 총체적 위기에 대한 성찰적 인식에 자극을 받아 출현하였다.[46] 자연과 환경을 정복과 착취의 대상으로만 인식하였던 근대적 사고, 민족국가의 절대우위를 확보하려는 국가간 무한경쟁체제와 과도한 민족주의, 그리고 정치권력과 결탁한 개발론자의 근시안적 기획과 더불어, 인간중심주의는 보호되어야 할 환경과 지구를 절멸의 총체적 위기 속에 몰아넣었다. 환경의 환지구적 가치와 역사성에 대한 성찰적 인식이 대중에게까지 파고들면서 환경문제가 공론화되고 환경

---

46) 환경사의 등장배경과 역사학적 중요성에 대한 논의에 관해서는 김기봉, 「환경사 : '성찰적 현대화'를 위한 역사」, 『역사와 비평』 46 (1999), pp.101~116. 20세기는 환지구적 환경에 대한 성찰적 인식을 가지기 시작한 시기이지만 동시에 유례없이 환경의 파괴와 오염이 심했던 시기였다. J. R. McNeill, *Something New Under the Sun : An Environmental History of the Twentieth-Century World* (New York : W. W. Norton, 2000).

의 파괴와 변화에 대한 세계사 연구들이 등장하기 시작하였다. 이들은
기존의 풍부한 생물학적·생태학적 연구를 기반으로 인간(역사)과 자연세
계의 생물학적·생태학적 교환관계를 파고들었다.

그 가운데 클라이브 폰팅Clive Ponting 의『녹색세계사A Green History of the
World』는 호모 사피엔스의 등장 이후 전 세계의 환경사를 서술하였다.[47]
그는 세계사의 '진보' 개념을 철저히 반성하고 환경파괴와 환경오염이라
는 입장에서 생산양식과 생태계의 상관관계, 자원이용 양태의 변화, 도시
문화와 기술발달 등에 따른 생태계의 변천과정 등 세계의 역사를 비판적으
로 통찰하였다.

보다 전문적인 환경의 세계사로서 앨프리드 크로스비Alfred Crosby의 연구
업적이 돋보인다.『콜럼버스가 바꾼 세계The Columbian Exchange』에서, 그는 문
화상호적 접촉이 자연과 인간의 관계에 어떻게 영향을 끼쳤는가에 깊은
관심을 가지고 생물학적 교환의 지구적 역동성과 상호작용성을 탐구하였
다.[48] 여기에서 그의 주된 연구대상은 크리스토퍼 콜럼버스Christopher
Columbus와 그의 일행이 신대륙이 도착한 이후 아메리카 대륙과 전 세계가
갖게 된 상호영향이었다. 아메리카의 담배, 옥수수, 감자, 카카오 등이
세계적으로 재배되기에 이르렀고, 유라시아의 밀, 소, 돼지, 말 등이 서반구
로 유입되었다. 또한 문화접촉을 통해 병원균도 상호영향을 주며 전 세계
로 퍼져나갔다. 아메리카의 매독이 매우 빠른 속도로 유라시아를 거쳐
전 세계로 확산되었던 반면 유라시아의 천연두는 아메리카를 거쳐 태평양
지역에까지 번져 수많은 인명을 빼앗아 갔다.

47) Clive Ponting, A Green History of the World (1991), 이진아 옮김,『녹색세계사 1·2』
(서울 : 심지, 1995).

48) Alfred Crosby, The Columbian Exchange : Biological and Cultural Consequences of 1492 (1972),
김기윤 옮김,『콜럼버스가 바꾼 세계』(서울 : 지식의 숲, 2006).

또한 크로스비는『생태제국주의Ecological Imperialism』에서 유럽의 정치적·
경제적 제국주의가 동시에 생태제국주의의 의미를 가지고 있다는 사실을
보여주었다.[49] 그는 노르웨이인들이 해상 모험을 시작한 900년부터 뉴질
랜드가 완벽한 "새로운 유럽사회neo-Europes"로 변모하게 된 1900년까지의
유럽 제국주의가 신대륙을 어떻게 '새로운 유럽사회'로 바꾸어 가는지를
살펴보았다. 그러나 흔히 오해되는 것처럼 이 책은 유럽인의 생태학적
우월성이나 유럽의 생물학적 정복을 정당화하거나 설명하려는 것이 아니
다.[50] 크로스비는 유라시아의 동식물, 병원균 그리고 문화가 아메리카와
태평양 지역에서 번성할 수 있었던 이유를 구세계와 신세계 사이의 생물학
적·생태학적 교류의 불균등성에서 찾고 있기 때문이다. 유라시아의 잡초
와 전염병이 아메리카와 태평양 지역의 광대한 지역을 황폐화하고 심지어
어떤 부족의 경우엔 90%를 넘어설 정도로 수많은 인명을 살상했지만,
구세계로 퍼진 신세계의 전염병은 그 악명에도 불구하고 잘 전파되지도
않았고 인구성장을 중단시키지도 않았다. 바로 생태학적 공백상태 때문에
유라시아의 동식물과 문화가 아무런 방해를 받지 않고 번성할 수 있었고,
그 결과 신대륙에서의 확고한 헤게모니를 장악할 수 있었던 것이다. 인간

---

49) Alfred Crosby, *Ecological Imperialism: The Biological Expansion of Europe, 900-1900* (1986),
   안효상·정범진 역,『생태제국주의』(서울 : 지식의 풍경, 2000).『생태제국주의』
   와 유사하게, 세계사와 문화의 발전을 생태지리학적 관점에서 밝힌 연구와 열대
   지방에서 질병과 거친 환경에 직면해야 했던 유럽 제국주의자들의 열대 경험과
   높은 사망률 그리고 이에 대한 문화적 대응방식을 탐구한 연구도 있다. Jered
   Diamond, *Guns, Germs, and Steel* (1997), 김진준 옮김,『총, 균, 쇠』(서울 : 문학사상사,
   1998). 또한 이와 유사한 연구로는 Philip D. Curtin, *Death by Migration: Europe's Encounter
   with the Tropical World in the Nineteenth Century* (New York : Cambridge University Press,
   1989) 참조.

50) 번역서의 표지는 "유럽의 팽창은 신세계에 대한 생물학적 정복이었다"고 선전하
   고 있어 저자의 주장을 잘못 전달하고 있다.

역사와 생태계의 역동적 상호관계라는 역사적 현상이 없었다면 서양의
제국주의는 불가능했을 것이다.

넷째로 지적될 수 있는 새로운 세계사의 경향은 지구적 경험의 세계사이
다. 비록 새로운 세계사는 역사에서 보편적 법칙이나 보편성을 추론하는
것을 거부하지만, 지구상에 존재하는 공동체와 사람들에게 공통적인 특징
이나 현상이 있다고 보고 이를 비교사적 관점 혹은 문화교섭사적 관점에서
탐구한다.[51] 사실, 이 경향은 보편사적 세계사의 접근방법과 연구성과로부
터 큰 도움을 받았다. 특히, 가족·친족관계·재산·노동·종교·이민·
사회통제·혁명·산업화·근대성·젠더·국제기구 및 비정부기구NGOs
등의 주제들은 사회과학적 분석틀과 도구 그리고 풍부한 기존 연구들을
이용하여 자주 연구되고 있다. 그러나 사회과학적 연구방법론과 연구성과
에 대한 의존은 새로운 세계사의 발전에 걸림돌로 작용할 수 있다. 흔히
사용되는 사회과학적 용어, 분석틀, 유형 등은 서양중심적이며 분석과
연구결과는 지나치게 추상적이거나 구체적인 사실을 결여한 것도 있기
때문에 역사학의 연구에 부적절할 수 있다.[52] 그러므로 새로운 세계사
연구자들은 이러한 사회과학적 위험성과 일반화의 단순성을 민감하게

51) 특히 동양사 분야에서 '실크로드학' 등을 포함하여 문화(문명)교섭에 관한 연구들
이 많이 진행되었다. 그러나 대부분의 연구가 여전히 민족 중심의 관점을 극복하
지 못하고 있다. 비록 문명사적 관점이긴 하지만, 예외적인 연구로는 정수일,
『고대문명교류사』(서울 : 사계절, 2001) ; 정수일, 『씰크로드학』(서울 : 창작과
비평사, 2001) 참조. 또한 이민사도 한국사, 인류학, 정치학, 사회학 분야에서
많은 연구가 이루어졌다. 이것 역시 민족 중심의 틀에서 벗어나지 못하는 것이
대부분이다. 예외적인 연구로는 이광규, 『재외 한인의 인류학적 연구』(서울 : 집
문당, 1997) ; 최 협 외, 『다민족국가의 민족문제와 한인 사회』(서울 : 집문당,
1998) 참조.
52) Raymond Grew, "On the Prospect of Global History," in Mazlish and Buultjens, eds.,
Conceptualizing Global History, p.241.

의식하면서 이에 빠지지 않도록 조심하려고 한다.

지구적 경험의 세계사의 세부경향은 앞서 지적한 바와 같이 다양하고도 중첩적인 주제와 방법론이 가능하다. 그러나 주목할 만한 세부경향의 하나는 문화접촉과 관련된 것으로, 특히 문화접촉의 패턴과 탈문화화 deculturation, 그리고 문화접촉에 따른 권력관계의 변동에 관심을 갖는 것이다. 전자는 인류학과 민족지학ethnography의 문화상호적 연구결과에 힘입어 발전한 것으로 제국과 식민지 사이에 존재하였던 문화제국주의의 역사과정과 영향력을 검토한 연구가 그 예라고 할 수 있다. 낸시 패리스Nancy M. Farriss의『식민지 지배와 마야 사회Maya Society under Colonial Rule』와 잉가 클렌디넨Inga Clendinnen의『정복의 두 얼굴Ambivalent Conquests』은 잉카제국의 스페인 정복과정에서 마야문화의 생존과 소멸 문제를 다루었다. 전통문화를 고수하려는 마야 귀족들의 피나는 노력에도 불구하고, 유럽의 군사력과 질병에 압도당한 마야문화는 기독교적 문화와 생활기준을 수용함으로써 그 변용과정을 거쳐 부분적으로 겨우 생존할 수 있었다. 19세기에 이르러 사회 전반에 유럽의 각종 체제가 도입되면서 그나마 잔존했던 마야의 전통문화조차도 황폐화되고 탈문화화되었다.

문화접촉에 따른 권력관계의 변동을 다룬 후자의 대표적 예로는 세계사 학회의 편집자인 제리 벤틀리Jerry Bentley의『구세계의 문화접촉Old World Encounters』을 들 수 있다. 벤틀리는 문화접촉을 지구적 과정으로 파악하고 문화상호간의 긴장과 변환 그리고 타협과정을 규명하려고 노력하였다. 그는 문화의 폐쇄성을 인정하면서도 문화의 모사성을 거부한다. 그에 따르면, 외래문화를 수용하는 경우는 그리 흔한 것이 아니며, 그 드문 경우에조차 강력한 정치적·경제적·사회적 지도층의 지원과 영향력의 비호아래 이루어질 만큼 문화의 수용과 변용은 그리 간단한 역사현상이 아니라고 주장한다.

그러나 문화접촉에 따른 권력관계의 변동이 사회권력층에만 한정된 것은 아니다. 문화접촉의 실질적인 현장이면서도 동시에 주변부로 간주되었던 사회계층도 있었다. 『세계와 세계 사이에서Between Worlds』에서, 프랜시스 캐튜넨Frances Kattunen은 역관, 번역가, 안내인 등을 원주민과 외래인 사이의 문화경계에 존재하였던 문화상호적 중개인으로 파악하고 그들의 권력관계를 역사적으로 분석하였다.[53] 문화중개인은 뛰어난 재능에도 불구하고 문화접촉의 제국주의적 성격 때문에 자신들의 사회로부터 소외당할 뿐 아니라 동시에 외래인으로부터도 주변화되는 이중적 억압의 권력관계에 놓여 있었다.

지구적 경험의 세계사에서 주목할 만한 또 다른 세부경향은 여성사혹은 젠더사다. 상당히 많은 학문적 축적에도 불구하고 여성사의 상당부분이 국가 혹은 문명 중심으로 이루어져 왔다.[54] 그러나 근래에 들어 문화상호적 혹은 비교사적 관점에서 여성과 젠더의 문제를 다루는 연구가 많이 등장하였다. 케런 오펜Karen Offen 등이 편집한 『여성사 쓰기Writing Women's History』는 국제적인 관점에서 여성사 연구의 회고와 전망을 제시하였다.[55] 보다 본격적인 새로운 세계사의 관점에서 여성사를 서술한 연구는 마거릿 스트로벨Margaret Strobel의 『유럽 여성과 제2의 영제국European Women and the Second

---

53) Frances Kattunen, *Between Worlds : Interpreters, Guides, and Survivors* (New Brunswick, N.J. : Rutgers University Press, 1994).

54) 이러한 대표적 연구로는 Gerda Lerner, *The Creation of Patriarchy* (New York : Oxford University Press, 1986) ; idem, *The Creation of Feminist Consciousness : From the Middle Age to Eighteen-Seventy* (New York : Oxford University Press, 1993) ; Boonie S. Anderson and Judith P. Zinsser, *A History of Their Own: Women in European History from Prehistory to the Present*, 2vols. (New York : Harper and Row, 1988) 참조.

55) Karen Offen, Ruth Roach Price, and Jane Rendall, eds., *Writing Women's History : International Perspective* (Bloomington : Indiana University Press, 1991).

British Empire』이다.56) 스트로벨은 영국 식민지에서 선교사, 교사, 사회개혁가, 여성조직의 창설자로서 활동한 유럽 여성들의 경험을 문화상호적 중개인의 관점에서 검토하고 문화적 억압 속에서 성취하였던 유럽 여성의 문화상호적 역할과 영향력을 살펴보았다. 주변부에서의 여성 경험과 정체성 문제를 다루는 연구경향은 보다 다양한 시대와 지역으로 확대되고 있다.57)

지금까지 확산·네트워크·환경·경험이라는 관점에서 새로운 세계사의 흐름을 살펴보았다. 비록 이 흐름 속에서 모든 연구에 공통된 것은 아니지만, 새로운 세계사는 다음과 같은 네 가지의 일반적인 특징을 가지고 있다. 첫째, 새로운 세계사에서는 역사의 보편성·절대성·총체성totality이 거부된다. 새로운 세계사는 근대화론과 세계체제론을 비롯한 세계사적인 문제를 다룬 학문적 성과를 토대로 발돋움하였지만 기본적인 인식틀과 연구방법론에서 근본적인 차이를 가지고 있다. 비록 지구적인 역사현상을 다루지만, 새로운 세계사는 연구결과를 추상화하여 보편사적 세계사나 역사의 법칙(성)을 추론하거나 절대적인 가치를 제공하려는 욕망을 포기하였다. 새로운 세계사는 기존의 세계사가 가지고 있었던 과학성과 객관성에 대한 맹신과 총체성의 성취에 대한 덧없는 희망을 과감하게 던져버리고자 한다. 대신에 새로운 세계사는 세계의 단일한 역사History가 아니라 다양한 역사들histories을 보여주려고 한다.

둘째, 새로운 세계사는 유럽중심적인 분석틀과 방법론을 벗어나서 연구대상 지역 나름대로의 가치와 문화를 존중하려고 노력한다. 특히, 다문화

---

56) Margaret Strobel, *European Women and the Second British Empire* (Bloomington : Indiana University Press, 1991). 식민지 여성과 남성에 끼친 유럽 여성의 문화상호적 영향에 대해서는 Nupur Chaudhuri and Margaret Strobel, eds., *Western Women and Imperialism: Complicity and Resistance* (Bloomington : Indiana University Press, 1992) 참조.

57) 예를 들면 Ruth Roach Pierson and Nupur Chaudhuri, eds., *Nation, Empire, Colony: Historicizing Gender and Race* (Bloomington : Indiana University Press, 1998) 참조.

주의적multiculturalist · 문화상호적 접근방법을 통해 연구자가 가지고 있는 편견을 최대한 버리려고 노력한다.[58] 역사를 연구하는 한, 관점을 가질 수밖에 없다. 따라서 새로운 세계사도 중심주의centerisms로부터 완전히 자유로울 수는 없다. 그러나 다른 문화에 대한 인식과 구별짓기 방식, 문화 사이에 낀 문화중개인에 대한 연구에서 보여준 것처럼, 서구(유럽)중심주의, 자문화중심주의, 오리엔탈리즘 등에 민감하게 반응하면서 탈중심화 de-centering를 통해 과감하게 자신의 관점과 접근방법과 연구대상을 철저하게 비판하고 자신의 편견을 수정하려고 한다.

셋째, 언어적 전환linguistic turn을 통해 새로운 세계사는 단순화와 일반화에서 벗어나려고 한다. 새로운 세계사 연구자들은 20세기 초의 세계문명사가들이 사용하였던 유기체적 비유(출현－성장－발전－사멸)를 거부하고 이분법적 사고에 기초하여 절대적 우열을 암시하는 공간적 비유(고급－저급, 중심부－주변부), 거대서술grand narrative에 기초한 근대성 혹은 진보성의 비유(근대적－전통적, 진보적－후진적), 인간중심주의의 비유(문화－자연, 인간－환경) 등을 회피하고자 한다. 기존 역사가들이 가지고 있었던 역사담론과 재현의 언어에 대한 철저한 비판을 토대로 본질주의적 언어와 이데올로기적 언어를 거부하고 새로운 언어와 역사담론을 추구하려고 한다.

넷째, 새로운 세계사는 문화에 대한 새로운 관점과 인식을 추구한다. 새로운 세계사에서는 인간(문화, 문명)과 자연(환경, 지구)은 이항대립적 존재나 단순히 상호보완적인 존재가 아니다. 그것은 하나의 역사적 구조물로 파악된다. 특히 새로운 세계사의 주요관심사 중의 하나가 문화접촉

---

58) 다문화주의는 거대서술grand narrative과 본질주의의 거부, 탈중심화, 차이의 강조 등에서 포스트모더니즘과 유사성이 있다. Mary Rogers, "Introduction," in idem, ed., *Multicultural Experience, Multicultural Theories* (New York : McGraw-Hill, 1996) 참조.

contacts이기 때문에, 문화의 창조성 문제에 세심한 주의를 기울인다. 새로운 세계사는 문화의 창조를 창조(발명)-소비, 원인-결과라는 관점이 아니라 동화·융합·변용·변형 등이 함께 존재하는 창조-재창조의 연속과정과 흐름이라는 관점에서 해명하고자 한다. 전통문화와 외래문화의 이분법적 인식을 철저히 해체하는 한편, 문화의 다양성과 동시에 문화의 중층성multiplicity에도 깊은 관심을 가진다. 문화접촉이란 사회·정치·경제뿐만 아니라 이와 관련된 인적 구성 및 세력, 지역, 인종, 젠더 등 여러 층위에서 작용하는 방식과 과정이 다르기 때문이다.

포스트모더니즘의 세례를 받은 새로운 세계사는 그 경향과 특징에 있어서 1960년대 이후에 등장한 새로운 역사학 경향들과 궤를 같이한다. 역사의 보편성·객관성·절대성이 거부되는 포스트모던 상황 속에서, 역사학은 민족(국가)의 중심성을 해체하면서 한편으로 미시사를 통해 세밀한 역사단위의 구체적 행위와 관계로 눈을 돌리면서 다른 한편으로는 새로운 세계사를 통해 초국적 역사행위와 지구의 역사현상에 관심을 쏟게 되었다. 미시사가 개별연구를 통해 거시사적 이해에 기여하고 있는 것처럼, 새로운 세계사도 세계사와 민족(국가)사 사이의 상호침투성과 중첩성을 통해 민족(국가)의 역사에 새로운 층위의 존재와 가치를 제시하고 민족(국가)사의 역사인식과 방법의 지평을 넓혀 줄 것이다.

5. 맺음말

새로운 세계사는 포스트모던 시대의 '보편사'이다. 새로운 세계사는 시공간에 대한 전혀 다른 인식과 세계관, 그리고 역사과정과 구성에 대한 새로운 개념을 가지고 지구적 문화 속에서 정체성을 찾고 자기를 실현하고

자 하는 새로운 세대와 세계시민을 위한 역사이다. 오래 전부터 우리 곁에
있었지만 뚜렷하게 인식하지 못하였던 지구성은 미래 세대의 요구이자
비전이다. 이와 도맨스카Ewa Domanska가 지적한 바와 같이, 새로운 세계사와
지구사에 접근하는 데 있어 우리에게 필요한 것은 무엇보다도 "근본적인
인식전환"이다.59)

　사실, 새로운 세계사가 미국에서 가장 번성하고 있는 것도 세계화 과정
과 전후 미국사회에 대한 성찰적 태도와 인식전환에 근거한 것이었다.
제1차 세계대전 이후 세계강국으로 등장하게 된 미국에서, 대학과 역사학
계는 서양역사의 후계자이며 민주주의의 수호자로 자처하면서 서양문명
사를 통해 이를 강조하고 정당화하며 새로운 세대를 교육시켰다. 그러나
1960년대와 1970년대에 미국과 미국문화의 정체성에 대하여 강한 의문과
회의를 품게 되면서 미국 국민의 다양한 구성원의 역사적 뿌리를 묻지
않으면 안 되었다. 와스프WASP만 존재하는 것이 아니라 다양한 인종과
문화가 존재하는 미국에서 다양한 세계문화와 다문화주의에 침착하게
된 것은 사치와 여유의 소산이 아니라 생존과 갈등의 소산이었던 것이다.
그와 동시에, 제2차 세계대전 이후 세계경제를 독점한 미국은 세계전략의
일환으로 세계를 포괄적으로 이해해야 했고, 다국적 기업과 세계자본주의
체제는 민족주의와 유럽중심주의를 벗어나 세계사회와 대면해야 할 필요
가 있었다. 이에 따라 학문분야와 교과목으로서의 서양문명사는 쇠퇴하고
새로운 세계사는 괄목할 만큼 성장하였다. 요컨대, 새로운 세계사는 이러
한 복잡하고 다층적인 미국 현실의 부산물이며 이해와 반성의 반영이다.60)

---

59) Ewa Domanska, "Universal History and Postmodernism," *Storia della Storiografia* 35 (1999),
　　p.137.
60) 여전히 미국의 역사학계에는 서양의 전통을 강조하는 서양문명론자와 세계의
　　문화를 강조하는 세계문화론자간의 "문화전쟁"이 있다. 이에 관해서는 Gary B.

새로운 세계사의 현실적 필요성에도 불구하고, 새로운 세계사 이면에는
미국 중심의 자본주의와 신자유주의적 경향이 감추어져 있다는 사실을
간과해서는 안 된다. 세계사의 연구 가운데 상당부분이 미국의 지구적
이해와 세계인식을 반영하고 있는 것이 사실이다. 따라서 지금까지 그리고
앞으로 나올 새로운 세계사 연구와 같이 호흡하면서도 우리의 관점에서
지구성에 대한 철저한 성찰을 통해 새로운 세계사의 장을 열어야 한다.
우리에게 주어진 새로운 세계사의 연구업적들을 비판없이 재생산하는
것은 오히려 오늘의 지구성을 제대로 인식하지 못하는 것이다. 지구성은
오늘의 나와 우리에게 가장 중요한 인식대상이자 인식방법이지만 여전히
나와 우리를 형성하는 하나의 층위일 뿐이며 새로움은 우리가 창조해야
할 몫이기 때문이다. 또한 지구에 함께 사는 공동체의 일원, 즉 세계시민으
로서 세계 공동체의 정체성을 어떻게 만들어갈 것인가라는 문제를 제기
하고 이에 대한 우리의 대답을 제시해야 할 의무와 권리가 나와 우리에게
있기 때문이다.

　　근대 역사학이 탄생한 이래, 민족국가는 역사학의 적자였다. 그러나
돌이켜보면 역사학의 아버지라고 불리는 헤로도토스Herodotos나 사마천에
게도 역사학은 인간의 역사를 연구하는 "세계사"였다.[61] 민족국가의 역사

Nash, Charlotte Crabtree, Ross E. Dunn, eds., *History on Trial : Culture Wars and the Teaching of the Past* (New York : Knopf, 1997) ; Gilbert Allardyce, "The Rise and Fall of the Western Civilization," *American Historical Review* 87:3 (1982), pp.695~725 ; 강선주, 「미국의 세계교육을 둘러싼 논쟁 : 다원론적 관점과 국익중심 관점」, 『미국사연구』 14 (2001), pp.157~181. 강선주가 주장하는 것과 달리, 서양문명론자와 세계문화론자의 입장은 방법의 차이가 있을 뿐 국제사회에서 미국의 이해를 반영하고 있다는 점에서는 동일하다.

61) Bentley, "Shapes of World History," pp.1~3. 동서양의 세계사 전통에 관해서는 William McNeill, "The Changing Shape of World History," in Philip Pomper et. al. ed. *World History*, pp.21~28 참조.

만이 항상 그리고 언제나 연구할 만한 가치가 있는 것으로 간주될 때 그리고 그것이 당연하다고 억압적으로 강요되고 터부시될 때, 역사학은 인간을 이해하는 학문이 아니라 이데올로기의 바다에 인간을 수장하는 도구가 될 뿐이다. 인간은 나와 우리, 인간과 사회, 민족국가와 세계, 문화와 자연 그리고 지구 사이에 존재하는 존재이다. 어느 하나를 놓치게 되면 우리는 그만큼 인간으로부터 멀어지는 것이다. 인간과 세계에 대한 근본적이고 새로운 인식전환이 필요한 때이다.

세계사의 구성원리들
: '보편사'에서 '지구사'까지

강 선 주

1. 머리말

현재 '세계화globalization'는 우리의 삶을 규정하는 강력한 변화 추세 중의 하나로서 인식된다. 지구 전체가 하나의 생활권화되고 있는 상황에서 개인들이 성공적으로 활동하기 위해서는 세계의 다양한 문화적 특징과 가치에 대한 이해가 필수적으로 요구된다. 이러한 사회적 요구를 효과적으로 충족시킬 수 있는 교과 중의 하나가 세계사이다. 세계 변화에 대한 교육적 대처가 절실하다는 인식은 제6차 교육과정 이후 세계화라는 국정 지표를 교육과정 개정에 반영하려는 노력으로 나타났다. 같은 맥락에서 제7차 교육과정은 세계사 학습의 필요성을 최근 세계화 추세와 관련하여 다음과 같이 강조하고 있다.

오늘날 세계는 국가간 상호교류의 차원을 넘어 지구 전체가 하나의 생활권으로 변해가고 있다.……그러므로 세계화 시대에 살아가기 위해서는 세계에 존재하는 다양한 문화와 가치에 대하여 그것을 이해하려는 태도와 능력이 필수적으로 요구되며, 이것은 전 국민에게 필요한 자질로서 부각된다.[1)]

그러나 세계화로 대변되는 최근의 세계 변화는 단순히 '지구 전체가 하나의 생활권되는 현상'이라고만 표현하기에는 훨씬 복잡하고 다층적인 내용적 동태성을 품고 있다. 우선 세계화를 통한 국가간, 사회간, 문화간, 지역간의 상호교류의 증대는 정치적, 경제적, 문화적 경계선의 구분을 무색하게 하고 있으며, 개인의 활동 영역을 획기적으로 확대시키고 있다. 그런데 다른 한편 세계화를 통한 상호교류의 진전은 국제적 분쟁과 국지적 갈등을 심화시킴으로써, 국가와 민족과 종교권을 구분하는 장벽의 존재를 실감케 하는 역설적인 현상도 야기하고 있다. 요컨대 현재 진행되고 있는 세계화의 본질은 상호교류의 증대를 통해 지구 전체가 하나의 생활권이 되면서 종전에는 무관하게만 여겨지던 세계 각 지역들의 협력과 갈등의 가능성이 증대되는 상호의존성의 심화에서 찾아져야 한다.

세계화 시대를 맞아 상호의존성이 증대하는 추세 속에서 한 지역에서 일어난 사건은 단지 그 지역에 영향을 주는데 그치지 않고, 세계 곳곳에 연쇄적인 파급 효과를 주고 있다. 그런데 그 파급 효과는 같은 분야에서 일어나는 것도, 규모나 종류 면에서 동질적인 것도 아니다. 우리 문제는 이제 곧 세계 여러 지역의 문제와 연결되어 있고, 세계 여러 지역의 문제는 다시 우리의 문제가 되고 있다. 이는 한 지역에서 일어난 사건을 이해하기 위해서는 지역간의 상호의존성이 심화되고 있는 현실을 염두에 두고, 그 사건의 기원, 전개 과정, 파장 효과 등을 그 지역보다 큰 지리적 틀 속에서, 다층적 관점에서 분석할 필요가 있다는 것을 의미한다. 이러한 맥락에서 볼 때 세계화 시대의 세계사 교육은 단순히 제7차 교육과정에서 강조한 것처럼 "다양한 문화와 가치에 대한 이해"를 돕는 것에 그칠 것이 아니라 상호의존성의 심화라는 관점에서 세계에서 일어나고 있는 '사건들을 이해

---

1) 교육부, 『고등학교 교육과정 해설, 사회』(서울 : 교육부, 1997), pp.188~189.

할 수 있는 능력과 태도까지 함양하는 것을 목적으로 해야 한다.

세계사 교육은 학생들의 세계관 형성에 지대한 영향을 미친다. 특히 중·고등학교에서 세계사 교육은 대부분의 학생들에게 그들 세계관 형성의 거의 마지막 기회이다. 따라서 중·고등학교 세계사가 인류 발달과정의 어떤 밑그림을 제시하고, 세계 각지에서 일어나고 있는 사건들을 어떤 각도에서 조명하여 제시하는가는 학생들이 세계사적 전개과정에 어떻게 참여할 것인가 그리고 세계 속에 우리 민족이 앞으로 어떤 형태로 존재하게 될 것인가에 중요한 영향을 미칠 것이다. 현재 세계 변화는 세계사 서술과 교육을 새로운 관점에서 새롭게 재구성할 것을 요청한다. 이 글에서는 이러한 문제의식을 기초로 세계사를 새롭게 구성할 수 있는 방안에 대해 고찰해보고자 한다.

2. '보편사'로서 세계사

세계사에서 무엇을 가르칠 것인가에 대한 논의를 위해서는 먼저 세계사의 개념부터 검토할 필요가 있다. 세계사의 개념 정의에 따라 내용 선정 및 구성의 원칙들이 달라질 수 있기 때문이다. 현재 한국에서 세계사는 연구 분야로서보다는 학교 교육을 위한 교과목으로서 인식된다. 제7차 교육과정에서는 세계사를 "지구상의 인류가 어떻게 생활하였으며, 그 삶의 모습이 어떻게 변화하고 발전하여 왔는지를 다루는 과목"이라고 정의하였다.[2] 즉 세계사는 단순히 외국사로서 국가사들의 집합이 아니라, 인류의 역사로서 일반적으로 인류의 기원에서 현재에 이르기까지 인류 경험의

---

2) 교육부, 위의 책, p.180.

총체를 다루는 것으로 인식된다.

세계사를 국가사들의 집합으로 인식하든 인류 경험의 총체로 인식하든 세계사의 내용 선정과 구성의 문제, 범위의 문제는 남는다. 19세기 말 미국에서 많이 사용되었던 세계사 교과서의 저자 윌리엄 스윈톤William O. Swinton은 세계사를 "문명화된 나라들의 이야기"로 정의하였다. 그리고 인류의 여러 인종들 가운데 백인종만이 문명을 이루었으므로 백인의 역사가 곧 인류의 역사를 대표한다고 주장하였다.[3] 그리고 스윈톤은 세계사의 범위를 현재 서남아시아인 오리엔트 지역과 동부 지중해 연안의 초기 문명, 이집트의 초기 문명, 그리스 로마의 고대 문명, 그리고 서유럽의 중세와 근대 문명으로 제시하였다. 이처럼 세계사를 백인의 역사라고 정의하면, 세계사 교육에서 다루어야 할 내용은 간단하게 백인들이 주로 살아왔던 지역의 역사와 백인들이 창조했던 문명으로 한정된다. 스윈톤은 '보편사universal history'의 관점에서 '문명'이라는 개념을 중심으로 세계사를 구성하였다.[4] 즉 하나의 구성원리를 중심으로 인류 전체 경험을 구성하여 인류의 역사를 하나의 이야기로 서술한 것이다. 그의 세계사관은 다윈의 진화론적 관점과 헤겔의 자유주의적 세계관에 기초하며, 19세기 말 서구의 제국주의적 팽창을 역사적 배경으로 형성된 백인우월적 역사인식을 반영한다.[5]

---

3) William Swinton, *Outlines of the Worlds History, Ancient, Mediaeval, and Modern, with Special Relation to the History of Civilization and the Progress of Mankind* (New York and Chicago : Invision, Blakeman, Tylor and Company, 1874), p.2.

4) 이 글에서 '보편사universal history'라는 개념은 브루스 매즐리쉬Bruce Mazlish의 정의에 따른다. Bruce Mazlish, "Crossing Boundaries: Ecumenical, World, and Global History," in Philip Pomper, Richard H. Elphick, Richard T. Vann, eds., *World History : Ideologies, Structures, and Identities* (Malden, Massachusetts : Blackwell Publishers Inc., 1998), pp.41~44.

5) 윌리엄 스윈톤의 역사인식과 세계사 서술 그리고 19세기 말의 미국의 세계사

제1차 세계대전 이후, 미국에서는 민주주의의 발달 과정이 근대 세계사의 중심 주제가 되어야 한다는 주장이 강력하게 대두되었다.[6] 세계사를 민주주의 발달사를 중심으로 인식하면, 세계사는 민주주의 사상의 발생, 민주주의 체제의 발달, 그리고 민주주의를 위한 투쟁 및 승리의 과정을 중심으로 다루게 된다. 특히 민주주의가 서유럽과 미국을 중심으로 발달하여 세계적으로 확산된 사상 또는 제도이므로, 세계사의 주된 범위는 서유럽과 미국을 중심으로 하는 '서구the West'가 된다. 그리고 '비서구the non-West'의 역사는 일반적으로 민주주의 사상과 제도가 전파될 때, 또는 민주주의가 비서구 지역의 다른 정치이념이나 체제와 갈등을 겪을 때에만 다루어지게 된다.

당시 미국 정부는 제1차 세계대전을 민주주의 대 비민주주의간의 전쟁으로 규정하고, 민주주의를 수호하고 세계적으로 확산시키는 것이 미국의 사명이라고 천명하였다. 이러한 사회적 분위기에서, 19세기 유럽과 미국에서 '진보'의 개념을 규정하고 '보편사'의 범위를 결정하는 중심적인 개념이었던 '자유freedom'가 '민주주의'라는 개념으로 대체되었다. 그리고 이후 제2차 세계대전과 냉전은 민주주의 발달사가 세계사의 핵심적인 주제로

인식에 대해서는 강선주, 「미국 세계사 인식의 변화와 세계사교육」, 윤세철교수 정년기념역사학논총간행위원회편, 『역사교육의 방향과 국사교육』(서울 : 솔, 2001), pp.358~378, 361~363 참조.

6) 제1차 대전 직후 초·중·고등학교 사회과 교육과정 개혁을 위해 조직된 '역사와 시민교육을 위한 위원회The Committee of History and Education for Citizenship'는 "민주주의 발달the growth of democracy"을 근대 세계사 교육의 중심 주제로 하자는 주장을 세계사 교육과정 개발에 직접 반영하려 하였다. Daniel C. Knowlton, "Report of the Committee on History and Education for Citizenship, Part IV : Syllabus for Modern History in Tenth Grade," *Historical Outlook*, 12:5 (1921), pp.165~189. 이 위원회의 활동과 이 위원회가 제시한 교육과정에 대해서는 강선주, 「미국의 세계교육을 둘러싼 논쟁」, 『미국사 연구』 14 (2001. 11), pp.168~169.

계속 다루어지게 되는 중요한 정치적 배경이 되었다. 이러한 세계사의 개념은 민주주의라는 서구의 경험을 하나의 구성 주제로 사용하여, 서구뿐 아니라 비서구 지역의 역사적 경험까지 총체적으로 서술하려고 하였던 '보편사'의 개념에서 크게 벗어나지 않는다.

이 세계사의 개념에는 근대 서구문명이 인류 발전의 궁극적인 도달점이며, 서구문명의 발전 과정이 인류 전체의 발전 과정을 대표한다는 인식이 깔려 있다. 또한 백인이 이루어 놓은 성과에 기초하여 '문명'이라는 개념을 정의하고, 민주주의라는 정치적, 이념적 기준을 통해 서구와 비서구를 구분하고 나아가 그것을 세계사의 유일한 내용 구성 주제로 적용하는 서구중심적 편협성을 드러낸다.[7] 이러한 보편사적 세계사의 내용 구성은 특정한 지역이나 민족의 경험을 인류 전체의 경험을 대표하는 '표준적', '중심적' 경험으로 간주하고, 그 외의 다른 지역이나 민족의 역사를 '예외적', '주변적' 경험으로 다루기 때문에 인류 전체의 총체적인 경험을 추적하는 데 실패적이다.

---

7) 서구중심주의는 근대에 들어와 전세계의 패권문명으로 등장한 서구문명이 신봉하는 세계관, 가치 및 제도를 보편적이고 우월한 것으로 받아들이는 태도를 지칭하는 것으로서, 서구는 물론 비서구 지역에서도 발견된다. 이러한 서구중심주의는 19세기 이후, 서구의 세계관을 비서구 지역에 강요 또는 부과할 수 있는 물리적, 문화적 힘을 갖게 되었다는 점에서 통상적인 자문화중심주의와는 구별된다. 서구중심주의에 대해서는 최갑수, 「유럽중심주의의 극복과 대안적 역사상의 모색」, 『역사비평』 52 (2000년 가을호) ; 강정인, 「서구중심주의의 극복을 위한 예비적 시론」, 『국가전략』 6:4 (1998).

3. 문명들의 역사로서 세계사

1) 문명 단위의 세계사 서술

시대와 사회마다 다른 세계인식과 시대인식은 세계사에서 가르쳐야
할 내용과 관점을 달리 규정해 왔다. 이러한 내용과 관점은 때로는 편협한
인종적, 민족주의적 감정을 자극하기도 하였다. 1950년대 말 레프틴 스타
브리아노스Leften Stavrianos는 지구촌global village 시대의 도래라는 시대적 변화
를 맞이하여 세계사 서술도 달라져야 한다고 주장하였다. 그는 "달에서
지구를 보듯이" 지구를 하나의 공동체로 인식하고, 어느 한 민족이나 국가
의 시각을 떠나서 인류 공동체의 성원이라는 시각에서 세계사를 서술해야
한다고 주장하였다.[8] 그러나 그것이 가능한 것인가? 인류사, 즉 인류의
거대한 발전을 꿰뚫는 하나의 전체사를 지역적인 편견에서 벗어나 일관된
관점과 원칙을 가지고 서술할 수 있는가? 편협하지 않은 관점에서 세계사
를 서술해야 한다는 주장, 적어도 세계사 서술이 서구중심적인 보편사적
관점에서 탈피되어야 한다는 주장은 일찍이 제1차 대전을 전후한 시기부
터 제기되었고, 최근에는 더욱 강조되고 있다.

제1차 세계대전 이후 서유럽 중심의 세계질서가 와해되고, 미국과 더불
어 중국, 일본, 러시아가 세계질서를 주도하는 중요한 세력으로 등장하였
다. 서유럽의 패권이 약화되고 있다는 사실, 그리고 그동안 '문명국'의
범위에 속하지 않는다고 확신하였던 중국, 일본이 부상하고 있다는 사실은
세계가 유럽화의 과정을 통해서 통합되는 방향으로 나갈 것이고, 그것이
곧 '진보'의 방향이라고 확신하였던 많은 지식인들에게는 충격으로 다가
왔다. 오스발트 슈펭글러Oswald Spengler와 아놀드 토인비Arnold Toynbee는 이러

---

8) Leften Stavrianos, *A Global History of Man* (Boston : Allen and Bacon, 1962), p.1.

한 세계변화에 민감하게 반응하면서, 그동안 보편사의 시각에서 서유럽의
번영을 중심으로 서술하였던 세계사를 재정의하고 재구성하기 시작하였
다. 가장 큰 변화는 서구문명도 여러 문명들 가운데 하나로 다루기 시작했
다는 것이다.9) 이들의 역사인식, 이들이 사용한 여러 개념들은 이후 많은
역사가들의 비판대상이 되었다.10) 그러나 여러 '문명'의 형성과 몰락을
중심으로 세계사를 서술하였던 그들의 시도는 이후 '문명' 또는 '문화'가
세계사 서술의 중요한 단위로 인식되는 중요한 계기를 마련하였다.11)

특히 1950~60년대 아시아, 아프리카 등 지역사의 성과가 축적되면서,
서구문명을 보편사로 인식하는 세계사의 개념은 적어도 연구자들 사이에
서는 그 정당성을 상실하게 된다. 지역사가들은 세계에 다양한 문명들의
독특한 역사적 경험과 문화적 특색을 보여주었다. 그리고 한 걸음 더 나아
가 그들은 때로 비서구 지역에서 일어난 사건이 서구에서 일어난 사건보다
세계사적 관점에서 볼 때 더 중요하며, 비서구 지역에서 창조된 문화나
개발된 기술이 근대 세계 형성에 결정적인 공헌을 했다는 사실들을 밝혀내
었다. 결국 폭발적으로 증가하는 비서구 지역에 대한 지식은 특정 문명의
경험을 중심 원리로 인류 전체의 경험을 서술하고, 특정 문명의 전개 과정

---

9) Oswald Spengler, (Charles Francis Alkinson trans.), *The Decline of the West*, 2 vols. (New
   York : Alfred A. Knopf, 1922). 슈펭글러는 '문화'라는 개념과 '문명'의 개념을 사용
   하여 역사를 서술하였다. 슈펭글러는 문화와 문명을 살아있는 유기체로 인식하고
   '문명'을 '문화'가 발전하여 마지막에 이르는 단계로 정의하였다. Anold Toynbee,
   A Study of History (New York : Oxford Univ. Press, 1962) 이 책은 1936년에서 1954년
   사이에 완성이 되었다. 토인비는 이 책에서 인류 역사에 존재했던, 사멸되었든
   아직도 살아있든, 문명들을 모두 28개로 보면서 이들 문명들의 역사를 규명하고
   자 하였다.

10) 윤세철, 「세계사와 아시아사」, 『역사교육』 32 (1982), pp.8~9.

11) Philip Pomper, "The Theory and Practice of World History," in Philip Pomper, Richard
    H. Elphick, Richar T. Vann, eds., *Ibid.*, pp.3~4.

을 중심으로 인류의 진보의 과정을 단선적으로 정의했던 종래 세계사의
개념의 억압성을 비판하는 학문적 담론을 확대하였다. 그리고 인류의 경험
을 포괄할 수 있는 진정한 의미의 세계사 서술을 위해서는 세계사를 보는
관점은 물론 세계사 구성 원리에 대해 재고할 필요가 있다는 주장을 정당
화하였다.

　이러한 문제의식에서 새롭게 인류사를 서술하고자 했던 기관 중 하나가
유네스코UNESCO이다. 종전에 세계사는 대체로 서구문명의 경험을 중심으
로 인류사의 발전 경로를 상상하였다. 그러나 유네스코는 세계의 평화와
국가의 이익을 넘어선 인류의 공동선을 지향하는 관점에서 인류 대부분의
경험을 포괄하는 세계사 서술이 필요하다고 인식하였다. 그리고 이러한
관점에서 1963년에『인류의 역사: 문화적, 과학적 발전History of Mankind: Cultural
and Scientific Development』을 6권의 책으로 편찬하였다.12)

　이 책은 유럽만이 아니라 유럽과 아시아 모두, 즉 '유라시아Eurasia'의
역사를 쓰겠다는 의도를 가지고 유라시아의 주요 문명들을 중심으로 인류
의 역사를 구성하였다. 대부분의 문명들은 서구문명과는 전혀 다른 경로를
밟아서, 다른 경험을 형성하며 발전되었다. 따라서 각 문명의 고유한 발전
과 경험이라는 관점에서 내용을 선택하고 구성하기 위해서는 문명을 단위
로 서술될 필요가 있었다. 유네스코는 세계사를 문명 단위로 서술하였으
며, 각 문명이나 지역적 관점을 반영하기 위해서 여러 나라의 저명한 역사
학자들을 대거 참여시켰다. 유네스코 인류사 서술의 총 책임을 맡고 있던
예일 대학교의 랄프 터너Ralph E. Turner는 세계 여러 나라, 여러 민족의
자존심을 상하지 않게 하면서 세계사를 서술하기 위해서는 여러 지역이나

---

12) 윤세철,「세계사교육과 국제이해」,『사대논총』20, 서울대학교 사범대학 (1979)
　　 p.24.

민족들 사이에 공통적인 경험과 업적을 강조해야 하며, 동시에 각 문명들
이 이룬 성과를 비교사적 관점에서 서술해야 한다고 주장하였다.[13] 그러나
문명간의 기술 발달이나 창의성 면에서의 비교를 제한함으로써, 인류의
다양한 문화를 하나의 잣대로 고급문화와 저급문화로 또는 중심과 주변으
로 구분하는 편향된 시각을 지양하려 하였다. 결과는 모든 문명들의 역사
를 독립적으로 다루면서 그 서술의 양을 동등하게 배당하는 것이었다.[14]
즉 소위 인류 전체의 경험을 일반화하여 '보편성'을 드러내려고 하기보다
는 각 문명의 '특수성'을 강조하려 하였던 것이다. 이후 세계사 서술에서
여러 문명들을 비슷한 비중으로 다루는 것이 인류의 경험을 총체적으로
포괄할 수 있는 하나의 대안으로 강조된다. 이러한 방향에서 아시아의
여러 문명들을 유럽문명과 비슷한 비중으로 서술해야 한다는 주장이 부상
하기 시작하였다.[15] 우리 나라 세계사 교육과정도 같은 맥락에서 제2차

---

13) 유네스코 인류사 서술의 방향은 미국의 역사가 고초크와 관련된 일화에서 더욱
선명해진다. 1951년 유네스코의 『인류의 역사』 서술에 시카고 대학의 역사가
루이스 고초크Louis Gottschalk가 유일한 미국인으로서 참여하게 되었다. 고초크는
1300~1775년 사이의 시기를 저술하게 되어 있었다. 그는 유럽의 아메리카대륙
발견 이후에서야 진정한 세계사가 시작되었다는 인식을 토대로 이 시기의 세계사
를 "유럽인의 시대The European Age"라고 명명하고 그의 저술 계획서를 유네스코
인류사 저술위원회에 보냈다. 그러나 당시 유네스코 인류사 저술위원회의 운영위
원장이었던 브라질의 역사가 파블로 드베레도 카르네이로Pablo E. Deberredo Carneiro는
세계사의 어떤 시기도 "유럽European"이라는 용어를 사용하여 제목을 만들 수
없고, 모든 지역을 동등하게 다루어야지 어떤 한 지역을 특별하게 다루어서는
안된다는 원칙을 고초크에게 통보하였다. 고초크는 결국 자신이 맡은 부분을
완성하기까지 12년간의 세월을 투자하였고, 각 지역에 대한 저술과 관련하여
거의 12명이 넘는 연구조교를 자비로 채용하였다. Gilbert Allardyce, "Toward World
History : American Historians and the Comming of the World History Course," *Journal
of World History*, 1:1 (1990), pp.32~35.

14) Gilbert Allardyce, *Ibid.*, p.35.

15) 이러한 주장의 대표적인 역사가 가운데에는 스타브리아노스와 에드워드 파머
Edward L. Farmer가 있다. Leften L. Stavrianos, *op. cit.* ; Edward L. Farmer, "Civilization

교육과정 이후 '동양사'를 확대하는 방향에서 개혁이 이루어졌다.

　두 차례의 세계대전과 탈식민지화의 심화, 제3세계의 성장이 서유럽 중심의 세계질서를 해체시키면서 동시에 서구중심적인 역사인식의 변화를 요구하였다. 이에 따라 서구의 역사적 경험을 중심으로 단선적인 인류사의 발전 과정을 상상했던 세계사의 개념이 해체되고, 복수의 발전 경로와 복수의 문화 중심지가 상정된 새로운 세계사의 개념이 탄생하게 되었다. 이러한 세계사의 개념에서 세계사의 범위는 서유럽과 북아메리카 이외에 동유럽, 아시아의 여러 문명, 북아프리카 지역, 아메리카 지역으로 확대된다.

2) 주요 문명들의 발전으로서 전근대사와 통합적인 세계사로서 근대사

　복수의 발전 경로와 복수의 문화 중심지로 형상화된 세계사는 여러 문명과 지역에 대한 흥미로운 자료들을 소개해 주고 각 지역이나 문명의 독특한 역사적 경로를 보여준다는 이점이 있다. 그런데 문제는 어떤 문명을 어떤 비중으로 다루어야 하는가, 모든 문명을 똑같은 비중으로 다루어야 하는가이다. 세계사에서 독립적으로 다루어야 할 문명은 세분하면 세분할수록 늘어날 수 있다. 또한 문명 단위 서술은 문명 내의 발전을 다시 국가별, 왕조별로 나누어 서술함으로써 세계사를 국가 또는 왕조라는 파편들의 조합으로 만들 가능성이 크다. 실제 제6차 교육과정에 의해 서술된 우리 고등학교 세계사 교과서는 이러한 방식으로 구성되었고, 이에 따라 교과서 어떤 부분은 서로 관련 없는 사실들의 나열 또는 왕조 이름들의 나열 이상이 되지 못하였다. 문명을 단위로 구성된 세계사는 결국 단절적

As A Unit of World History: Eurasia and Europe's Place in It," *The History Teacher*, 18:3 (May 1985). 이러한 관점에 대한 더 자세한 서술은 윤세철, *op. cit.* 참조.

인 문명들이나 지역사의 집합이라는 성격에서 벗어나기 힘들다. 이런 문명 단위 서술에서도 문명간의 접촉이나 관계에 대해 다루려는 노력은 이루어진다. 그러나 문화 전파의 내용을 피상적으로 서술하는 데 그칠 뿐, 문명간의 접촉과 상호작용이 가져온 변화에 대해 체계적으로 이해할 수 있는 기회를 주지 않는다.

문명 단위 세계사 서술의 또 하나 중요한 문제는 서구문명이 이루어 놓은 소위 '근대 문명'을 어떻게 평가하여 다룰 것인가이다. 구체적으로 말하자면 '근대 문명'을 서구문명의 일부로서만 다룰 것인가, 아니면 인류 전체의 근대 문명으로 다룰 것인가의 문제이다. 문명을 단위로 세계사 서술을 시도했던 스타브리아노스와 파머 등은 16세기 전후 서구의 팽창을 기점으로 '전근대'와 '근대'를 구분하고, 전근대 시기에서는 각 문화권들의 독특한 특징과 발전 양상을 다루려고 노력했지만, 근대 시기에는 서구의 팽창 과정을 인류사의 핵심 경험으로 다룸으로써 근대 문명을 서구문명의 일부로서가 아니라 인류 전체의 근대 문명으로 정의하였다. 이러한 관점에서 스타브리아노스나 파머는 '세계사world history'와 '지구사global history'의 개념을 구분하기도 하였다.16)

스타브리아노스와 파머는 16세기 이전에는 유라시아에서 비슷한 정도의 발전을 보인 주요 문명-중국 중심의 동아시아, 인도 중심의 남아시아, 페르시아인, 아랍인, 터키인 중심의 서아시아, 그리고 유럽-의 역사를 '세계사'로 정의하고 이러한 문명들을 비슷한 비중으로 다루어야 한다고 주장하였다. 그러나 16세기 이후에는 유럽이 다른 지역으로 팽창해 나가면서 지구의 곳곳이 지속적인 교류망으로 연결되고 상호의존성이 심화되는 방향에서 역사가 전개되었으므로, 진정한 의미의 '지구사'가 시작되었다

---

16) Leften L. Stavrianos, *op. cit.*, p.3 ; Edward L. Farmer, *op. cit.*, p.354.

고 주장하였다. 따라서 16세기 이후의 '지구사'는 지역이나 문명 등의
단위가 아니라 '지구'가 하나의 단위가 되어 서술되어야 한다는 것이다.
그들은 '상호의존성'의 관점에서 볼 때 기본적으로 근대 이전과 근대 이후
에는 질적인 변화가 있었다고 본다. 근대 이전에는 지역간의 교류와 접촉
이 지속적이지도 규칙적이지도 못했고, 교류와 접촉이 대부분 문화권이나
문명 내에 머물렀지만, 근대 이후에는 교류와 접촉이 문화권이나 문명의
단위를 넘어 지구적 차원에서 지속적으로 일어나기 시작하였고, 교류와
접촉이 가져온 변화 또한 근대 이전과는 획기적으로 다르다고 보는 것이
다. 이렇게 보면 세계사는 16세기까지는 여러 문명들의 개별적인 발전이
고, 16세기 이후는 서유럽인의 근대 문명 형성과 세계적인 팽창, 그리고
서구문명의 비서구로의 확대 및 비서구 토착문화의 서구 침략에 대한
저항, 서구문화의 수용·변용을 통한 근대화 등으로 정의된다.

　한국의 제7차 교육과정은 문명을 단위로 세계사를 구성하였다. 7차 교육
과정은 세계사를 '유럽사'와 '아시아사'로 크게 구분한다. 그리고 전근대
에서 '유럽사'는 서유럽의 역사를 중심 뼈대로 하고 중세에 '비잔틴 문명'
을 사이에 첨가하는 방식으로 구성하고, '아시아사'는 동아시아 문명, 인도
와 동남아시아 문명, 서아시아 문명을 각각 비슷한 비중으로 다루는 형식
을 취하였다. 16세기 이후 근대에서는 서유럽과 아시아의 근대적 발전을
다루었다. 서유럽에서 근대는 창조와 팽창의 과정이라면 아시아에서 근대
는 서구 제국들의 침략에 대한 저항 과정이면서 다른 한편 서구의 제도와
기술의 수용 과정이다.

　근대 문명 형성 과정에서 서구문명의 역할은 무시할 수 없이 크기 때문
에 현대 사회를 이해하기 위해서는 서구에 기원을 두고 있는 근대적 사상,
제도, 기술 등을 이해해야 한다는 것이 현실주의적 역사인식이다. 이러한

인식이 우리 세계사 교육과정은 물론 교과서 서술에 반영되었다. 그러나 아시아 여러 지역의 '근대'라는 모습을 '서구문명'의 확산의 결과로서만 이해할 수는 없다. 이러한 관점에서 제7차 교육과정은 '아시아 사회의 성숙'이라는 대단원을 별도로 설정하고, 중국 명·청조, 인도의 무굴제국, 서아시아의 이슬람제국의 발전을 '근세'로 다룸으로써, 오늘날 아시아에 남아 있는 전통문화에 대한 이해를 돕고, 유럽이 근대 문명을 발달시키고 있던 시기에 아시아에서는 몇 개의 커다란 제국이 발전하고 있었다는 점을 강조하였다. 그럼에도 불구하고 여전히 우리 세계사 교육과정이나 세계사 교과서는 아시아 전통 사회의 특징과 서구문명과의 교묘한 조화와 갈등의 결과로 형성된 아시아 여러 지역의 독특한 '근대'의 모습을 서구문명을 중심으로 개념화된 '근대'와 차별적으로 다루는데 그리 성공적이지 못하다. '근대화'는 '서구화'와 같은 개념으로 정의되었고, 따라서 '서구 문물의 빠른 도입'이 '근대화'의 성공과 실패를 좌우한 것처럼 서술되었다.

4. 상호의존성의 심화과정으로서 세계사

1) 새로운 분석틀로서 반구hemisphere

'근대'라는 개념은 19세기 말 이후 서구의 여러 제국들이 '서구문명'을 서구 이외의 지역에 전파하고 강요할 수 있는 힘을 지니면서 '보편적인' 개념으로 성립되었다. 그리고 아직까지 미국 중심의 서구의 힘을 결코 과소평가할 수 없는 상황에서 '서구문명'에 대한 이해를 게을리 할 수 없는 것이 또한 현실이다. 그런데 최근 사회 변화는 서구가 강요해 온 '근대'의 개념을 해체하고 새로운 시각에서 근대는 물론 세계사의 개념을

재정의할 것을 요구하고 있다. 이에 따라 세계사를 다른 방식으로 개념화
하려는 연구자들이 최근 증가하였다. 그들은 공통적으로 세계는 지역과
지역, 사회와 사회 등이 서로 영향을 주고받으며 복잡하게 연결되어 상호
작용을 하고 있으며, 그러한 경향은 갈수록 심화되고 있다고 인식한다.
그리고 이러한 인식을 기초로 문화권, 문명 등과 같은 인위적인 개념의
장벽을 넘어 이루어진 역사적인 상호작용에 초점을 맞추어 세계사를 구성
하려 한다.

　1950년대 말 이후 세계사 서술에 인류의 공통적인 역사적 경험을 추적할
수 있는 공간적 틀로서 유라시아와 함께 '반구'라는 개념이 사용되었다.[17]
반구라는 개념은 세계를 지역적으로는 크게 세 부분으로 구분한다. 아프리
카, 유럽, 아시아 대륙을 포함하는 '동반구'와 남북아메리카의 '서반구'
그리고 호주와 뉴질랜드, 태평양의 섬들을 포함한 '오세아니아'이다. 반구
는 정치, 경제, 문화적으로 복잡하게 연결되어 있는 하나의 지리적 공간을
의미한다.[18] 따라서 반구를 역사연구의 개념적 틀로 설정하면 역사이해의
대상은 '반구' 내에서 비슷한 발전 정도를 보인 개별적인 문명이나 국가적
발전이 아니라, 반구의 차원에서 문명이나 지역을 연결시키면서 펼쳐진
역사적 사건이나 양상이 된다. 적어도 반구 사이에 지속적인 접촉이 이루
어지기 전까지 인류의 경험을 구성하는데 '동반구', '서반구', '오세아니아'

---

17) Ross E. Dunn, "The Challenge of Hemispheric History," *The History Teacher*, 18:3 (1985),
　　p.331. 반구라는 개념이 제안된 이면에는 기존에 세계사 서술과 교육에서 사용되
　　어 온 '서구', '아시아', '오리엔트'라는 용어들에 들어있는 서구우월적 가치와
　　편견을 불식시키고 새롭게 세계 또는 세계사를 보는 관점을 세우려는 의도도
　　있다. 이러한 의도와 관련해서는 Marshall G. S. Hodgson, "Hemispheric Interregional
　　History As An Approach to World History," in Ross E. Dunn, ed., *The New World History*
　　(Boston : Bedford St. Martin's, 2000), p.119.

18) Ross E. Dunn, *Ibid.*, p.331.

는 유용한 개념적 도구가 될 수 있다.

동반구나 서반구에 있는 사회나 민족 가운데 역사적으로 외부로부터 완전히 고립되어 존재한 사회나 민족은 거의 없다. 특히 상업적, 정치적, 문화적 접촉은 동반구에 존재한 사회와 지역을 항상 복잡하게 연결시켰으며, 그러한 경향을 확대 심화시키는 방향에서 역사가 진행되었다. 따라서 반구라는 개념은 한층 넓은 공간적 개념을 통해서 인간의 활동을 이해할 수 있고, 현재 세계 변화의 추세를 분석할 수 있다는 점에서 유용하다. 유라시아는 아시아와 유럽을 통합하는 역사적 개념이다. 이에 대해 동반구는 유라시아에 아프리카까지 통합된 지리적 단위이다. 아프리카 대륙은 사하라 사막을 중심으로 사하라 이북과 사하라 이남으로 구분된다. 사하라 이북의 아프리카가 유럽이나 아시아 대륙과 역사적으로 지속적인 접촉과 상호작용을 통해서 발전했다면, 사하라 이남의 아프리카는 상대적으로 유럽이나 아시아로부터 고립된 역사적 과정을 겪었다고 할 수 있다. 그럼에도 불구하고 사하라 이남의 아프리카 지역이 유럽이나 아시아로부터 완전히 고립되어 있었던 것은 아니다. 따라서 동반구라는 개념이 아프리카의 역사적 경험을 소외시키지 않고 의미 있게 구성할 수 있다는 점에서도 새로운 세계사 구성을 위한 적절한 개념적 틀이 될 수 있을 것이다.

2) 세계사 구성의 중심원리로서 상호관련성

인간 세계는 "다면적이며 서로 연결된 과정의 총체"로 구성된다.[19] 인간의 활동은 하나의 국가, 사회, 문화권 안에 국한되어서 이루어지지 않는다.

---

19) Eric R. Wolf, "Introduction," *Europe and the People without History* (Los Angeles : University of California Press, 1982) ; "Connections in History"라는 제목으로 Ross E. Dunn, ed., *New World History* (2001)에 다시 실림. p.131.

따라서 인간 세계를 넓은 시각에서 이해하기 위해서는 사회, 국가, 문화권
등의 경계를 넘어 이루어진 역동적인 상호작용을 보아야 할 필요가 있
다.[20] 윌리엄 맥닐, 마셜 호지슨, 에릭 울프 등 세계사 학자들은 서구중심적
인 세계사 서술을 극복하는 대안의 하나로서 '문명', '사회', '국가', '문화
권' 등의 틀을 넘어서 일어났던 역동적인 상호교류와 그로 인해 형성된
인류의 경험에 초점을 맞출 것을 제안한다.[21] 최근에는 이러한 그들의
세계사 구성원리를 발전시켜 세계사의 개념을 다시 정의하고, 세계사의
연구 주제와 방법을 재설정하여, 세계사를 역사연구의 한 분과로서 확립시
키려는 연구자들이 늘고 있다.[22] 그들은 현재의 '세계화'라는 세계 변화
속에서 세계사가 하나의 연구 분과로 독립되어야 하는 것은 당연하다고
본다. 그들은 교통과 통신 기술의 발달이 지구에 있는 거의 모든 사람들을

---

20) Eric R. Wolf, *Ibid.*, p.131.

21) 호지슨, 맥닐, 스타브리아노스 등의 1950년대 말~1960년대 활동했던 초기 세계사
연구자들은 세계사 서술의 서구중심성을 극복하기 위하여 새로운 용어를 사용하
기도 하였고, 세계사 구성의 새로운 원리를 제시하기도 하였다. 그러나 그들이
기본적으로 서구적인 편견에서 완전히 벗어나 세계사를 서술했다고 할 수 없다.
중요한 것은 그들의 초기 노력이 바탕이 되어 최근에 서구중심적인 세계사 서술과
교육에 대한 비판적인 담론들이 형성되고, 그들의 이론이 최근 세계사를 새로운
시각에서 조명하고 구성하기 위한 개념적 틀 개발에 이론적 기초를 제공하였다는
것이다.

22) 역사는 1차 사료에 근거하여 서술되어야 한다는 의식은 세계사가 하나의 연구
분과로 성립되는 데 가장 큰 장애가 되어왔다. 여러 지역이나 여러 문화권에
걸쳐서 전개된 사건을 1차 사료를 사용해서 연구하는 데는 언어의 장벽이 상당히
컸기 때문이다. 그러나 최근 연구자들은 그러한 자료의 제한을 극복하는 방안으
로서 여러 지역사 연구자들과 팀연구를 한다던가 다른 사회과학의 연구 성과물과
데이터를 사용하는 학제간 연구방법을 사용하기도 하고 또 지역사의 성과를
활용하고 있다. Bruce Mazlish, "An Introduction to Global History," in Bruce Mazlish
and Ralph Buultjens, eds., *Conceptualizing Global History* (Boulder : Westview Press, 1993),
pp.4~5 ; Wolf Schafer, "Global History : Historiographical Feasibility and Environmental
Reality," in Bruce Mazlish and Ralph Buultjens, eds., *Ibid.*, p.48.

같은 시간대에서 활동하게 만드는 상황에서 인류를 멸망시킬 수 있는 무기나 질병의 위협, 환경문제를 해결하는 데 국가는 이제 더 이상 적절한 행위 단위체가 될 수 없다고 주장한다.[23] 이러한 관점에 선 세계사 연구자들은 '세계화', 즉 경제적, 환경적, 과학기술적, 문화적 상호의존성이 심화되고 있다는 세계사적 변화를 문제의식의 출발점으로 삼는다. 세계는 새로운 도전에 직면하고 있다. 그러나 역사서술은 국가의 틀에서 벗어나지 못하고 있다. 특히 세계사 서술은 서구사와 비서구사로 구분하고, 비서구사를 제외시키거나 주변적인 것으로 치부했던 제국주의적 시각에서 크게 벗어나지 못하고 있다. 이러한 세계사가 21세기, 세계화라는 새로운 도전에 직면하고 있는 상황에서는 세계의 변화를 담보해내지 못한다는 자각이 새로운 세계사 연구의 인식론적 배경이 되고 있는 것이다.[24]

세계사 연구자들은 세상의 변화를 이해하기 위해서는 세계를 서구와 비서구의 대립구도에서 보거나, 또는 단절된 단위체들의 집합으로 봐서는 안 된다고 주장한다. 그들은 지구를 하나의 생활단위로 인식할 필요가 있으며, 이러한 인식을 기초로 주변에서 일어나는 사건이나 문제들에 접근할 필요가 있다고 주장한다. 전통적인 분석의 단위와 범주들에 대한 재고를 촉구하고, 새로운 분석의 단위와 범주를 개발할 필요가 있다고 강조하는 것이다. 이러한 연구자들은 세계사는 하나 이상의 사회와 문화권간의 접촉, 하나 이상의 사회나 문화권에 영향을 미쳤던 사건들에 대한 비교, 또는 사회와 문화권들 간의 관계를 연구하는 연구분야로 정의한다.[25] 이러

---

23) Bruce Mazlish, *Ibid.*, p.2.

24) Michael Geyer and Charles Bright, "World History in a Global Age," *American Historical Review*, 100:4 (Oct. 1995), pp.1036~1037.

25) 매즐리쉬는 이러한 최근의 세계사 연구경향을, 인류의 총체적 경험을 종합하여 기술하려 했던 것으로서 세계사world history와 구분하기 위하여 최근의 새로운

한 관점에서 세계사를 연구한 예 가운데 1994년에 발표된 린다 샤퍼Linda
Shaffer의 「남부화Southernization」라는 글이 있다.26) 이 글에서 샤퍼는 '남부화'
라는 용어를 '서구화Westernization'와 비슷한 함의를 지닌 개념으로 사용하면
서 인도와 동남아시아에 기원을 두고 있는 과학기술, 식생, 종교 등이
중국, 동남아시아, 지중해에 이르기까지 상당히 넓은 지역에 전파되어
많은 사람들의 삶에 중요한 변화를 주었다는 것을 보여주었다.

　이러한 세계사 연구방법은 종종 "간지역적 접근interregional approach", "초
지역적 접근superregional approach", "횡문화적, 횡지역적 접근cross- cultural, cross
regional approach" 등으로 개념화된다. 이러한 접근법에서는 지역적인 사건,
또는 일부 사람들의 경험에 국한되었던 사건들은 연구의 대상에서 제외된
다. 반구 차원에서 정치적 경계나 문화적 경계를 넘어 넓은 지역을 역동적
으로 연결시키면서 일어났던 사건들, '국민국가nation-state' 같이 인류가 공
통적으로 만들었던 제도나 전쟁같이 반복적으로 겪었던 사건들이 연구대
상이 된다. 간지역적 접근, 비교사적 접근에 기초한 세계사 연구는 서구중
심적인 시각을 탈피하여 새로운 시각에서 대학의 세계사 강좌를 개발하거
나, 고등학교의 세계사 과정에서 다룰 수 있는 주제들을 개발하고, 세계사

세계사 접근법을 지구사Global history라고 부르자고 제안하였다. 매즐리쉬의 지구사
는 스타브리아노스나 파머가 제안한 지구사와 다르다. 스타브리아노스와 파머가
1500년 이후의 세계사를 지구사로 정의하였다면, 매즐리쉬는 연구대상이 지구적
규모의 특징을 가지고 있다는 점과 관련하여 지구사를 정의한다. 매즐리쉬가
정의하는 지구사는 세계화라는 세계 변화를 문제의식의 출발점으로 삼으면서,
지구 또는 여러 지역에 걸쳐서 일어난 역사적 사건이나 양상을 분석하는 것이다.
이러한 지구사의 정의에 대해서는 Bruce Mazilish, 앞의 두 논문 참조. 그러나
대부분의 역사가들은 지구사와 세계사를 굳이 구분하지 않고 사용하고 있다.
특히 세계사 교육에 관심을 가지고 인류의 경험을 인류의 탄생에서 현재에 이르기
까지 구성하려고 노력하는 세계사 연구자들은 세계사라는 용어를 별다른 구별
없이 사용한다.

26) Lynda Shaffer, "Southernization," *Journal of World History*, 5 (Spring 1994).

의 시대를 구분하는 데도 많은 기여를 하고 있다.[27]

종래 세계사는 서구문명사 발달 과정에 기초하여 '고대', '중세', '근대'
로 시기가 구분되었다. 그리고 이러한 시대구분은 서구 이외의 지역의
역사를 서술하는 데도 그대로 적용되어 많은 비판을 받았다.[28] 이에 따라
대안으로 상호의존성의 심화라는 관점에서의 시대를 구분하는 방안이
제시되었다. 1960년대 이후 많은 세계사가들은 상호의존성의 심화라는
관점에서 16세기 이전과 이후의 질적 차이를 지적해왔다. 그러나 최근에
진행되는 논의에서는 인류사의 초기 단계에서부터 현재에 이르기까지의
세계사를 상호의존성의 심화과정으로 보고, 시대를 구분하려는 경향이
부각되고 있다.

대표적인 예가 제리 벤틀리Jerry Bentley가 제시하는 시대구분이다.[29] 제리
벤틀리는 여러 사회나 문화권의 경계를 넘어서 일어났던 역사 과정에
초점을 맞출 것을 제안한다.[30] 벤틀리는 세계를 크게 동반구, 서반구, 오세
아니아로 구분한다. 그리고 그 세 지역 각각이 역사적으로 거의 접촉이

---

27) 대학 세계사 강좌 개설과 관련된 예 중에는 Steve Gosch, "'Cross-Cultural Trade
   As A Framework for Teaching World History : Concepts and Applications", *The History
   Teacher*, 27:4 (August 1994) ; 새로운 시대구분의 시도로서는 Jerry H. Bentley,
   "Cross-cultural Interaction and Periodization", *American Historical Review* 30:2 (June 1996) ;
   고등학교 세계사에서 다룰 수 있는 주제들에 대해서는 Ross E. Dunn, "Central
   Themes for World History," in Paul Gagnon and the Bradley Commission on History
   in the Schools, ed., *Historical Literacy* (Boston : Houghton Mifflin Company, 1989).

28) 세계사 시대구분의 서구중심성에 대해서는 국내외에서 많이 지적되어 왔다.
   서구중심적인 시대구분의 문제를 지적하고 시대구분을 새롭게 시도한 논문들
   가운데에는 Peter N. Stearns, "Periodization in World History Teaching : Identifying
   the Big Changes," *The History Teacher*, 20 (August 1987) ; William A. Green, "Periodizing
   World History," *History and Theory*, 34 (May 1995) ; National Center for History in the
   Schools, *National Standards for History* (L.A. : University of California, 1996).

29) Jerry Bentley, *op. cit.*.

30) Jerry Bentley, *op. cit.*.

없었고 외부의 영향이 각 지역의 역사 변화에 큰 영향을 주지 못하였다는 사실을 인정한다. 그러나 각 지역 내의 문화권들 사이에서는 지속적이고 규칙적인 접촉이 있었고, 그러한 접촉이 특히 동반구 내에서는 많은 사람들의 삶에 중요한 영향을 미쳤다고 본다. 그리고 이러한 인식 하에 문화권 간의 상호의존성의 심화라는 관점에서 시대구분을 시도하였다. 벤틀리는 다음과 같이 여섯 시기를 구분하였다 : 초기복합사회(3500~2000 B.C.) ; 고대문명(2000~500 B.C.) ; 고전문명(500 B.C.~500 A.D.) ; 후기고전시대 (500~1000) ; 유목제국시대(1000~1500) ; 근대(1500~현재). 벤틀리는 원거리 교역을 통해서 동반구 내의 여러 지역이 서로 연결되었고 지속적인 상호작용을 통해서 각 지역에 다양한 변화를 가져왔다는 것에 주목한다. 이 원거리 교역은 처음에는 불규칙적이었지만, 서기 500년에서 1000년 사이에 점차 규칙적이고 빈번해졌으며 체계적으로 진행되기 시작하였다는 것이다. 또 교역의 범위도 이 시기 전후로 유라시아 전역에 걸쳐서 확대되기 시작하였다는 것이다. 결국 이러한 교역이 확대되면서 16세기 이후에는 진정한 의미의 세계사가 시작되었다고 주장한다.

벤틀리는 동반구를 중심으로 지역간의 상호작용이 확대되고 상호의존성이 심화 발전하는 모습을 부각시키는 방향에서 시대를 구분하였다. 이러한 시대구분은 상호의존성의 증대라는 현재의 세계 변화를 세계사 서술에 투영하면서, 동시에 동반구에 존재했던 다양한 민족과 지역의 경험을 시대구분에 반영하여 인류사 전개의 큰 그림을 제시하였다는 점에서 의미가 있다. 지역간 상호작용을 중심으로 세계사를 구성하는 것의 장점 중의 하나는 세계의 다양한 민족과 문화가 세계사적 전개과정에 어떻게 참여하였는가를 이해할 수 있다는 것이다. 그런데 16세기 이전의 세계사는 동반구를 중심으로 이해하기 때문에 서반구와 오세아니아의 역사가 소외될

가능성이 크다. 따라서 이들 지역의 역사를 세계사에서 어떻게 의미 있게 다룰 것인가의 문제는 앞으로 더 숙고되어야 할 것이다.

또한 지역간 상호의존성의 심화라는 측면에서 시대를 구분하면 각 지역적 관점에서 보는 변화나 지속의 문제를 제대로 반영하지 못할 수도 있고, 지역간의 상호작용만이 변화의 원동력이었던 것처럼 인식될 수도 있다. 예를 들면 벤틀리는 16세기 이후를 근대로 규정하고 하나의 시기로 구분하였다. 그런데 상호의존성의 심화를 동아시아의 관점에서 보면 19세기는 또 하나의 분기점이 될 수 있다. 서구의 시각에서 보면, 16세기 이후 아프리카, 아메리카, 인도, 서아시아, 동남아시아에 대한 침탈의 연장선상에서 동아시아에로의 세력 확대가 동질적인 사건으로 인식될 수 있지만, 동아시아의 시각에서 보면 동아시아가 제국주의적 세계질서에 편입되어 들어가면서 질적인 변화를 맞이하게 되는 것이 19세기이기 때문이다. 상호의존성을 중심원리로 시대를 구분할 때 이렇게 지역적인 관점이 소홀히 취급당하거나 외면당할 수 있다. 이는 벤틀리도 경계한다. 따라서 이러한 시대구분의 원리를 채택하더라도 각 시대의 지역적 발전이나 변화는 지역적 시각에서 재조명되고, 재구분될 필요가 있다.

3) 고등학교 세계사 내용 구성 방안으로서 간지역적 접근

간지역적 접근은 고등학교 세계사 내용을 구성하는 데 유용한 틀을 제공할 수 있다. 특히 하나 이상의 사회와 문화권간의 상호관련성을 중심원리로 세계사의 주제를 선정하고 내용을 구성하면, 현재 우리 세계사 내용 구성의 몇 가지 문제를 해결할 수 있다. 첫째, 우리 세계사 교육의 서구중심성을 극복하는 데 도움이 될 수 있다. 우리 세계사 교과서는 16세기 이후 근대문화의 창조와 전파의 중심지로서 서유럽을 상세하게 다룸으로써 세계사에서 서유럽인의 역할을 매우 강조하고 있다. 그런데 역사적으로 한 지역, 또는 한 사회에서 발전된 기술과 창조된 문화가 다른 지역 사람들의 삶에 커다란 변화를 가져왔던 예는 소위 '근대' 이전 시기에도 많이 볼 수 있다. 16세기 이전에 문화접촉과 교류가 가져온 인류 삶의 변화는 서유럽에서 시작되어 전세계적으로 퍼져나간 '근대적인 기술과 문화' 못지않게 크고 중요하다. 그럼에도 불구하고 16세기 이전에 개발되고 전파된 기술이나 문화를 다룰 때는 근대 서유럽에서 개발된 기술이나 문화를 다룰 때와 달리, 간단하게 언급하고 지나갈 뿐 그 기술 개발이 가져온 인류 삶의 변화나 세계사적 의미에 대해서는 깊이 있게 다루지 않는다. 또한 인도 및 동남아시아인, 서아시아인, 동아시아인, 아프리카인, 아메리카인들의 주체적인 창조와 전파 활동이 가져왔던 인류 생활의 다양한 변화도 소홀하게 다룬다. 예를 들면, 중국의 화약, 나침반, 활자 등의 발명품이 세계적으로 퍼진 것과 관련하여 한 교과서는 다음과 같이 서술하고 있다. "송대는……화약, 나침반, 활자가 발명되어 한대의 제지법과 함께 중국의 4대 발명품이 되었다. 이러한 발명품은 이슬람을 통하여 유럽에 전파되어 유럽의 근대문화 발전에 커다란 도움을 주었다."[31] 이러한 서술은 한 지역에서 개발되어진 기술이나 문화가 다른 지역과 인류의 삶에 구체적으로 어떠한 변화를 가져왔는가를 생각해 볼 수 있는 자극을 주지 못하고, 단순히 "세계에 퍼졌다" 또는 "유럽 근대 문화발전에 도움을 주었다"는 의의만을 강조하여 하나의 기억해야 할 사실로 만들어 버린다.

  이러한 세계사 교육은 현대를 이해하기 위해서는 근현대사가 강조되어야 할 필요가 있고, 근현대사에서는 서유럽의 변화를 파악하는 것이 중요하다는 것에 의해 정당화되곤 한다. 그런데 여기서 우리가 생각해보아야

---

31) 신채식, 홍성표, 『고등학교 세계사』 (서울 : 보진재, 1995), p.110.

할 문제는 이 세계사 교육을 통해서 형성되는 학생들의 정체성과 세계관은 어떤 것인가 하는 것이다. 결국 문화 창조의 주체로서 서유럽인과 문화 전파의 중심지로서 서유럽이 강조되고, 그 외의 지역이나 문화들의 세계사적 역할과 참여가 왜소하게 그려진 세계사를 통해서 형성된 학생들의 세계관이란 서구중심적, 서구우월적일 수밖에 없다. 이러한 서구중심적 세계사 교육의 대안 중 하나가 간지역적 접근에 기초한 세계사 내용 구성이다. 간지역적 접근에서는 어느 한 민족이나 문화의 발전만을 강조하지 않고 다양한 민족이나 문화의 참여와 상호작용을 통해서 이루어진 인류의 경험을 강조하기 때문이다.

둘째, 상호관련성을 주제 선정의 원리로 이용하면 모든 지역의 대부분의 사건을 세계사에서 다루어야 한다는 부담감에서 벗어날 수 있다. 문명을 단위로 큰 주제를 설정하고, 문명 내의 왕조와 국가를 단위로 세계사를 이해할 때 가장 큰 문제는 세계사적으로 존재했던 모든 문명과 왕조들을 포괄해서 다룬다는 것은 가능하지도 않고, 그러한 노력은 학습 내용의 증가로 연결되기 쉽다는 것이다. 여기에 때로 한 문명의 역사를 연대기적 관점에서 서술하다보면 의미 없는 왕조의 이름이나 제도의 이름 등이 교과서의 많은 부분을 차지하는 경우도 있었다. 세계사의 이러한 측면 때문에, 학생들에게 세계사는 공부해야 할 것이 너무 많고, 생소한 용어들로 가득하며, 따라서 너무 어려운 과목으로 인식되곤 하였다. 이러한 문제들은 사건의 의미가 지역이나 국가 이상의 범위에서 규정될 수 있는 주제를 선정하면 부분적으로 해결될 수 있다. 또한 많은 사람들과 다수의 지역이 관련되었던 사건을 중심으로 시대를 구분하고 내용을 선정하면, 기존의 서구중심적 시각 또는 중국중심적 시각에서 소홀히 취급되었던 문제들이 새로운 의미를 갖게 되며, 그동안 세계사 전개 과정에서 주변으로 다루어졌던 사하라 이남의 아프리카, 중앙아시아 등이 의미 있게 포함될 수 있다는 장점도 있다.

셋째, 지역을 달리해서 일어난 사건들 사이의 관련성 또는 인과성을 이해하고, 변화의 커다란 양상을 파악하는 데는 문화권적 접근보다는 간지역적 접근이 효과적인 틀을 제공할 수 있다. 예를 들면 화약 만드는 기술은 중국 내에 머물지 않고 세계 여러 지역에 전파되어 그곳에 변화를 가져왔을 뿐 아니라, 결국 반구 차원의 변화, 나아가 지구 차원의 변화를 가져왔던 중요한 요인 중 하나이다. 즉 화약의 전파는 지역적인 관점에서 보면, 유럽의 중세 봉건기사 몰락과 서아시아의 군사귀족 몰락의 중요한 배경 중 하나가 된다. 또 유럽이 지중해, 유럽, 서아시아 지역에서 이슬람제국 중심의 세계질서를 무너뜨리고 새로운 헤게모니로 등장하기 시작하는 데에는 다른 지역에 비해서 월등하게 발전된 유럽의 총기와 화력이 큰 몫을 했다. 이렇게 세계적으로 일어난 사건들 가운데는 여러 지역에서 일어난 사건이나 변화를 종합해서 이해할 때, 그 사건의 영향이나 의미가 한층 뚜렷해지는 것이 있다. 이렇게 지역과 지역 사이의 다양한 측면을 복잡하게 연결시키면서 일어나고 있는 변화를 종합적으로 분석하는 데 간지역적인 접근은 유용한 틀을 제공할 수 있다.

넷째, 간지역적 접근에 의해 구성된 세계사의 또 하나의 장점은 인류 전체가 겪었던 공통적인 경험을 중심으로 인류사 전개의 큰 그림을 그리는 데 도움이 된다는 것이다. 그리고 이러한 공통적인 경험을 다시 비교사적인 관점에서 지역별로 비교하고 분석하면, 다면적이고 다양한 경로의 세계사 전개 과정을 이해하는 데 도움이 될 수 있다. 간지역적 접근을 사용할 때 선택할 수 있는 주제에는 청동기나 철기 제조기술이 동반구 전체에 확대되는 과정, 헬레니즘 시기의 미술적 영감이 유럽과 중국을 비롯한 동아시아 지역에까지 퍼졌던 과정, 몽골 세력이 그동안 서로 큰 접촉이 없었던 동반구 여러 지역을 정치적, 경제적으로 연결시키는 거대한 세계제국을 건설했던 과정, 이슬람의 과학과 수학적 지식이 유럽과 동아시아 지역에까지 확대되었던 과정 등 그 영향이 한 지역에 머무르지 않고, 동반구 또는 지구 전체에 변화를 가져온 사건들이 있다. 이러한 사건들은 먼저 그 사건의 전개 과정과 영향을 반구적인 차원에서 조명할 수 있다.

철기 전파와 관련된 예를 들어보자. 먼저 철기 제조기술이 어떤 지역에 어떻게 전파되었으며, 인류 생활에 어떤 공통된 변화를 가져왔는가 등을 반구적 차원에서 이해할 수 있다. 그리고 서아시아, 인도, 중국, 북아프리카, 중앙아시아, 유럽 등의 구체적인 지리적 역사적 상황에서 철기 제조기술의 발달이 어떤 다양한 문화를 만들었으며, 각 지역 주민의 생활에 어떤 변화를 가져왔는가를 비교하면서 탐구할 수 있다. 이렇게 큰 사건들을 반구적 차원에서 분석하면 변화의 큰 양상을 이해할 수 있고, 그 사건들이 지역에 따라 어떻게 다르게 전개되었으며 어떤 다른 영향과 변화를 가져왔는지를 지역적인 틀에서 분석하면 지역에 따른 다양한 변화의 양상을 감상할 수도 있을 것이다.

물론 간지역적 접근에 기초하여 구성된 세계사 교육과정에 문제가 없다고 할 수는 없다. 앞서 지적하였듯이 지역이나, 문화권, 국가 단위의 발전을 일관성 있게 이해하는 데는 간지역적 접근이 효과적인 틀이 되기 어렵다. 또 간지역적 접근에 기초하여 구성된 세계사는 외부적인 요인들을 중심으로 지역이나 국가들의 변화를 조명함으로써 지역이나 국가 단위의 내재적 발전에 대한 이해를 소홀하게 다룰 가능성이 있고, 이는 나아가 역사에서 변화의 동력을 이해하는 데 균형적인 시각을 제공하지 못하는 단점이 있다. 따라서 간지역적 접근이 비교사적 접근이나 문화권적 접근에 의해 보완되는 방식으로 채택될 때, 지역적인 관점과 인류 전체의 관점이 균형을 이루는 시각에서 세계사의 내용이 구성될 수 있을 것이다.

5. 맺음말

종래 세계사는 서구문명사를 시대구분의 중심적 뼈대로 이용하였으며, 서구문명사에서 내용구성의 중심적인 원리를 찾았으며, 문화 창조와 확산의 주체로서 서유럽인의 역할을 배타적으로 강조하였다. 그런데 이러한 세계사의 서구중심성은 아시아 여러 문명들에 대한 서술 비중을 확대하거나, 또는 서구 이외의 다른 문명을 중심으로 역사를 재서술하는 방식으로 극복될 수 있는 것은 아니다. 이는 중심의 이전을 통한 또 하나의 편향된 관점의 세계사를 생산할 뿐이다.

세계사 교육의 재개념화, 재구성화는 서구에 의해서 외면되고 축소되었던 세계 다양한 지역과 민족의 세계사적 역할을 재조명하고, 서구에 의해 전형화된 수동적이고 방어적인 비서구의 이미지를 해체하는 것에서 시작되어야 한다. 즉 다양한 지역과 민족들의 세계사적 공헌과 역할에 새롭게 의미를 부여하고, 그들의 주체적인 세계사적 참여 과정을 보여줌으로써 현재 세계의 모습이 다양한 민족과 문화의 상호작용에 의해서 형성되어 왔다는 것을 이해시킬 수 있는 방향에서 세계사가 재구성되어야 한다는 것이다. 문화권간의 상호관련성에 초점을 두면 그동안 우리 세계사 교과서에서 간략하게 언급하고 지나갔던 중국, 인도, 이슬람 제국 등 다양한 역사적 주체들이 인류의 역사에 어떤 영향을 미쳤는가를 깊이 있게 탐구할 수 있다. 동시에 문화권간의 연결점들과 연결 내용을 탐구함으로써 세계사 전개의 큰 그림을 그릴 수 있고, 또 세계의 다양한 민족과 문화가 세계사 전개 과정에 구체적으로 어떻게 참여하였는가를 이해할 수 있다. 이러한 점에서 상호관련성을 중심으로 하는 세계사 내용 선정의 의의를 찾을 수 있다.

상호관련성을 내용 선정의 중심 원칙으로 사용한다는 것이 인류 경험을 단선적인 과정으로 형상화한다는 것을 의미하지는 않는다. 오히려 다양한 역사 공동체를 연결시켰던 사건들을 선정하되, 그 사건을 다층적으로 해석하면서 동시에 다선의 역사과정을 그릴 수 있을 것이라고 기대한다. 이는 한편 그 사건이 역사 공동체들 간의 관계를 어떻게 변화시켰는지에 대한 큰 그림을 그리면서, 다른 한편 그 사건이 각 공동체에 어떤 영향을 미쳤는지, 어떤 변화를 가져왔는지, 어떤 의미였는지에 대해서는 각 공동체의 관점에서 해석해 볼 기회를 주는 것을 의미한다.

그런데 상호의존성이라는 개념을 세계사 구성의 중심 원리로 채택하는 것은 서구중심성을 극복하고 새로운 시각에서 우리 세계사 교육을 구성하기 위한 시작에 지나지 않는다. 이 원리를 이용해서 어떤 시각에서 어떤 내용을 선정하고 선정된 내용을 어떻게 구성하는가 하는 문제를 고민하지 않으면 우리의 세계사 교육은 또 다시 우리와 관련 없는 타자의 역사를 타자의 시각에서 가르치는 것 이상이 될 수 없기 때문이다. 세계사를 보는 다수의 시각이 존재할 수 있고, 이미 서술된 세계사가 담고 있는 가치와 권력구조는 해체될 수 있지만, 현재 세계에서 '가치중립적인 세계사' 서술은 가능하지 않다. 문제는 21세기 세계의 변화를 담아내면서 동시에 한국의 현실인식이 반영될 수 있도록 세계사의 내용 선정 기준을 정하고, 선정된 내용을 구성하는 것이다. 이는 자문화중심적인 관점에서 세계사 내용이 구성되어야 한다는 것이 아니다. 인류의 경험과 관련 속에서 한국의 경험을 이해하고, 한국에서 일어난 사건들과 문제들을 국가보다 큰 틀에서

분석할 수 있는 기회를 제공할 수 있도록 세계사의 내용이 구성되어야
한다는 것이다.

글로벌 시대의 역사인식과 세계사

이 영 효

1. 머리말

새로운 세계의 모습을 상징하는 의미로 '전 지구화globalization' 혹은 '세계화'라는 용어가 사용되고 있다. 전 지구화란, 상호의존성에 따른 세계의 급격한 시공 압축time-space compression 현상, 그리고 세계가 하나라는 의식의 강화를 의미한다. 자본주의 체계 및 민족국가 체계의 발전이 이룬 근대사회에서 세계 여러 지역과 국가 간의 네트워크가 강화된 체계를 말한다.[1] 무엇보다 전 지구화는 자본주의의 전 지구적 승리와 관련된다. '시장과 민주주의'는 근대화의 핵심이자 동시에 전 지구화의 핵심이다. 이제 자본주의의 서사는 더 이상 유럽역사의 서사가 아니다. 하지만 중심부와 주변부가 혼재된 상황에서도 권력의 중심들은 여전히 존재한다. 초국적 자본, 초국적 세계기구, 중심부 국민국가들의 전 지구적 권력은 건재하다.[2]

또한 근대 주권 세계가 자아와 타자, 흑과 백, 안과 밖, 지배자와 피지배자를 규정하는 일련의 이분법적 대립물에 의해 분할된 세계였다면, 근래에

---

1) 롤런드 로버트슨, 브라이언 S. 터너 외, 윤민재 편역, 『근대성, 탈근대성 그리고 세계화』(서울 : 사회문화연구소, 2000), pp.7~10, 48~69.

2) 아리프 딜릭, 황동연 옮김, 『포스트모더니티의 역사들 : 유산과 프로젝트로서의 과거』, (파주 : 창비, 2005), pp.294~312.

들어 타자성의 부과는 '다름otherness'의 극단으로까지 가지 않는다. 차이들
이 통제할 수 없는 갈등에 이르는 것이 아니라 오히려 지역 정체local identity
로 가정된다. 다문화주의 혹은 다원주의라는 우산 아래 전통적인 인종적
차이들과 문화적 차이들을 포괄하고 찬양한다. 현존하는 혹은 잠재적인
차이를 인정하고 그 차이를 '관리'한다. 어떠한 정체성도 '외부'로 배제되
지 않는다. 차이의 수용과 포섭의 결과로 차이를 '복종'시키는 것이다.3)

　　이러한 문화적 권력의 익명성과 유연성은 문화 지배의 부재를 의미하는
것은 아니다. 오히려 더 심화되고 확대되고 있다. 인간의 다양성이나 복합
성을 은폐하거나 배제하는 지배양식은 청산되지 않고 있다.4) 더구나 계급,
성, 인종을 단위로 하는 문화적 정체성들을 동요시키며 역사적 범주의
헤게모니를 해체하려는 문화주의적 운동들은, 역사적·문화적 공간들 사
이에서 작동하고 있는 정치경제적 권력관계와 그 공간들의 실재적 위계
관계를 은폐한다. '도가니melting pot'로서의 신화적 사회상을 '뒤섞인 샐러
드salad bowl'로 대체한 과거 다문화주의도 마찬가지이다. 결국 구미의 세계
지배의 산물이자 그 가치들이 주입된 권력 구조들에 도전하지 않으면서
연대와 화해를 강조하는 담론은 허망한 것이다.5)

　　그런데 최근의 세계화 담론이 세계에 대한 공동체적 인식을 강조하면서,
한편에서는 세계사에 대해 새로운 관심이 증대하고 있다. 즉 초국가화
시대에 세계사를 설명하는 패러다임도 변해야 한다는 것이다. 무엇보다
서구중심주의를 넘어선 역사인식과 세계의식의 연계를 중시하는 '글로벌

---

3) 안토니오 네그리, 마이클 하트 지음, 윤수종 옮김, 『제국』(서울 : 이학사, 2001),
　　pp.261~269.
4) 강상중, 이경덕·임성모 옮김, 『오리엔탈리즘을 넘어서 : 근대문화 비판』(서울 :
　　이산, 1997), pp.182~183.
5) 아리프 딜릭, 『포스트모더니티의 역사들』, pp.115~149, 350~359.

global 역사' 혹은 전 지구적 역사가 요청되고 있다. 글로벌 역사가 추구하는 '세계성'은 세계에 대한 앎을 추구하고 세계와 삶을 함께 하는 정신을 말한다. 즉 그것은 서구가 누리는 지적 권위와 지배적 위치를 탈중심화하여 변방을 '응시'하고 그들의 '목소리'를 경청할 것을 요청한다. 모든 지역과 사람들의 역사는 유럽인의 '발견'에 의해서만 '역사' 속에 '끼어 들어오는' 것이 아니라, 스스로 파악한 과거의 연속 속에서 제시되기 때문이다.6)

물론 서구 근대성의 생산, 유포 그리고 지배가 역사적 궤도를 변화시켰고 전 지구적 근대성 형성의 계기로 작용한 것은 분명하다. 하지만 서구의 계몽주의가 비유럽지역의 근대성에 미친 유산은 이중적인 것으로, 해방과 동시에 억압이었다. 그럼에도 불구하고 과거 서구의 세계사 기획은 공시적 모델로 설명할 수 없는 다양한 현상, 역사, 문화, 민족 등을 자신의 개념 틀로 흡수하는 동질화와 통합 작업이었다. 그에 대한 저항으로 마르크스주의와 민족주의 시각에 기초한 역사 다시쓰기가 이루어졌으나, 서구의 근대성 담론 복제라는 한계를 드러냈다. 마르크스주의 역사학과 민족주의 역사학은 발전, 근대화, 자본주의를 중심으로 근대로의 이행 문제를 다뤘고, 세계사의 배치가 마르크스주의적이든 혹은 민족주의적이든 '진보'의 관념과 연관된 목적론적 비전에 휘말려 들어 있기 때문이다.7)

어쨌든 이제 서구 유산들은 세계 거의 모든 지역에서 오랫동안 내면화됨에 따라 '유럽의 타자들'의 정신구조에 이르기까지 도처에 존재한다. 우리가 유럽중심주의와 결부시키는 것들의 대부분은 이제 전 세계적으로 내재화되어서 '유럽과 그 타자들'에 대해 말하는 것 자체가 모순어법으로 보인다. 유럽중심적 지형 그리기의 유산 없이 어떻게 세계를 기술할 수 있겠는

6) 마르크 페로, 박광순 옮김, 『새로운 세계사』 (서울 : 범우사, 1994), p.26.
7) 마르크 페로, 위의 책, p.516.

가.[8] 그러므로 유럽중심주의에 대한 비판은 이미 전 지구적 유산의 일부인 가치들과 구조들에 도전할 것을 요구한다. 특히 서구 근대성의 역학, 즉 독특한 생산과 소비, 억압과 착취, 그리고 이데올로기를 갖는 자본주의의 역할과 그 권력의 구조들에 깊이 새겨진 서구의 세계지배에 주목하지 않을 수 없다. 자본주의적 근대성은 더 이상 서구적이지만은 않으며, 그 힘은 오히려 더 강력하고 예측 불가능하게 되었기 때문이다.

이 글은 전 지구화 시대, 글로벌 시대의 역사인식을 살펴보고 새로운 세계사 서술의 가능성을 탐색하고자 한다. 먼저 지난 한 세대 동안의 역사인식을 역사의 지위와 역할, 효용과 기능에 일어난 변화를 중심으로 살펴볼 것이다. 즉 역사와 기억, 정체성과 민족사, 그리고 역사교과서의 사례를 통해 역사의 전유專有와 충돌이 전개된 양상을 고찰할 것이다. 이는 최근의 역사학계와 역사교육의 현장에서 일어나고 있는 역사의 과잉과 남용에 대한 비판이며, 그것은 협애한 민족사의 시각을 넘어선 그리고 동시에 서구중심주의를 극복한 세계사의 필요성을 각인시킬 것이다. 이를 바탕으로 기존 세계사 서술의 가설들을 비판적으로 검토하여 새로운 세계사 패러다임의 토대를 제공하고자 한다.

2. 역사의 전유와 충돌

1) 역사와 기억

역사는 기본적으로 논란을 야기하는 학문이며, 논쟁을 지배하는 것은 과거가 아니라 역사가이다. 역사의 특수성은 사실의 풍부함과 이질성에

---

8) 아리프 딜릭, 『포스트모더니티의 역사들』, pp.115~149.

있는데, 역사가는 무한한 자료들을 분류하고 선택하여 논리를 제시해야 하기 때문이다. 우리가 일반적으로 '역사'라고 부르는 '역사에 대한 담론'은 단순화되고 극화되어 의미가 부여된 이야기이다. 즉 역사는 끊임없이 다시 씌어지는 드라마이다. 이 드라마 속에서 사건들은 진실하지만, 허구적인 세계와 구체적인 세계 사이에 끼어드는 상상력의 법칙에 따라 배치된다.[9] 그런데 사건들을 선택하고, 이것들을 이야기로 정리하고 어떤 해석의 틀에 집어넣는 일은 복잡한 문화적·이데올로기적 지표에 달려 있다. 즉 역사는 문학적 연출과 동시에 이데올로기적 본질에 대한 추론을 전제한다. 역사는 과거에 대한 현재의 담론이자, 감성과 이데올로기에 연결된 담론이다.[10]

지난 20여 년 간 소위 탈근대적 혹은 포스트모던 역사인식은 역사History라는 이름으로 과거를 이해했던 방식의 권위에 도전했다. 그것은 근대성의 목적론에 도전하면서, 서구 역사담론의 헤게모니와 이데올로기를 해체하려 했다. 그리고 민족을 역사의 목적을 이루기 위한 매개체로 삼아온 역사는 신뢰를 상실했다. 도처에서 복수의 역사들이 등장하고, 근대 역사기술 체제에서 억압되고 제외되고 주변화된 사람들의 역사가 복원되고 있다. 비록 민족의 역사들이 여전히 국가의 도움을 받아서 우월권을 주장하긴 하지만, 그 어떤 역사도 경쟁하는 다른 역사에 대해 헤게모니적 우월권을 주장할 수 없게 되었다. 전 지구화를 단순하게 독해하는 학자들은 민족이 죽었다고 주장하지만, 민족은 죽지 않았다. 다만 민족은 많은 역사들 중 하나일 뿐이다.[11]

---

9) 뤼시앵 보이아, 김웅권 옮김, 『상상력의 세계사』(서울 : 동문선, 2000), p.218.
10) 뤼시앵 보이아, 위의 책, pp.191~193.
11) 아리프 딜릭, 『포스트모더니티의 역사들』, p.7.

이제 과거는 실로 우후죽순처럼 생겨나고 서로 다른 역사들이 과거를 둘러싸고 치열하게 자신의 권리를 주장하고 있다. 거의 모든 국민에게 있어 몇 가지 역사가 서로 겹치며 대결하고 있다. 역사가 '공적 기억'이며 '학문적 권위의 세례를 받은 과거의 재현'이라면, 이제 '사적 기억'이 역사에 대항하여 역사의 경쟁자로 등장했다. 과거가 지녔던 헤게모니가 쇠퇴하면서, '개별적인 역사들을 요구하는 사적인 기억들'이 증가했다. 이에 대해 역사가 무의미한 이야기들의 뒤범벅이 되는 지독한 특수주의로 귀결되었다는 비판이 나올 정도이다. 그런데 기억의 역사는 상투적인 인식 방식이 명확하게 드러나는 영역이다. 사람들은 시간이 흐르면서 사건의 세부 사실을 잊는다. 그리하여 사건은 대개 무의식적으로 재구성되어 문화권 내에서 통용되는 일반적인 도식을 닮게 되며, 그 도식은 기억을 왜곡시키는 대가로 그것을 지속시켜준다. 그러므로 "과연 우리가 말하고 있는 것은 누구의 기억인가?"라는 질문이 필수적이다.[12]

마르크 페로Marc Ferro는, 집단적인 기억과 공적인 역사가 서로 충돌하고 있는데 역사가 학문적 사명과는 무관하게 상처를 치유하는 기능을 수행하면서 일종의 포교를 하고 있다고 개탄했다. 그는 역사의 내용이 "권력의 이익에 적합하도록" 다시 만들어지면서, 역사가 편리하게 삭제된 형태로 주어진다고 지적한다. "조상들의 생활과 행동을 말할 때 그들의 장점이나 무훈은 공표될 수 있지만 그들의 실패나 과오는 은폐된다. 전쟁은 언제나 승리한 것이고, 왕들은 항상 모범적이다." 요컨대 "과학주의와 방법론은 기껏해야 이데올로기를 감추는 '팬츠' 역할을 하고 있는데 불과하다."는 것이다. 그는 "역사가들은 위험한 사람들이다. 모든 것을 뒤엎을 수 있다."는 것을 상기시키면서, 단 하나의 역사적 진실 따위는 공상적인 동시에

---

12) 피터 버크, 조한욱 옮김, 『문화사란 무엇인가』 (서울 : 도서출판 길, 2005), p.115.

어리석은 것이 되고 있다고 지적한다.13)

　최근 들어 과거에 대처하는 것이 새로운 문화 현상이자 정치 필수품으로 등장했다. 과거에 대한 책임감과 죄의식은 현 시대를 기억의 시대, 반성의 시대로 바꾸어 놓았고, 회개라는 '보편적 시민종교'를 탄생시켰다. 호주인 들은 '참회의 날sorry day'을 제정하여 원주민들에 대한 자신들의 과거 정책 을 기억하고 사죄한다. 미국 대통령은 아프리카를 방문할 때 노예제에 대해 사과한다. 기억을 통해 치유하는 것이 건강한 정치문화이자 도덕적 의무의 하나로 인식된다. 특히 식민지를 지배한 경험을 가진 나라들에서는 '기억상실에서 기억과잉hypermnesia'으로의 변화가 일어나고 있다. 과거의 잘못에 대해 숙고하는 것, 불협화음의 기억들을 무시하지 않고 직면하는 것이 일종의 집단적 윤리 규범이 되었다. 망각과 부인은 점점 수용되지 않고 있다. 교육은 이러한 과거사 정리 작업의 가장 중요한 도구이며, 사료편찬, 기념비 건립, 기념일 지정도 중요한 역할을 한다. 최근에는 사법 적 장치의 사용도 늘면서, 재판은 정의를 실현하는 도구일 뿐만 아니라 집단적 기억을 생성하는 강력한 도구가 되고 있다.14)

　그러나 그것이 이익이나 은폐를 위한 것이든 혹은 정의나 치유를 위한 것이든 역사와 기억의 과잉은 위험하다. 일찍이 니체는 과도한 역사와 역사의식이 그 자체로 병이 된다고 지적하면서, 오히려 비역사적인 삶을 제안한 바 있다. 즉 기억을 바탕으로 하는 역사적 지식은 망각 속에서 번창하기 마련인 생을 위협하기 때문에, 역사에서 벗어날 수 있는 즉 망각

---

13) 폴 발레리 역시 "역사는 화학과 마찬가지로 원하는 것은 무엇이든 만들어낸다."고 지적했다. 마르크 페로, 『새로운 세계사』, p.11, 23, pp.67~68, p.266.

14) Wolfgang Hoepken, 「전후 역사교과서에 대한 비교연구-전제조건 및 사례」, 한국학 중앙연구원 한국문화교류센터 엮음, 『민족주의와 역사교과서 : 역사 갈등을 보 는 다양한 시각』 (성남 : 에디터, 2006), pp.16~38.

할 수 있는 힘과 역사를 뛰어넘어 영원한 것을 조망할 수 있는 시야를 가져야 한다는 것이다.15) 니체의 역사 비판은 단순히 역사교육의 이데올로기적 편향성에 대한 지적에 그치지 않고 생에 대한 고찰을 내포한 것이었다. 역사는 삶에 기여하는 범위에서 허용되어야 하며 삶의 건강을 해치는 역사의 과잉은 제한되어야 한다는 것이다.16)

기억의 번성이나 역사의 파편화가 지닌 정치적 함의도 간과할 수 없다. 찰스 마이어Charles Meyer는 "기억의 범람은 역사적 확신의 표시가 아니라 변혁적 정치로부터의 후퇴를 나타낸다"고 웅변한다. 그 예로 혁명에 대해 호의적인 발언은 "과거 문제들에 사로잡힌 목소리들"로 여겨지고, "소외와 착취, 종속을 극복하는 것"은 지나간 시대의 것들로 여겨진다는 것이다. 그는, "역사가 길러내는 기억은 현재와 미래에 복무하기 위해 과거를 구해내려 한다. 집단적 기억이 인간의 예속이 아닌 해방을 위해 복무할 수 있도록 행동하자"는 르 고프Jacques Le Goff의 말을 상기시킨다. 실제로 모든 기억이 똑같이 취급되는 것도 아니고 모든 기억이 발언권을 가지는 것도 아닌 기억의 재배치가, 정치적 우파의 전 지구적인 승리와 어느 정도 결부되어 있는지 따져 볼 시점이다.17) 민족은 '상상된' 것이고, 전통들은 '창안된' 것이고, 주체성이란 불안정한 것이고, 문화적 정체성은 신화라는 사실은 오늘날 신념의 문제가 되었다.

2) 정체성과 민족사

---

15) 정동호, 「니체의 삶과 사상」, 정동호 외 지음, 『오늘 우리는 왜 니체를 읽는가』 (서울 : 책세상, 2006), pp.50~51.

16) 강용수, 「니체 문화철학의 수용과 영향사」, 정동호 외 지음, 『오늘 우리는 왜 니체를 읽는가』, pp.474~475.

17) 아리프 딜릭, 『포스트모더니티의 역사들』, pp.93~100에서 재인용.

새로운 시대는 '지역적'이면서 동시에 '세계적'인 차원으로 나아간 듯
보인다. 그리고 민족성의 문제는, 모든 사람은 어떤 공간에서 유래하며
(비록 그것이 '상상의 공동체'에 불과한 것일지라도) 우리 모두 동일시와
소속감이라는 감각이 필요하다는 사실을 환기시킨다. 정체성과 동일시의
그러한 계기(물론 그것을 영원하고 고정적이며 본질적인 무언가로 간주해
서는 안 된다.)를 간과하는 정치학은 새로운 시대를 이끌어나갈 수 없을
것이다.[18]

전 지구화는 국민국가 체제의 위기가 될 수 있지만 동시에 '재국민화'의
기회를 제공했다. 세계화의 출현은 역설적이게도 '퇴보적 근대화'의 핵심
특질인 국가적 정체성으로의 방어적인 회귀 즉 민족주의·국가주의를
부추겼다. 한때 광범위한 한 집단에 속해 있던 지역들 내부에서 인종 갈등
이 발흥하고, 많은 나라들이 배타적인 민족주의로 회귀했다. 세계화의
도전에 따른 집단 정체성의 위기가 오히려 민족적 정체성의 의미나 그것을
뒷받침하는 이데올로기로서 민족주의를 강화했기 때문이다.[19] 즉 세계화
는 국가의 권위를 해소하거나 주권과 민족성의 정의를 변화시킬지 모르지
만 동시에 정체성의 중요성을 강화시켰다.

자기 정체성과 이타성이라는 대립되면서도 보완적인 원리들을 중심으
로 한 담론인 역사의 영역에서도 민족사의 부흥이 이루어지고 있다. 역사
의 담론은 우리와 타자들, 선과 악, 정의와 불의 등의 대립으로 이루어진
무궁한 게임을 토대로 구조화된다. 각 사회집단은 자신과 타인의 표상이나
이미지를 생산하고 전유함으로써 자기 자신과 타인의 정체성을 규정한다.

18) 제임스 프록터, 손유경 옮김, 『지금 : 스튜어트 홀』(서울 : 앨피, 2006), p.209.
19) 글로벌 신국수주의global nationalism는 미디어의 배포와 확산 속도의 영향 때문이기도
　　하다. 프록터, 『지금 : 스튜어트 홀』, p.205.

그런데 타자에 대한 인식은 간접적이며, 사람들은 다른 사람들의 행동과 표현으로부터 그들의 의도와 목적에 관한 지식을 추리한다. 우리가 지각하는 것은 타자의 이미지이고, 이 이미지는 현실과 허구의 성격을 동시에 띠고 있다. 구체적 세계로부터 상상력의 세계로 옮겨가면서 타자는 단순화와 확장의 작용을 겪으며, 극단적인 경우에는 풍자와 상징에 이르게 된다. 타자의 평범성은 구별을 만드는 데 아무 소용이 없기 때문에 거부된다.[20]

그러나 '자아'(즉 '우리'로 정의되는 것)는 실제로는 존재하지 않는다. 단일의 정체성, 즉 동질의 '자아'를 형성하기 위한 유일한 방법은 외적인 '타자'를 만들어내는 것이다. 다시 말하면 동질의 '자아'가 없었기 때문에 그것과 차별화할 수 있는 '자아'를 정의하는 편이 더 쉬웠다. '자아'는 종종 옳고 긍정적인 모든 것을 상징한 반면, '타자'는 그것에 해악을 끼치거나 바람직하지 않은 부정적인 것을 함축했다.[21]

근대 유럽을 창설한 원리인 민족주의는 백인 문명 내부에 이타성의 체계를 극화시키는 데 기여했다. 각자는 자기 민족을 이상화하고, 이웃 민족의 모습을 희화거리로 만들기 위해 최선을 다했다. 19세기 유럽 문학을 줄기차게 따라다니는 신기한 인물은 외국인이다. 그의 명백한 이타성은 이야기하는 사람의 정체성을 견고하게 만들었고, 그리하여 민족적 실체들 사이의 간격을 부각시켰다. 민족과 국가의 신화가 역사적·정치적 상상력의 세계를 점령하면서, 민족주의는 역사기술과 역사의식을 강력하고 지속적으로 지배하게 되었다. 미슐레에게 프랑스는 예정된 운명에 의해 민족들의 선두에 서 있었다. 같은 시대에 이탈리아 애국자 빈센초 조베르티는

---

20) 뤼시앵 보이아, 『상상력의 세계사』, p.138, 215 ; 폴 벤느, 이상길, 김현경 옮김, 『역사를 어떻게 쓰는가』 (서울: 새물결, 2004), pp.291~293.

21) 존 M. 홉슨 지음, 정경옥 옮김, 『서구문명은 동양에서 시작되었다』 (서울 : 에코리브르, 2005), p.148.

『이탈리아 민족의 도덕적·시민적 우월성에 대하여』(1843)라는 책을 출간
했다. 그는 여기서 유럽이 세계의 중심이고, 이탈리아는 유럽의 중심이라
고 강변했다.[22] 정체성 형성은 유럽을 제국주의로 이끈 주요한 요소였으
며, 제국적 담론의 바탕에 깔린 것은 인종적 정체성의 발생이었다.[23]

　　현대의 사유는 타자 안에서 자기를 구하는 것이다. 유럽은 이국적인
　　것에서 자기를 구한다. 아시아에서, 중동에서, 문자사용 이전의 종족 가운
　　데에서, 신화 속의 아메리카 대륙에서……의식은 무의식에서 그 의미를
　　구한다.……'타자'는 '자기'의 가혹한 정화 과정으로 경험된다. 그러나
　　이와 동시에 '자기'는 모든 낯선 경험 영역을 식민지로 삼는 데 분망하
　　다.……현대의 감수성은 겉보기에는 양립하지 않는 듯하나 실제로는 연관
　　된 두 개의 충동, 말하자면 이국적인 것, 낯선 것, 타자에 항복하려는
　　욕구와 주로 과학을 통해서 이국적인 것을 길들이려는 욕구 사이에서
　　오락가락하고 있다.[24]

　오늘날 잃었거나 억압되었던 정체성의 회복은 중대한 관심사이다. 역사
에서 배제되거나 낙후하다고 낙인찍힌 사람들 즉 '역사 없는 민족들'은
과거 다시 쓰기를 통해 역사를 복원하려 한다. 서구 역사기술의 왜곡으로
부터 토착적 과거를 구제함으로써 토착적인 정체성을 회복하겠다는 것이

---

22) 역설적이게도 서구 역사가들은 민족성을 먼 과거로 투사하려는 제3세계의 시도는
　　폄하해 왔다. "이집트의 참된 장래는……토착의 이집트인밖에 수용하지 않는
　　속 좁은 민족주의의 방향이 아니라……도량이 넓은 세계시민주의의 방향에 있
　　다."는 것이다. Evelyn Baring, Lord Cromer, *Political and Literary Essays, 1908-1913*
　　(New York : Books for Libraries Press, 1969), p.171. 에드워드 사이드, 『오리엔탈리즘』,
　　p.71에서 재인용 ; 뤼시앵 보이아, 『상상력의 세계사』, p.203.
23) 홉슨, 『서구문명은 동양에서 시작되었다』, p.283.
24) 수전 손택, 이민아 옮김, 『해석에 반대한다』(서울 : 도서출판 이후, 2002), p.111.

다. 그것은 문화민족주의, 종족주의, 토착주의가 문화정치의 기표로서 전
지구적으로 등장한 것과 궤를 같이 한다. 그들은 식민주의와 문화적 방향
상실을 견뎌낸 토착적 주체성을 역설한다. '원시주의'로 그려졌던 토착적
삶에 '참여' 민주주의, 다신론, 집단생산 등의 특성들을 회복시킨다. 모든
과거와의 연계 상실로서 근대성을 경험한 제3세계는 종종 자신들의 전통
이 발전을 지연시킨 원인이었다고 지목하지만, 동시에 전통과 역사를 신화
와 문화적 가공물의 저장소로 이용한다. 신화와 의례가 사람들로 하여금
만들어진 '공식 기억'을 믿도록 하는데 의도적으로 사용되고, 그러한 집단
적 기억행위는 국민 정체성을 형성하기 위한 '전략'으로 기능한다.[25]

태평양 연안의 민족들은 아예 식민화에 대한 기억을 지움으로써 자신들
의 희생을 잊으려 한다. 인도는 과거에서 남성성이나 민족의식을 발견하려
하거나, 힌두주의를 서구의 문화적 침탈에 대한 해독제로 옹호하고 '힌두
교의 황금시대'를 '근대 서구의 고대 버전'으로 만들고자 했다. 인도의
역사서술에서 민족은 단일한 자아와 의지를 갖고 있고 자율성과 독립성을
지닌 하나의 통일적인 역사 주체 또는 하나의 불가분한 총체로서 표상된
다. 마오쩌뚱은 "우리 민족처럼 수천 년의 역사를 가진 위대한 민족은
자체의 발전법칙들, 자체의 민족적 특성들 그리고 자체의 귀중한 것들을
갖고 있다.……오늘날 중국은 역사적 중국에서 발전한 것이다."라고 강변
한 바 있다.[26]

세계의 각 민족이 역사 속에서 자신의 주체성을 찾기 시작했다. 세계사
의 담장 밖에 놓여진 민족도 자신의 매몰된 역사를 찾아 내 자신의 역사를

---

25) 아리프 딜릭, 『포스트모더니티의 역사들』, p.244, pp.260~267.
26) 아리프 딜릭, 위의 책, p.164.

만들어낸다. 지금 아프리카에서는 유럽의 연대학과는 다른 고유의 시대구
분이 만들어지고 있다. 각 집단이나 국민의 총괄적인 비전은 타자의 표상
과 자기 자신의 표상의 기원이다.27)

　　물론 민족은 하나의 역사적 동력으로 작용해왔으며 계속해서 그럴 것이
다. '민족의식'이라는 것이 과거를 재구성하여 근대에 만들어진 의식이라
하더라도, 민족주의가 비서구 사회에서 담당해 온 계몽적 역할의 측면을
간과할 수 없다. 따라서 지배/피지배 민족을 구분 없이 동질적 집단으로
본질화하여 민족주의를 비판하는 오류는 잘못이며, 상이한 종류의 민족주
의를 구별할 필요가 있다. 무엇보다 근대 역사서술의 근본 범주였던 민족
과 계급을 포기한 역사서술이 최악의 경우 보수적 행보를 위해 전유되는
것에 대한 비판은 유의미하다. 소위 포스트모던 역사인식이 역사에서 계급
문제들에 대한 망각과 함께 민족과 혁명을 지우거나 최소한 불신케 하는데
공헌했다는 점, 그리고 혁명적 과거에 대한 태도가 '사회변혁과 해방의
힘으로서의 혁명'에서 '퇴보, 억압, 테러의 생산자로서의 혁명'으로 전환한
것은 분명 혁명이 '잊혀지는' 방식의 함의를 묻게 한다.28)
　　그럼에도 불구하고 토착적 과거들을 다시 쓰는 것이 과거를 민족주의적
으로 전유하는 것이 될 수 있으며 식민주의와 오리엔탈리즘의 전제들을
반복할 수 있다는 경고는 유효하다. 과거에 대한 민족주의적 가치 부여는
진실의 왜곡에 근접해 있기 때문이다. 민족감정이 역사적 정당화를 불러일
으키는 것이지 그 반대가 아니다. 영토와 전사자들에 대한 봉헌으로서의
가장 국수주의적인 역사서술조차 별 대가를 치르지 않고서도 객관적인
양 할 수 있다.29) 한 국가나 사회에 소속되어 있다는 의식이 과잉될 때

---

27) 마르크 페로, 『새로운 세계사』, pp.67~68.
28) 아리프 딜릭, 『포스트모더니티의 역사들』, pp.23~35, 51~57, 211~221.

역사는 각 민족의 전통이자 자의식에 지나지 않게 되며, 특히 분노와 열등
감을 없애기 위해 잃어버린 과거를 되살리고자 한다면 이는 과거에 대한
집착이자 자기방어가 되기 쉽다.[30) 그것은 때로 우월한 서구와의 동일시를
희구하며 서구의 피해자인 다른 동양을 '타자화'하는 역사해석을 초래한
다. 아프리카, 아메리카 혹은 아시아의 다른 나라를 타자로 만드는 것은
서구의 논리를 답습하는 복제 오리엔탈리즘이다.[31)

　또한 민족과 국가를 구분하지 않는 전승은 혈통사상에 빠져 있기 쉽다.
민족은 순수한 혈통이 아니라 삶의 가치의 공유에 근거한다. 그럼에도
불구하고 민족은 시조가 되는 영웅들, 건국자 등을 민족통일을 신화적으로
대표하는 사람으로 간주한다. 하지만 고대의 다양성 혹은 통일성에 관한
모든 지식은 단편적이고 신화적이다. 더욱이 국가가 어떤 하나의 전체적인
민족성과 동질적으로 일치되기란 쉽지 않다. 일반적으로는 어떤 한 지배적
인 구성성분과, 어떤 한 특수한 지역과, 어떤 한 특수한 부족과, 어떤 한
특수한 사회적 계층과 일치될 뿐이다.[32)

　앤더슨Benedict Anderson은 국가처럼 상상된 공동체를 건설하는 '민족주의
문화'의 뿌리를 무의식적 또는 반半의식적 태도에서 찾았다. 그리고 집단
적 상상력 또는 사람들이 함께 나누는 상像이 갖는 힘을 강조한다. 홉스봄
Eric Hobsbawm은 『전통의 발명』에서 "종종 오래된 것처럼 보이거나 오래되었
다고 주장하는 전통의 기원은 최근에 있으며 때로는 만들어졌다"고 지적

---

29) 폴 벤느, 『역사를 어떻게 쓰는가』, pp.135~137.

30) 에릭 홉스봄, 박지향·장문석 옮김, 『만들어진 전통』 (서울 : 휴머니스트, 2004),
　　 pp.390~391.

31) 이옥순, 『우리 안의 오리엔탈리즘』 (서울 : 푸른역사, 2002), pp.200~202.

32) 야콥 부르크하르트, 이상신 옮김, 『세계사적 성찰』 (서울 : 신서원, 2002), pp.43~
　　 53.

한다. 전통의 창조는 '현재'의 필요를 위해 과거의 이미지를 만들어 낸 것이다. 19세기 말과 20세기 초 유럽에서 전통들이 만들어진 이유는, 엘리트들이 스스로를 대중과 연대시키기 위해 의례나 레토릭 그리고 상징물을 필요로 했기 때문이다. 그들은 초등교육 의무제로 자국의 역사와 국민적 전통을 아동들에게 주입시켰고, 국기, 국가, 국경일을 제정하고 공공기념물을 대량 생산했다. 그리고 자국의 역사를 세계사와 따로 가르치고 그것에 많은 부분을 할애하는 민족주의 교육을 실시했다.[33]

그러나 포스트모던 역사인식 등의 영향으로 "국가로부터 역사를 구출해내려는" 노력이 경주되면서 '민족'이란 구성주의의 사례쯤으로 간주되기도 한다. 민족은 프로이트의 말로 하자면 일종의 '사소한 차이의 나르시시즘'을 예증한다. 그 요체란 "비슷한 사람들 사이에서 소외나 적대감의 근거를 만드는 것은 바로 그들 사이의 사소한 차이"라는 것이다. 피에르 부르디외의 말로 하면 민족의식은 '구별 짓기'를 추구하는 것에 다름 아니다.[34] 프란츠 파농Franz Fanon의 다음과 같은 결의는 과거에서 존재이유를 찾고 역사를 전유하는 추세에 경종을 울려준다.

나는 결코 유색 인종의 과거에서 나의 존재 이유를 끌어오지는 말아야 한다. 나는 결코 부당하게 그 권위를 인정받고 있는 검둥이 문화를 부활시키는데 나 자신을 바치지는 말아야 한다. 나는 결코 나 자신을 과거의 인간으로 만들지 않을 것이다. 나는 나의 현재와 미래를 희생시킨 채 과거를 찬양하지는 않을 것이다.……내가 목표하는 바는……진정한 갈등의 원인에 직면하여, 다시 말해 사회 구조에 대응하여 무언가의 행동을

---

33) 하와이 민족주의의 상징으로 사용되는 '전통들'(하와이인의 해상생활 능력이나 '토지에 대한 사랑' 등)은 창안된 전통으로 평가된다. 에릭 홉스봄, 『만들어진 전통』, pp.8~11 ; 아리프 딜릭, 『포스트모더니티의 역사들』, pp.384~414.

34) 피터 버크, 『문화사란 무엇인가』, pp.142~145.

취하는 위치에 자신을 세우는 것이다.……검둥이는 착취와 궁핍과 기아에 대한 전쟁의 형태가 아니고서는 달리 그의 삶의 형태를 생각할 수 없기 때문이다.(파농, 『검은 피부, 하얀 가면』 중에서)³⁵⁾

3) 역사교과서

역사교육은 일종의 '기억'의 장치이다. 따라서 역사학이 학교교육에 갇혀 있을수록, 다양하고 흥미로운 기억을 회구하는 대중의 과거에 대한 관심은 더 커진다. 과거를 표현하고 재현하는 사업의 성장이 너무 두드러져 그것을 유산산업heritage industry이라고 부를 정도이다. 미국 역사가 크리스토퍼 래쉬Christopher Lasch는 방송 다큐멘터리, 역사 드라마, 박물관, 기념물, 기념관 등의 번성을 '나르시시즘 문화'라고 명명하며, 우리에게 '기억하려는 역사와 망각하고 싶은 역사'가 있다고 지적한다.³⁶⁾ 사실 기억하기와 망각하기는 단지 같은 과정의 일부이다. 망각한다는 것은 결국 다르게 기억한다는 것이다. 그런데 기억이나 망각 모두 온전히 순수한 것은 아니고, 그것이 형성하는 역사인식 또한 순수하지 않다.

세계 여러 나라에서 출간된 역사교과서들을 훑어보면 그것은 더욱 분명해진다. 과거를 통제하려면 역사에 무엇을 포함하고 생략할 것인가, 어떤 역사를 강조할 것인가, 곧 선택과 생략의 문제가 중요해진다. '제도화된' 역사는 교육 및 교과서를 통해 군림하며, 민족적 정체성의 확립을 목표로 한다. 마르크 페로는 교과서라는 차원에서 역사 자체가 굴절되는 것을 비판하면서, 유럽뿐만 아니라 제3세계에 이르기까지 역사교과서가 권력

35) 곽차섭 외 13인, 『서양의 고전을 읽는다 4 : 문학』 (서울 : 휴머니스트, 2006), pp.134~135, p.142에서 재인용.
36) 하비 케이, 오인영 옮김, 『과거의 힘 : 역사의식, 기억과 상상력』 (서울 : 삼인, 2004), p.38.

의 감시 하에 놓여 있음을 지적한다. 학교 교과서의 저자들은 역사를 '이데
올로기화'한다는 것이다. 자민족중심주의는 유럽뿐 아니라 모든 나라에서
다 등장한다. 정복자도 피정복자도 자신의 신념 혹은 조국의 이름으로
모두 자신을 세계 중심에 둔다.[37]

프랑스 교과서는 샤를마뉴의 이름은 자주 언급하면서, 게르만인의 신성
로마제국이나 독일의 낭만주의 운동에 대해선 거의 이야기하지 않는다.
스페인은 아메리카 대륙에서 코르테스와 전도사들의 인내력과 희생정신
을 찬양하지만, 인디언의 절멸이나 노예 매매에 대해서는 언급을 회피한
다.[38] 인도나 블랙아프리카에서는 '진보'의 신화가 뒤엎어지고, 유럽인들
이 오기 이전의 평온함이 찬미된다. 아프리카 교과서는 풍요로운 교역의
중심지였던 강성한 제국인 가나왕국의 번성과 발전을, 기근과 전염병에
시달리던 생산성 낮은 당시 유럽과 비교하여 서술한다. 인도는 캄보디아,
자바, 수마트라를 힘으로 정복했음에도, 그들 지역의 인도화는 언제나
사람들이 자발적으로 인도의 생활양식이나 풍속에 호감을 갖고 따른 결과
였다고 설명한다. 또한 인도역사에 있어서 이슬람교도의 시점은 어디에도
나타나지 않으며, 여러 민족간의 분쟁도 은폐된다. 이슬람교도와 힌두교도
의 분쟁이나 카스트 제도 및 그것이 인도 역사에 미친 영향을 은폐한다.[39]

아랍의 역사는 '예언자' 전후의 두 시기로 나뉘고, 지리는 이슬람제국이
"배꼽이며 세계의 중심"이라는 식으로 파악된다. 중국에도 중화사상에
의한 같은 견해가 있지만, 이슬람(아랍) 역사에서 이 사상은 더 노골적으로
표명된다. 이란은 최초의 위대한 제국을 만들어낸 자로서 뿐만 아니라

---

37) 마르크 페로, 『새로운 세계사』, p.14, 517.
38) 마르크 페로, 위의 책, p.223, pp.230~232, p.260.
39) 마르크 페로, 위의 책, pp.80~81, 90~91, p.114, pp.135~136.

최초의 위대한 종교의 창시자로서 자신들의 위치를 확고히 한다. 터키는 아랍인을 지배하고 기독교세계를 위협하고 500년에 걸쳐 가장 광대한 제국인 오스만제국을 만들어냈기 때문에 자존심이 대단하다. 터키의 역사는, 훈족을 예찬하고 아틸라에서 티무르까지의 유목민제국의 문명을 찬양하는 유일한 것이다. 훈족의 팽창은 많은 손해를 끼친 회오리바람으로 소개되지 않고, 유럽·아시아 사회의 형성에 참여한 것으로 나타난다. 이것은 최초의 터키 민족인 훈족에 대한 유럽·페르시아·중국의 전통적인 시각을 완전히 역전시키는 견해다.[40] 베트남의 교과서는 "베트남인이 식민지 지배와 전쟁으로 야기된 굴욕과 비극을 주체적인 노력으로 어떻게 극복했는가" 하는 민족해방투쟁의 역사를 주로 기술한다.[41]

한국사 교과서 역시 지나치게 민족주의사관으로 일관되어 있다고 소위 '진보적'이라는 일본학자들까지 비판한다. 일본 고대문화는 한국의 삼국 문화의 시혜를 입은 것으로 기술하고 중국에서 문화를 전달받은 사실에 대해서는 '자율적 수용론'을 취하고 있는데, 그것은 자국의 문화적 자립성을 강조하려는 의도라는 것이다. 일본의 교과서도 마찬가지다. 청일전쟁 후의 시모노세키조약에서 조선의 독립을 인정하라고 일본이 청에게 요구한 부분만 기술함으로써, 마치 일본이 조선의 독립을 도운 것 같은 인상을 준다. 하지만 일본은 조선을 식민지로 삼기 위해서 중국과 조선의 관계를 끊으려 한 것인데, 그러한 내용을 빼버린 결과이다.[42]

특히 지배와 식민의 역사를 공유한 국가들의 교과서 서술은 극적인 대조를 보여준다. 프랑스 교과서들은 '친밀한 타자'인 알제리를 식민통치

---

40) 마르크 페로, 위의 책, p.146, 192, pp.216~217.
41) 이사와타 노부오, 고시다 다카시 편저, 양억관 옮김, 『세계의 역사교과서 : 전쟁과 식민지 지배를 테마로 본 11개국의 역사교과서』(서울 : 작가정신, 2005), p.107.
42) 이사와타 노부오, 고시다 다카시 편저, 『세계의 역사교과서』, p.25, 305.

했던 역사를 주변적 일화로 회피하는 반면, 알제리 역사교과서는 식민지 과거 특히 민족해방투쟁의 역사에 매우 큰 비중을 부여하고 정치적 정당성을 확보하기 위한 수단으로 사용한다. 심지어 학생들을 혁명과업으로 부추기고 죄의식과 감성에 호소하기도 한다. 역사를 교훈을 얻기 위한 원천, 의무를 발생시키는 원천으로 바라보는 이러한 방식은 역사에 대한 '기억의 의무'를 넘어 '기억의 남용'이라 할 만하다. 이처럼 프랑스 교과서는 '기억의 상실과 부인'을, 알제리 교과서는 '역사를 위한 투쟁과 억압된 것의 회복'을 지향한다.[43] 영국의 교과서에서 20세기 전반의 인도는 잃어버린 고리이자 잊고 싶은 시간이지만, 인도의 교과서는 인도의 민족운동을 식민지배에서 인도 민중을 구출하고 독립시킨 해방투쟁으로 서술한다.[44]

물론 교과서는 교과서일 뿐이다. 교과서는 실제 현장에서 이루어지는 역사교육 전체를 대변할 수는 없다. 하지만 이처럼 역사교과서에 극명히 드러나는 역사의 전유와 충돌은 역사를 존재로서가 아니라 철저하게 인식활동으로 볼 것을 요청한다. 그리고 역사적 사실의 인과관계를 설명하는 것뿐만 아니라 역사에 의미를 부여하는 해석 행위에도 문제를 제기한다. 수전 손택Susan Sontag은 문학 작품을 비롯한 예술에 가해지는 해석을 규정적인 어휘를 휘두르는 '잔인한 호전행위'로 정의한 바 있는데, 역사가들의

---

43) 프랑스에서는 역사가 상대적으로 '탈국가화'되고 있으며, 프랑스인들은 과거에 대한 불편함, 부채감을 털어내고 싶어 한다. 반면 알제리 역사교육은 강박적일 정도로 반복 등장하는 독립운동사, 저항운동사와 동의어가 되어버렸다. Alain Delissen & Nedjma Abdelfettahi, 「회피와 집착 - 역사교과서에서 드러나는 차이와 반복 : 프랑스의 알제리 식민통치를 바라보는 두 개의 시선」, 한국학중앙연구원 한국문화교류센터 엮음, 『민족주의와 역사교과서 : 역사 갈등을 보는 다양한 시각』, pp.188~221.

44) 이옥순, 「역사교과서의 식민지 인도 : 인도와 영국의 비교」, 한국학중앙연구원 한국문화교류센터 엮음, 『민족주의와 역사교과서 : 역사 갈등을 보는 다양한 시각』, pp.224~251.

임무도 "과거 속에 있는 것 이상의 내용을 더 이상 짜내지 않는 것, 내용을 쳐내서 조금이라도 실체를 보는 것"이 되어야 할 것 같다.[45]

해석은 지식인이 세계에 가하는 복수다. 해석한다는 것은 '의미'라는 그림자 세계를 세우기 위해 세계를 무력화시키고 고갈시키는 짓이다. 우리가 가진 것을 있는 그대로 경험할 수 없게 한다.[46]

3. 세계사 서술 비판

전 지구화 시대, 글로벌 시대에 확실히 역사와 기억이 번성하고 있다. 세계화는 민족적 정체성의 의미를 오히려 강화시켰고 민족사와 민족주의를 부흥시켰다. 억압되었던 정체성을 회복하려는 노력은 과거를 민족주의적으로 전유하는 양상으로 전개되었다. 기억의 장치인 역사교육과 역사교과서는 굴절된 역사, '제도화된' 역사를 재생산함으로써 그에 기여한다. 민족정체성의 확립을 목표로 하는 역사교육과 유산산업의 현장에서 전 지구적 역사, 글로벌 역사가 설 땅은 좁아 보인다. 그러나 각 민족과 국가가 자국사를 신화화하고 전통을 예찬하는 시점이야말로 자기 정체성을 상대화하는 세계사의 위상을 새롭게 정립할 때이다. 인간과 문명의 다양성과 복합성을 은폐하거나 배제하지 않는 글로벌 역사가 절실히 요청되고 있다.

무엇보다 최근의 역사연구는 과거 유럽중심의 시각에 중대한 도전을 하고 있다. 유럽의 독특한 역사 전개를 기준으로 하는 고대, 중세, 근대의 삼분법적 시대 구분은 폐기되었다. 유럽이 16세기에 세계체제를 형성하며

---

45) 수전 손택, 『해석에 반대한다』, pp.26~35.
46) 수전 손택, 위의 책, p.25.

세계사의 주도세력으로 등장했다는 가설도 비판에 직면했다. 아부-루고드 Janet Abu-Lughod는 세계체제가 이미 13세기에 존재했으며, 당시 유럽은 중동 및 중국에 비해 주변적 위치를 차지하고 있었음을 밝혔다.[47] 포메란츠 Kenneth Pomeranz도 세계경제의 발전 과정에서 비유럽인들이 중요한 역할을 했다고 주장한다.[48] 그리스인의 합리성으로부터 르네상스를 거쳐 17세기의 과학혁명, 18세기의 시민혁명, 19세기의 산업혁명을 직선으로 설정해 온 유럽중심의 세계사는 대단히 선택적인 역사적 상상의 산물로 간주된다. 슈말레Wolfgang Schmale는 그리스·로마 문화와 기독교적 뿌리는 단지 유럽을 구성하는 부분적인 요소에 지나지 않음을 지적한다. "북부유럽에 그리스·로마 문화가 유입된 것은 시민적이고 인본주의적 교양서적이 전파된 19세기에 이르러서였고, 예수 탄생 이후 천년이 흐른 뒤에야 비로소 유럽 대륙은 기독교화 되었음"을 상기시킨다.[49] 반면에 서구문명 형성에 미친 아시아와 아프리카의 영향이 부각되고, '아프로-아시아 시대'에 세계의 다리와 경제를 구축한 중국, 이슬람, 아프리카의 선구자들이 재평가되고 있다.

다음은 이러한 역사학계의 축적된 연구 성과를 토대로 세계사의 기존 가설들을 비판적으로 검토한 것이다.

1) 세계사의 중추로서의 아프로-유라시아 역사

47) 재닛 아부-루고드, 박홍식, 이은정 옮김, 『유럽패권이전, 13세기 세계체제』(서울 : 까치, 2006).
48) 케네스 포메란츠, 스티븐 토픽, 『설탕, 커피, 그리고 폭력 : 교역으로 읽는 세계사 산책』(서울 : 심산, 2003), p.17.
49) 볼프강 슈말레, 박용희 옮김, 『유럽의 재발견 : 신화와 정체성으로 보는 유럽의 역사』(서울 : 을유문화사, 2006), p.18.

마셜 호지슨Marshall Hodgson은 농경이 시작된 이래 산업혁명 때까지 계속 성장하면서 지역을 초월하여 연결되었던 '아프로-유라시아 역사복합체'를 오이쿠메네oikoumene라는 용어로 정의한 바 있다.[50] 대서양에서 태평양까지 뻗어 있는 아프로-유라시아 지역은 유럽, 서아시아, 인도, 동아시아로 나뉘었으며, 이 지역들은 기원전 1000년경부터 서기 1800년까지 각각 3,000년 이상 지속적인 문화 발전을 이루었다. 그 사이 거대 문명들이 다양하고 개방적인 조건 속에서 나타났지만 뚜렷한 경계선을 긋는 것은 아니었다. 그들 초민족 사회들은 두 대양 사이에서 지리적 경계가 없는 역사적 삶의 연속 스펙트럼 위에 존재하는 것이었기 때문이다. 아프로-유라시아 복합체는 지역간 교류의 장이었고, 아프로-유라시아 역사는 진정한 세계사에 가까웠다.[51]

서유럽은 이 거대한 아프로-유라시아 역사복합체 안에서 계속 변방에 위치했고 후진적이었다. 호지슨은 십자군이 끝날 때쯤 처음으로 라틴인들이 아랍인들과 대체로 비슷한 수준이 되었다고 했지만, 아부-루고드는 1250~1350년 사이의 세계체제에서도 유럽은 주변적 지위에 있었다고 보았다. 유럽은 다른 지역의 문화 중심지에 종속된 관계를 유지했고, 문화 수용의 흐름도 상당히 일방적이었다. 중국, 인도, 중동, 그리고 동지중해로부터 서구로의 문화 흐름이었고, 그 반대방향으로의 흐름은 거의 없었다. 세계사적 관점에서 봤을 때 서구의 19세기 대변동은 아프로-유라시아 전체에서 1,000년 이상 진행되었던 문화적 변화과정들이 축적되어 일어난 것이다. 소위 '근대성'이라는 것도 유럽 내부의 경험단계들로 축소되는 단순히

---

50) 호지슨은 토인비를 따라서 그가 '오이쿠메네'라고 부른 여러 문명을 총체적으로 일컬었고, 윌리엄 맥닐은 이것을 '에쿠메네ecumene'라고 영어식으로 표현했다.
51) 마셜 호지슨 지음, 에드먼드 버크3세 엮음, 이은정 옮김, 『마셜 호지슨의 세계사론 : 유럽, 이슬람, 세계사 다시보기』(서울 : 사계절, 2006), pp.37~53.

'서구적'인 것이 아니며 각 지역문화의 지속성과 병행된 전 세계적 사건으로 보아야 한다.[52]

홉슨John M. Hobson은 특히 650년부터 1000년까지 세계적 응집력의 주도권을 쥐었던 아프리카에 주목한다. 당시 이슬람이 조밀한 상업 무역망을 구축하고 중국에서 지중해에 이르는 대륙횡단 무역로에서 활동할 때, 동남아프리카는 이미 무슬림 이전에 폴리네시아와 같은 극동까지 정기적인 무역을 행하였다. 아프리카 내의 무역로도 이슬람교도가 도착하기 훨씬 이전에 형성되었다. 11세기 쿠시왕국의 수도는 '중앙아프리카의 버밍햄'으로 불렸고 최대규모의 철광을 보유하여 인도에 철을 수출했다. 이븐 바투타는 탄자니아의 킬와를 중요화물의 집산지로 묘사하고 '가장 아름답고 잘 지어진 도시 중 하나'라고 기록한 바 있다.[53]

그러므로 아프로-유라시아 세계사를 동양과 서양으로 나누고, 동과 서가 세계문명의 상호보완적인 반쪽인 듯이 말하는 것은 잘못이다. 동과 서를 대등하게 보는 것은 단순히 서구문화가 다른 모든 것의 총합과 동등하다는 것을 암시할 뿐만 아니라, 비유럽인들이 전혀 서로 같지 않다는 중요한 사실을 무시하는 것이다. 서구와 비서구를 이분법적으로 생각하는 것도 똑같이 불합리하다. 비서구를 '동방'이나 '동양'으로 부르는 대신 인도, 서아시아, 아프리카, 중국 등으로 지칭하는 것이 바람직하다.[54]

2) 아시아의 중심역할

세계사적 관점에서 보면 문명의 역사는 아시아중심적일 수밖에 없다.

---

52) 호지슨, 『마셜 호지슨의 세계사론』, pp.63~78.
53) 홉슨, 『서구문명은 동양에서 시작되었다』, pp.53~78.
54) 호지슨, 『마셜 호지슨의 세계사론』, p.83.

중국에서 서유럽에 이르는 아프로-유라시아의 땅 전체에 걸쳐 농경에 기반을 두고 도시를 발전시킨 사회들을 연결한 띠 모양의 지역 대부분이 아시아에 속했다. 동아시아, 동남아시아, 남아시아, 서아시아의 여러 지역은 지난 2천여 년 동안 아프리카와 유럽을 변방에 두고 문물의 교류와 접촉을 주도했다. 서유럽이 아프로-유라시아의 다른 주요문명들의 문화적 수준에 도달한 것은 극히 최근인 200여 년 전의 일이다.

호지슨은 특히 이슬람 사회를 가장 크게 성공한 공동체였다고 평가했다. 17세기에 이르기까지 이슬람권 사회는 아프로-유라시아 반구에서 가장 광대한 사회였고 따라서 다른 사회들에게 가장 영향력 있는 사회였다는 것이다. 그것은 이란-셈계 문화의 세계시민적이고 평등주의적인 경향들을 제도화하고 그 문화적 압력을 효과적으로 표현했기 때문으로 본다.[55]

이슬람은 서유럽이 자신을 정의하는 척도가 되었던, 훨씬 더 부유하고 더 성공적인 타자였다. 서유럽의 중세와 구별되는 이슬람의 '중간시기the Middle Periods'(945년~16세기)는 이슬람 문명의 절정기였다.[56] 유럽인들에게 오리엔트는 경이와 부의 땅이었고, 그들은 자신들의 열등함을 의식하고 있었다. 이슬람은 중세 유럽에 문화적 우위를 지키며 영향을 끼쳤다. 이슬람 세계의 우위는 경작지 확대와 농업생산 증가를 가져 온 농업혁명 및 상업의 우세에서 기인했다. 당대 최대 도시인 바그다드와 코르도바를 중심으로 부유한 도시망을 창출하고 '직물의 문명'(이베리아 반도의 양모 생산

---

55) 아부-루고드가 13세기 세계체제에서 발굴한 3개의 중요 무역로는, 북쪽 경로의 몽골제국과 중앙 루트의 중동 이슬람의 계속된 확장력, 그리고 남쪽 경로의 이집트 무역패권에 대한 유럽의 의존을 보여준다. 이후 이슬람의 무역 헤게모니는 이집트에서 오스만제국으로 주도권이 이전되어 지속되었다. 아부-루고드, 『유럽패권 이전 : 13세기 세계체제』, pp.163~177 ; 호지슨, 『마셜 호지슨의 세계사론』, p.46, 163, 187, 196.

56) 호지슨, 『마셜 호지슨의 세계사론』, p.19.

증대, 지중해 세계에 목화 도입, 비단 확산)을 이룩했다. 이슬람은 인도에서
이베리아 반도에 이르는 광대한 지역으로 확산되었고 사람과 이념의 자유
로운 소통을 이끌었다.[57]

특히 1400~1800년의 아시아(중국, 인도, 동남아시아, 서아시아)는 유럽
보다 세계경제에서 우위에 있었을 뿐 아니라, 아시아 경제는 유럽경제보다
더 유연하고 생산성이 높았다. 인도양의 원격지 무역에서는 상업자본주의
의 수단인 환어음, 이서, 할인, 증권거래, 은행 등의 무역법칙이 시행되고
있었다. 유럽은 중국의 비단과 도자기, 인도의 면제품, 동남아의 향료,
중동의 유리와 설탕 같은 고부가가치 수출상품이 없었고, 유럽의 조잡한
제조품은 아시아 시장에서 환영받지 못했으므로 만성적인 무역적자에
시달려야 했다. 아시아 여러 지역이 세계경제에서 차지하는 비중은 유럽
전체를 합친 것보다 훨씬 컸다. 아시아는 적어도 1750년까지 인구, 생산,
무역, 소비의 모든 항목에서 유럽보다 성장세가 빨랐고 또 우위를 지켜나
갔다. 그러므로 16세기의 포르투갈, 17세기의 네덜란드, 18세기의 영국이
세계무역을 지배했다는 것은 잘못된 가설이며, 어느 나라도 패권을 잡지
못했다. 당시의 최강군주는 루이 14세, 표트르 대제가 아니라 청조의 강희
제(1662~1722), 오스만제국의 메흐메드 4세(1648~1687), 무굴제국의 아
우랑제브(1658~1707)였다.[58]

---

57) 조셉 폰타나, 김원중 옮김, 『거울에 비친 유럽』(서울 : 새물결, 2000), pp.111~113,
   pp.120~122.
58) 예를 들어 영국과 인도의 경제를 비교해보면, 1750년 전후 왕위계승 전쟁으로
   무굴제국의 국세가 급격히 약화될 때까지 인도는 당시 세계 최고 품질의 면제품을
   생산, 수출했고 영국의 주요 산물인 모직 옷감에 무관심했다. 은으로 결제되는
   무역수지에서 영국은 늘 적자였으며, 막대한 은 유출로 동인도회사는 궁지에
   처했다. 따라서 영국은 아시아 내부무역을 통해 대체 지불수단을 추구해야 했고,
   그것이 바로 아편전쟁의 배경이다. 아편전쟁은 영국이 산업혁명 시기에도 공장제
   상품으로 중국시장 공략에 실패했음을 반증하는 것이다. 영국이 인도를 식민지화

3) 유럽흥기 시점의 수정

유럽은 흔히 1500년을 기점으로 세계사의 주도 세력으로 등장했다고 기술된다.[59] 르네상스, 종교개혁, 신항로 개척과 함께 유럽이 근대를 열었다는 전통 가설은 월러스틴Immanuel Wallerstein의 세계체제론에 의해 더욱 강화되었다. 세계체제가 콜럼버스의 신대륙 발견과 함께 시작되었고, 그 후의 세계사는 유럽이 스스로를 확대하여 나머지 세계를 자신의 체제 안으로 포섭하는 과정이었다는 것이다. 신항로 개척은 서로 분리되어 있던 유럽·아시아·아메리카를 밀접한 관계로 연결시킴으로써 '진정한 의미의 세계사'가 시작되는 출발점이었고, 따라서 세계사상에서 하나의 획을 긋는 중요한 전환점이었다고 평가받는다.

근대(성)는 16세기 이래 유럽에서 시작되어 유럽의 탐험과 식민지화 과정에 따라 지구 전체로 영향력을 확장시켰다. 신세계 발견, 르네상스, 종교개혁은 (중세적인) 전근대 사회나 문화와 구별되는 근대성의 토대를 이루었다. 이러한 근대성은 그 후 서구중심주의나 서구 우월 사상의 근거

한 이유는 인도산 면제품을 유럽에 판매한 이윤으로 은화유출을 막으려 했기 때문이며, 영국의 산업화 역시 비단, 차, 향료, 도자기, 면직물 수입에 따른 은 유출을 보충하기 위해 수입대체 상품을 추구한 결과였다. 퍼시벌 스피어, 이옥순 옮김,『인도 근대사』(서울 : 신구문화사, 1993), p.49, p.78 ; 유용태,「다원적 세계사와 아시아, 그리고 동아시아」, 김한종 외,『역사교육과 역사인식』(서울 : 책과함께, 2005), p.344에서 재인용 ; 안드레 군더 프랑크, 이희재 옮김,『리오리엔트』(서울 : 이산, 2003), p.60, p.103, p.280.

59) "14세기에서 16세기 유럽의 역사는 이른바 르네상스, 종교개혁, 신항로의 개척이라는 격한 변화로 점철되었다.……신항로의 개척은 유럽 세계가 전 지구상으로 팽창하는 계기가 되었다."(김은숙 외,『고등학교 세계사』(서울 : 교학사, 2003), p.212) ; "신항로 개척에 따라 세계는 유럽이 주도하는 세계사를 형성하기 시작했다."(오창훈 외,『고등학교 세계사』(서울 : 지학사, 2003), p.211) ; "신항로개척을 계기로 비로소 하나의 세계사가 시작되었다."(오금성 외,『고등학교 세계사』(서울 : 금성출판사, 2003), p.188)

가 되었고 서구 식민담론 출현의 모태가 되었다.[60]

그러나 1500년은 세계사의 시기를 구분하는 결정적 지점으로 보기 어렵
다. 페어뱅크J. K. Fairbank에 의하면 세계 역사상 최초로 8~13세기에 동아시
아에서 아프리카에 이르는 '대양 통상 시대'가 열려 있었다. 북아프리카에
서 동남아에 이르는 세계시장은 이슬람제국의 흥기, 중국의 경제성장과
조선술 및 항해술의 발전에 의한 것이었다.[61] 또한 아부-루고드는 13세기
후반에 구세계(아시아, 유럽, 아프리카) 지역들 사이에 경제적 통합과 문화
적 접촉으로 연결된 세계체제가 등장했다고 주장한다. 13세기의 세계경제
는 단일한 패권 세력이 없었고 유럽은 하나의 주변세력이었다는 것이다.[62]

호지슨은 서구의 도약이 1600년과 1800년 사이에 일어났다고 보았다.
그는 서구 흥기가 필연적인 것이 아니었으며 서구문명이 독창적인 것도
아니었다고 덧붙였다. 안드레 군더 프랑크Andre G. Frank는 유럽이 1800년에
이르러서야 비로소 세계에서 우위를 점할 수 있었다고 보았다. 신항로개척

60) 정정호, 「오리엔탈리즘, '포스트' 식민주의, '타자'의 문화윤리학」, 김상률, 오길영
엮음, 『에드워드 사이드 다시 읽기 : 오리엔탈리즘을 넘어 화해와 공존으로』
(서울 : 책세상, 2006), pp.199~231.

61) 존 페어뱅크 외, 김한규 외 옮김, 『동양문화사』상 (서울 : 을유문화사, 1992),
pp.172~173. 유용태, 「다원적 세계사와 아시아, 그리고 동아시아」, p.341에서
재인용.

62) 아부-루고드에 의하면, 14세기 중반에 이 세계체제에 힘의 공백이 생기자 그
유산을 물려받아 16세기에 유럽 주도의 "근대 세계-체제"가 형성되었다. 16세기
에 유럽은 "약탈을 동반한 교역"이라는 새로운 성격을 구 세계체제에 도입하였고,
기존의 체제에 익숙한 비유럽 지역의 참여자들은 미처 그에 대비가 되어 있지
않았다. 아부-루고드는 유럽의 패권이 그 후 약 500년 동안 지속되었다는데 윌러스
틴과 생각을 같이 한다. 한편, 아부-루고드는 세계체제가 14세기 중엽에 쇠퇴하게
된 원인으로 몽골이 구축한 제국의 분열 및 쇠퇴와 전 지역에 걸쳐 영향을 미친
흑사병의 발발을 든다. 아부-루고드, 『유럽 패권 이전 : 13세기 세계체제』, pp.23~
25, pp.498~499.

은 아시아와 아프리카에 걸쳐 이미 형성되어 있던 세계시장에 유럽인들이
뒤늦게 뛰어든 것에 불과하다는 것이다. 홉슨 역시 1800년 이전 유럽의
어느 국가도 세계경제의 주역이 아니었다고 주장한다. 18세기 중국 농업은
유럽의 농업보다 훨씬 앞서 있었고, 생산적인 농업을 기반으로 상업적이며
국제무역에 의존하는 경제를 구축했다고 평가했다.[63]

더구나 포르투갈인들이 15세기 말에 인도에 이르는 항로를 찾은 것은
결코 '발견'이라고 할 수 없다. 왜냐하면 아랍의 항해 교범들은 오래 전부터
그 해역을 해도에 표시했으며, 아랍/페르시아 항해자들은 포르투갈인들에
앞서 아프리카 일주가 이루어졌음을 보여주는 해안선을 교범에 자세히
묘사했기 때문이다.[64] 바스코 다 가마보다 20~50년 앞서서 이슬람의 항해
자 아마드 이븐 마지드가 희망봉을 돌아서 서아프리카 해안을 거슬러
올라가 지브롤터 해협을 통과하여 지중해로 진입했다는 기록도 있다. 아
랍·페르시아 선원들, 인도인, 중국인들은 1420년경에 희망봉을 경유하여
대서양에 도착했다. 즉 콜럼버스와 바스코 다 가마는 아프로-아시아인에
게 '발견의 시대'의 선두를 빼앗긴 것이다. 유럽인에 의한 신항로 탐험과
신대륙 발견이라는 역사는 처음부터 과장되고 날조된 것이었다. 포르투갈
인의 희망봉 주항과 다 가마의 첫 캘리컷 방문은 유럽인에게만 새로운
사실이었다.[65]

신항로 개척을 유럽 패권의 시발점이자 세계사의 전환점으로 보는 시각
은, 아메리카 대륙발견이 유럽의 경제발전에 미친 영향을 과대평가한 결과
이기도 하다. 하지만 유럽인이 아메리카 대륙에서 가져온 은은 정작 유럽

---

63) 홉슨, 『서구문명은 동양에서 시작되었다』. pp.79~115.
64) 아부-루고드, 『유럽패권 이전 : 13세기 세계체제』, p.41.
65) 이태주, 『문명과 야만을 넘어서 문화읽기』 (서울 : 프로네시스, 2006), p.35 ; 홉슨,
　　『서구문명은 동양에서 시작되었다』, pp.181~211.

보다는 아시아 많은 지역의 생산을 자극하고 인구성장을 촉진했다. 유럽으로 반입된 아메리카 은의 40%는 다시 아시아로 유입되었는데, 새로운 화폐는 아시아 물가보다 유럽 물가를 급등시켰고 이는 아시아의 생산 증가세가 새로 유입된 화폐로 유발된 구매력 증대를 따라 잡을 수 있었음을 시사한다.[66]

4) 그리스문명의 혼혈성, 복합성

유럽문명이 그리스·로마 문화와 기독교 문화의 총합이라는 인식과 함께 유럽 역사는 아주 독특하고 우월한 기원에서 연원하는 것으로 설명되어 왔다. 그 결과, 7세기 이후 15세기까지 고대 그리스문명의 적자였던 비잔틴제국과 이슬람문명권을 제치고 고대 전통과의 연결고리가 가장 약한 유럽이 그 권리를 독점적으로 주장하게 되었다.

그러나 그리스의 헬레니즘 세계는 오리엔트 즉 소아시아와 이집트 세계에 더 깊은 인연을 가졌다. 더구나 그리스 세계관은 기독교 세계관과 매우 이질적인 것이었다.[67] 조셉 폰타나Joseph Fontana는 유럽'문명'의 기원을 기원전 8000~7000년 전 근동에서 출현한 정교한 문명들에서 찾았다. 그리고 그리스 문화를 동부 지중해문명으로 정의했다. '유럽문명 최초의 요람'이 된 미노아 시대 크레타 문화의 개화는 근동, 아나톨리아(소아시아), 발칸반도의 위대한 문화들이 집결하는 지중해의 한 거점에 위치했던 지리 때문에 가능했다는 것이다.[68] 마틴 버낼Martin Bernal은 고대 그리스에 대한 이집트

---

66) 안드레 군더 프랑크, 『리오리엔트』, p.278.
67) 이성형, 『콜럼버스가 서쪽으로 간 까닭은?』 (서울 : 까치, 2003), p.25 ; 강철구, 『역사와 이데올로기 : 서양역사학의 유럽중심주의에 대한 비판적 검토』 (서울 : 용의 숲, 2004), p.32, p.65.
68) 조셉 폰타나, 『거울에 비친 유럽』, pp.19~32.

와 페니키아 등 셈계 문화의 영향을 강조하고, 청동기 시대에 그리스가 이집트의 식민지였다고 주장한다.[69] 이처럼 고대 그리스인들은 독특하고 우월한 문명의 '발명자'가 아니라 '혼혈' 문화의 수혜자로 재정의되고 있다. 그리스문명은 원래 지중해문명의 일부로서 서아시아나 이집트 문명과 가까운 관계에 있었는데, 근대 유럽이 자기들의 조상으로 고대 그리스를 빼앗았다는 것이다.

고대 그리스사회를 민주적이고 이상적인 사회로 정의해 온 역사서술도 비판의 대상이다. 세계사 교과서는 '아테네의 자유로운 민주주의 정신'을 유럽문화의 원류로 정의하고, 그리스인들이 민주정치를 확립하고 합리적이며 인간중심적인 문화를 발전시켰다고 높이 평가한다.[70] 그러나 아테네의 민주정치는 그리스 정치사에서 특별한 사례이므로, 아테네의 경우를 근거로 그리스의 '자유정신'을 설명할 수 없다. 더구나 아테네 중심도시 아티카에서 정치참여 권한을 가진 시민은 전체 인구의 10%에 불과했다. 일반 그리스인들에게 자유는 타인의 자유에 대한 존중과 전혀 무관했다. 정치에 적극 참여하는 자유시민들의 '폴리스'라는 이미지는 하나의 환상에 불과하다. 그것은 노예의 고통, 농민의 소외, 여성의 예속, 그리고 부유한 시민과 가난한 시민간의 차별을 은폐하는 것이며, 아테네의 '민주주의'는 전혀 평등을 지향하지 않았다.[71] 고대 그리스에서 통용되던 법의 지배

---

69) 마틴 버낼, 오흥식 옮김, 『블랙 아테나 : 서양 고전 문명의 아프리카・아시아적 뿌리, 제1권 날조된 고대 그리스, 1785-1985』 (서울 : 소나무, 2006).

70) "그리스 인들은 폴리스의 민주 정치와 자유로운 시민 생활 속에서 합리적이고 인간중심적인 문화를 발전시켰다."(오금성 외, 『고등학교 세계사』, p.59) ; "그리스인들은 자유로운 공동체 생활을 하였고, 오리엔트와는 달리 전제 군주의 지배를 받지 않았기 때문에 인간과 자연을 합리적으로 생각할 수 있었다."(오창훈 외, 『고등학교 세계사』, p.55)

71) 반면, 아테네보다 훨씬 이전인 기원전 2000년대 수메르 도시국가의 통치자들은 국가의 중대사, 특히 전쟁과 평화에 관계된 문제에 대해서 중요한 시민들이

라는 의미도 집정관의 감독권을 정당화하는 법적인 틀을 말하기 때문에, 개인에 대한 국가의 강제력을 제한한다는 의미의 근대 법의 지배와 다른 의미였다. 최근에는 부패하고 타락한 아테네인들의 모습, 제사에 사람을 희생으로 바치고 인육을 먹었던 크레타인들, 거칠고 야만스럽고 조잡스러운 그리스 종교와 신화의 모습들이 드러나고 있다.72)

그러므로 그리스와 페르시아의 전쟁을 오리엔트의 전제정치에 대한 그리스의 자유와 민주정의 승리로 기술하는 것은 잘못이다. 사실 페르시아의 입장에서 이 전쟁은 주변부 외곽의 작은 전쟁에 지나지 않았다. 당시 페르시아는 소아시아 지역을 훨씬 더 중시했으며 그 지역의 지배와 통치에 전력의 대부분을 쏟고 있었다. 이제는 페르시아 전쟁을 '동·서민족의 대결'로 서술하는 경우는 드물지만, 페르시아 전쟁을 아시아와 유럽의 대결로 보는 것도 지극히 비역사적인 태도이다. 고대 그리스문명은 유럽의 문명이 아니었고 지중해문명의 일부였다.73)

그리스문명의 이상화는 알렉산드로스의 마케도니아 제국을 '만민평등주의와 세계시민주의'를 실현한 제국으로 평가하는데 이른다. 알렉산드로스가 '야만인'인 아시아인을 포용한 최초의 그리스인이었기 때문에, 그리스인의 제국 건설의 의의를 후대 유럽인의 입장에서 과대평가한 것이다.

참여하는 엄숙한 회합을 가졌다. 그것은 연장자들의 회합인 '상원'과, 전투에 임할 수 있는 남자시민들의 회합인 '하원'으로, 오늘날 '양원제 의회'의 모습과 흡사하다. 수메르의 도시국가 라가시의 시민들은 시민 권리의 중요성을 인식하고 있었고, 그들의 생활방식에서 빼놓을 수 없는 소중한 유산인 경제적·개인적 '자유'(아마르기)에 위협이 되는 어떠한 정부의 행동에도 민감하게 대처했다. 새뮤얼 노아 크레이머, 박성식 옮김, 『역사는 수메르에서 시작되었다』(서울 : 가람기획, 2005), pp.58~64.

72) 강철구, 『역사와 이데올로기』, pp.105~106, p.189.

73) 김봉철, 「고대 그리스 문명의 '유럽성'에 대한 고찰」, 『서양사론』 90 (2006. 9), pp.12~18.

하지만 알렉산드로스는 계획적으로 동방을 그리스화할 계획을 갖고 있지 않았고, 세계정복과 개인의 신격화를 통해 오리엔트적 전제주의를 그리스 적 전제주의로 대체하고자 했다. 알렉산드로스가 대규모 아시아인을 병력 으로 충원한 것은 그리스 동맹군의 이탈에 따른 결과였으며, 행정 및 군대 에서 아시아인을 활용한 것은 제국 내의 단결과 화합을 도모하기 위함이었 다. 알렉산드로스 정복 이후 근동 세계가 완전히 그리스문명에 속하게 되었다는 주장이나 헬레니즘 문명이 그리스와 근동 문화의 혼합이라는 주장도 잘못된 것이다. '그리스화'의 영향력은 근동 도시들의 상류층에만 해당되었고, 근동문화와 그리스 문화가 새로운 헬레니즘 문화로 융합된 점은 거의 없었다.74)

5) '복수複數' 르네상스와 전前근대성

세계사의 근대는 유럽의 르네상스에서 시작되는 것으로 기술되어 왔다. 그리고 르네상스의 '근대성'을 부각시키기 위해 서로마 제국 멸망 이후 1,000년간을 '중세 암흑시대'로 명명했다. 그러나 8세기 르네상스 및 12세 기 르네상스와 함께 '장기 중세'의 개념에 유의할 필요가 있다. 샤를마뉴 대제의 그리스 고전 부활·보존·보급 노력은 유럽 문화의 전통을 세우는 데 기여했다. 그리스 고전에 대한 체계적인 번역은 8~10세기에 시리아어 를 사용한 네스토리우스파 기독교도들이 주역이었다. 또한 1085년 스페인 의 알퐁소 6세가 톨레도를 함락한 이후 아랍에서 보존·발전된 그리스 학문이 유럽에 번역·소개되었고 중세 대학의 교과과정으로 자리 잡았다. 중세의 '르네상스'라는 말은 혁신의 의미가 아닌 '과거의 회복'이라는 의미

---

74) 윤진, 『헬레니즘』(서울 : 살림, 2003), p.42, pp.87~88.

였다.[75]

그러므로 르네상스는 중세와의 단절이 아닌 연속에 더 가깝다. 르네상스는 고대를 찬미한 '중세문화의 마지막 만개현상'으로 볼 수 있으며, 중세문화의 황금기인 르네상스는 8세기, 12세기, 14~16세기에 걸쳐 수차례 일어났다. 따라서 르네상스는 중세와 대립적 이기는커녕 중세의 가장 큰 특징으로 자리 잡는다. 그 문화의 특징은 합리주의와 신비주의, 믿음과 회의주의가 혼재된 다양성을 보여준다. 중세의 '음울함'과 르네상스의 '근대적 찬란함'을 대조시키는 이미지는 19세기에 만들어낸 것이다.[76]

르네상스로부터 소위 '근대'가 시작된 것도 아니다. 르네상스는 단지 유럽을 아프로-유라시아의 다른 문명들의 수준으로 올려놓았을 뿐이다.[77] 세계사 교과서는 부르크하르트Jacob C. Burckhardt의 주장을 따라 르네상스의 '근대성'을 개인의 발견, 세계와 인간의 발견, 세속적 가치로의 전환으로 정의한다. 그러나 부르크하르트는 개인과 개인주의 혹은 개인의 자의식에 대한 증거를 충분히 제시하지 못했다. '인간의 존엄'에 관한 표현이 르네상스 시대에 일반적으로 강조된 것은 아니다. 인문주의도 결코 세속적인 지향을 가진 것은 아니고 인문주의자들은 거의 모두 종교적인 가치에 의해 행동했다. 그들은 기독교적 원리를 부정하지 않았고 인간이 신의 특별한 사랑을 받고 있다고 생각했다. 종교적 요소의 세속화 경향과 세속적인 것의 종교화 경향은 함께 나타났으며, 비기독교적이거나 탈기독교적

---

75) 중세문화의 혼혈성에도 주목해야 한다. 유럽 중세는 로마문화, 게르만문화, 기독교 문화의 총합으로만 한정할 수 없으며, 바이킹과 켈트인들과의 교류, 이슬람과 아시아의 과학과 기술전래의 영향을 포함해야 한다. 폰타나, 『거울에 비친 유럽』, p.85, 93.

76) 요한 호이징가, 최홍숙 옮김, 『중세의 가을』(서울 : 문학과 지성사, 2004).

77) 호지슨, 『마셜 호지슨의 세계사론』, p.24.

풍조는 아니었다. 중세 스콜라 철학과 아리스토텔레스적 우주관도 상당
부분 17세기까지 유지되었다. 따라서 인문주의가 중세철학에 근본적인
변화를 가져왔다고는 할 수 없다. 가치의 세속화나 합리화도 제한적이었
다. 출생과 가계는 여전히 중요했고 신분제도에 예속되어 있었다.[78]

6) 혁명들의 신화 : 과학혁명, 시민혁명, 산업혁명

르네상스 이후 유럽의 근대는 17세기 과학혁명, 18세기 시민혁명, 19세
기 산업혁명으로 이어졌다고 기술된다. 그리고 그러한 혁명들은 곧 유럽을
세계의 가장 선구적인 지역으로 자리잡게 했다고 평가받았다. 그러나 유럽
이 1500년부터 다른 지역보다 '기술적 우위'를 점했다는 것은 근거 없는
통설이며, 17세기의 '과학혁명'은 존재하지 않았다는 주장이 일찍이 제기
된 바 있다. 중국, 인도, 이슬람의 과학기술 발전 및 응용(천문학, 우주론,
해부학, 면역학, 약학 발달)이 지속적으로 이루어진 반면, 유럽의 과학은
후진적이었다. 베이컨, 데카르트, 뉴턴에 의해 철학과 수학이 발전했지만
그들의 신 중심의 자연관과 기계적 우주인식, 아리스토텔레스주의는 비판
의 대상이었다. 또한 17세기의 과학적 사고는 기술 일반에 직접 영향을
미친 바 없고 1세기 뒤에 시작되는 '산업혁명'과는 더욱 무관하다. 기계기
술과 그 발명은 과학적 훈련을 전혀 받지 않은 개인에 의해 이루어진
경우가 많았다. '17세기 과학혁명론'은 18세기 말까지 과학의 일부로 여겨
졌던 마술, 점성술, 연금술의 역사를 무시한 것이기도 하다.[79]

---

78) 강철구, 『역사와 이데올로기』, p.265, 285.

79) 마술사들은 '지식과 과학에서 시대를 앞서간 사람들'이었으며, 뉴턴은 연금술과
   예언에 지대한 관심을 가졌던 '최후의 마술사'였다. 자연마술은 '자연과 하늘의
   모든 것'에 관한 연구였고 마술사들은 그 연구에 경험론과 관찰을 도입했다. 점성
   술은 사건들에 대한 '유물론적' 설명을 시도했다. 폰타나, 『거울에 비친 유럽』,

또한 세계사 교과서에 청교도혁명이라고 명명된 것은 '내란'이며, '명예혁명'은 영국 역사가들이 1688년의 왕위교체를 미화하여 붙인 이름이다. 이를 시민혁명의 범주로 묶어 미국혁명, 프랑스혁명과 함께 분류하는 것은 잘못이다. 프랑스혁명에 대한 수정주의 해석은 '부르주아 혁명'의 개념조차 문제 삼고 있을 뿐 아니라 프랑스혁명과 자본주의는 별 상관이 없는 것으로 생각한다. 혁명에 대한 계몽사상의 역할도 부분적으로만 인정한다. 결국 프랑스혁명은 주로 왕정을 타파한 공화주의 정치혁명으로만 규정되고 있고, 그 자유주의적 성격 대신 테러리즘과 독재적 요소가 부각된다.[80] 흔히 부르주아 혁명의 전형이라고 말하는 프랑스혁명은 구 계급이 새로운 계급으로 안정적으로 변신하지 못한, 취약하기 그지없는 프랑스 정치 정세의 예외적 현상일 따름이었다는 것이다.[81]

'산업혁명'에 대한 통상적인 주장은 19세기 영국이 면직물·철강·석탄 산업에서 잇따라 일어난 산업혁명을 통해 비약적으로 산업화를 일궈냈으며, 급속하게 발전한 기계제 대공업이 자본주의를 형성시켰다는 것이다. 그러나 제조업의 동력은 전통적인 방식을 사용했고 철의 이용이 비약적으로 증가하지 않았다는 사실 등을 근거로 산업혁명이 비약적 단절이라는 주장에 의문이 제기되어 왔다.[82] 산업적 기술 혁신은 매우 느슨하게 점진

---

pp.198~200 ; 프랑크, 『리오리엔트』, pp.306~319.

80) 프랑수아 도스, 김복래 옮김, 『조각난 역사 : 아날학파의 신화에 대한 새로운 해부』(서울: 푸른역사, 1998), pp.335~352 ; 김웅종, 『서양의 역사에는 초야권이 없다 : 서양사에 관한 12가지 편견과 사실』(서울 : 푸른역사, 2005), pp.52~64; 강철구, 『역사와 이데올로기』, p.71.

81) Immanuel M. Wallerstein, *The Modern World-System, III : The Second Great Expansion of the Capitalist World-Economy, 1730-1840's* (San Diego : Academic Press, 1989), 김인중, 이동기 옮김, 『근대세계체제 III : 자본주의 세계경제의 거대한 팽창의 두 번째 시대 1730~1840년대』(서울 : 까치, 1999).

82) Eric Jones, *Growth Recurring : Economic Change in World History* (New York : Clarendon

적으로 일어난 공장제 생산체제로의 전환이었다는 것이다.[83] 월러스틴은
실제 산업혁명이라고 부를 만한 기술상의 혁신은 1850년 이후에 일어났다
는 점을 들어 영국에서 '유일한 산업혁명'이 발생했다는 주장을 부정한
다.[84] 근래의 수정주의 연구에 따르면, 산업혁명은 기계와 공장제의 완벽
한 승리로 끝나지 않았다. 경제 전반에 걸쳐서 전통적 부문과 근대적 부문
이 공존하는 불균등 발전의 모습을 나타냈을 뿐이다. 지난 한 세대에 걸쳐
영국의 경제사가들은 산업혁명의 단절성을 부정하는 작업을 계속해 왔다.
그들의 연구에서 단절을 뜻하는 용어들, 이를테면 분수령, 전환점, 이륙과
같은 표현은 사실상 사라졌다. 산업혁명은 '잘못된 이름'이고 '신화'에
지나지 않는다는 것이다.[85]

그리고 유럽의 산업발전은 예외적인 과학, 기술, 제도 구축, 합리성과
기업가 정신(프로테스탄트윤리) 때문이 아니었다. 유럽이 스스로를 확대
하여 '유럽 세계 – 경제/체제' 안으로 여타 지역을 포섭한 것이 아니다.
유럽은 아메리카의 화폐를 가지고 아시아의 생산·시장·무역에 합류해
이익을 챙긴 것이다. 즉 이미 발전해 온 경제·생산·무역·상업·금융제

Press, 1988), Ch.1.

83) 홉스봄은 맨체스터를 제외한 대부분의 지역에서 기계화된 공장생산은 19세기
말에 처음 나타났다고 평가한다. 산업혁명을 주도했다는 방직 매뉴팩처는
나폴레옹 전쟁 뒤까지도 전혀 기계화되지 않았고, 기술 수준도 매우 단순했으며,
공장노동자는 소수였을 뿐이다. 즉 반자동화나 자동화라고 할 수 있는 것은
정작 20세기 중반에야 나타났다는 것이다. Hobsbawm, *Industry and Empire*
(Harmondsworth, England : Penguin, 1969), 전철환, 장수산 옮김,『산업과 제국 : 산
업시대 영국 경제와 사회』(서울 : 한벗, 1984), pp.31~94.

84) Wallerstein, *Modern World-System*, III, 김인중, 이동기 옮김,『근대세계체제 III』, pp.43~
56.

85) 이영석,『사회사의 유혹 II : 다시, 역사학의 길을 찾다』(서울 : 푸른역사, 2006),
p.70, pp.73~74.

도에 뒤늦게 편승하고 세계경제체제에 합류했다. 오스만제국, 인도, 중국
에서 쇠락의 조짐이 가시화된 18세기 후반 이후에, 유럽은 아시아라는
거인의 어깨 위에 올라선 것이다. 유럽의 성공은 군사적 요인, 생산적
투자를 자극한 재산권 보장, 낮은 이자율 등이 배경이었다.[86] 홉슨은 중국
이 영국 산업화의 모델이었으며, 중국의 사상이 유럽과 영국의 계몽운동을
자극했다고 주장한다. 영국은 자력으로 발흥한 것이 아니라 다른 지역의
발명을 흡수, 차용하는 것에 의존하여 후진성의 이점을 누린 '뒤늦은 산업
국가'였다는 것이다.[87]

　중국과 아시아는 후진적인 경제제도와 과학기술 때문에 산업혁명에
뒤처진 것은 아니다. 중국에서는 대규모 인구로 인한 값싼 노동력 때문에
노동절약적 기술에 대한 투자는 비합리적이었다. 농업 이외 부문에서 기술
혁신과 자본투자가 활성화되지 못한 것은 중국 농업 생산효율성이 그만큼
높았기 때문이다. 국가세수를 뒷받침하는 농업기반이 탄탄하여 국가가
상업을 지원할 필요가 적었다. 세계의 은화가 중국으로 흘러들어오고 있어
서 해외 식민지를 개척할 필요도 없었다. 16~18세기 유럽의 다국 체제가
부국강병을 위한 내부의 격렬한 정치·군사 경쟁으로 무기와 포함을 발달
시킨 반면, 당시 세계 3대 강국인 청, 무굴, 오스만제국은 제국체제의 함정
에 빠져 있었다. 주변국에 대해 초월적인 지위를 갖고 경쟁을 허용하지
않았기 때문이다. 19세기 아시아 국가들의 산업화 실패는 일국사에 한정된

---

86) 프랑크, 『리오리엔트』, p.43, 59, 344.
87) 호지슨도 유럽이 "중국 송대의 산업혁명이 낳은……무의식적인 상속자"였음을
　강조했다. Marshall G. S. Hodgson, *The Venture of Islam*, III (Chicago : Chicago University
　Press, 1974), p.197. 호지슨은 근대성을 도시문명 사회로 점점 더 확산된 기술적
　전문화와 관련된 것으로 보았다. 따라서 근대의 특징이 된 것은 산업혁명이
　아니라 새로운 문화적 태도라는 것이다. 호지슨, 『마셜 호지슨의 세계사론』,
　p.25 ; 홉슨, 『서구문명은 동양에서 시작되었다』, pp.247~282.

근대화론으로는 설명이 불가능하다.[88]

　이상 기존의 세계사 서술에서 흔히 당연한 사실로 가정되어 온 것들을 검토하고 그에 대한 비판적 가설들을 소개했다. 이 가설들은 서구중심의 역사 해석을 극복하는 데 초점을 맞추었으며, 아시아중심주의를 제창하거나 새로운 대안적 총체성, 대안적 보편사를 제안하는 것은 아니다. 다만 지난 100여 년 동안 견고하게 구축되고 재생산되어 온 세계사의 몇 가지 신화들을 비판하고자 했고, 그것은 궁극적으로 타자가 없는 다극적 세계사의 가능성을 지향하는 것이다. 물론 문명들의 등가성이나 서구문명의 비서구적 기원을 주장하는 것만으로 서구중심주의 이데올로기가 극복될 수는 없을 것이다. 그러나 마치 보편적인 세계사라는 것이 가능하고 실재하는 것처럼 생각하는 것 자체가 서구중심적 사고일 수 있다.

4. 맺음말

　글로벌 시대의 역사인식이 우리로 하여금 자신의 '원초적 유대'를 포기하고 세계시민이 될 것을 요구하는 것이라면, 그러한 관념은 현실적이지 못하다. 더 나아가 '원초적 유대'가 필연적으로 세계정신을 파괴할 것이라는 생각은 해롭기까지 하다. 우리는 이미 특정한 집단에 복속되어 모국어로 표현된 강렬한 감정과 이상으로 구축된 '원초적 유대'에 깊이 뿌리박고 있으며 그러한 전통과의 연계를 말소하는 것은 어려울 것이다. '원초적 유대'는 제거될 수 없는 실체일 뿐만 아니라 대단히 동태적인 구조이다.

---

88) 유용태, 「다원적 세계사와 아시아, 그리고 동아시아」, pp.354~355.

자신의 출생지와 모국어는 스스로 선택할 수 있는 것이 아니다. 다만 민족의식, 인종차별, 성별 역할은 학습을 통해 얻어진 사회화의 산물들이며, 따라서 편견과 배타적 경향을 배제하면서 타자를 존중하고 차이를 통해 시야를 넓히는 포용과 교화의 체험이 필요하다.[89]

세계화의 도전에 따른 정체성의 위기는 글로벌 신국수주의global nationalism를 대두시켰다. 그러나 민족사에 대한 진정한 연구는 조국을 세계사적인 것과의 연관관계 속에서 고찰하는 것이다.[90] 교육이 주로 국가 정체성과 충성심을 함양하는 가치에 토대하고 있다면, 전통적인 국가주의적 관점에 의문을 제기할 수 있는 반성적 사유의 가능성은 줄어든다. 역사교육은 민족과 국가에 대한 충성을 증진시키는 것이 아니라, 자기자신의 역사에 대해 자기비판적인 이해를 증진하는 것이다. 역사교육은 비판적 사고의 도구인 것이다.[91] 이때 학교 교실은 이데올로기가 생산되는 현장이 아니라 지배 이데올로기에 저항하는 현장이 된다.

기존 세계사 서술에 대한 비판 역시 그러한 역사교육을 위한 시도의 일환이다. 과거 유럽역사를 기준으로 재단된 세계사 서술은 이제 '신화'로 명명된다. 그것은 자신의 생성에 맞추어 타자를 재단하려 한 것이다. 새로운 세계사 패러다임은 '서양과 나머지'가 아닌 인류 문명들의 다양성의 병존과 상호존중, 평등과 차이의 인정을 의미한다. 평등이 없다면 대화를 위한 공통 기초가 없는 것이고, 차이가 없다면 대화의 필요성이 사라지는 것이다. 최근 '탈중심화'와 함께 수많은 '부차적인 중심들'이 형성되고

---

89) 뚜웨이밍, 김태성 옮김, 『문명들의 대화 : 동아시아 문명은 세계에 어떤 비전을 제시할 수 있는가』 (서울 : 휴머니스트, 2006), pp.101~115.

90) 야콥 부르크하르트, 『세계사적 성찰』, p.24.

91) Wolfgang Hoepken, 「전후 역사교과서에 대한 비교연구-전제조건 및 사례」, 한국학중앙연구원 한국문화교류센터 엮음, 『민족주의와 역사교과서』, pp.16~38.

있는 추세이지만, 이른바 '문화 패권'은 너무나 분명한 사실이다. 그러므로
서구 지식전통의 계보에 바탕을 둔 문화 패권에 대항할 정신자원의 체현과
축적, 그리고 서구가 전유해 온 역사 패러다임의 전환을 위한 문제의식이
그 어느 때보다 중요한 시점이다.[92]

---

92) 뚜웨이밍, 『문명들의 대화』, pp.187~198, p.275.

제3부

새로운 세계사와 세계사 교육

문화의 접촉과 교류의 역사

강 선 주

1. 머리말

이 글에서는 고등학교 심화 선택과목, 또는 대학의 교양역사 강좌로서 문화적 접촉과 교류의 역사라는 주제사의 내용 선정 및 구성 방안에 대해 검토하고자 한다. 고등학교 2, 3학년의 심화 선택과목이나 대학의 교양역사 강좌는 중학교나 고등학교 1학년 단계에서 제시되는 역사 과목과는 다른 각도에서 다른 방식으로 구성될 필요가 있다. 단순히 내용상 반복이 문제가 되기 때문만은 아니다. 역사적 현상이나 사건을 보는 시각이나, 역사를 분석하는 범주가 학생들에게 '고정'된 것으로 받아들여지지 않도록 하기 위해서도 새로운 질문과 다른 분석의 범주를 통해 역사를 다양한 각도에서 다층적으로 분석해 볼 수 있는 기회를 줄 필요가 있기 때문이다.

이 글에서는 이러한 관점에서 문화적 접촉, 갈등, 교류라는 주제를 중심으로 '문화적 접촉과 교류의 역사'라는 강좌의 내용 선정 및 구성 방안을 제시해보고자 한다. '문화적 접촉과 교류의 역사'는 방대한 지식의 축적보다는 소수의 주제를 심층적으로 탐구하여 역사 변화의 원동력 중 하나로서 문화적 접촉, 그리고 거대한 역사적 양상pattern으로서 문화적 접촉·갈등·교환 등의 역사 과정을 이해하는 데 초점을 둔다.

20세기 이후에는 교통·통신수단과 운송수단의 발달로 '접촉'과 '교류'
가 이전과는 다른 속도로, 다른 형태로 이루어지고, 그에 따라 '접촉'과
'교류'의 역할과 영향 또한 질적으로 다르게 나타난다. 특히 라디오, TV,
인터넷까지 통신수단의 비약적 발달은 집단 간의 접촉을 더욱 밀접하면서
도 즉각적인 성격을 띠게 하며, 교류 방식도 다양하게 만든다. 또한 교류에
의해 촉발되는 문화 변형 또한 이전과 다른 속도, 다른 형태로 진행된다.
따라서 20세기 이후에는 '접촉'과 '교류'라는 개념 자체를 종래와 다른
각도에서 규정할 필요가 있으며, 교류사 연구 또한 다른 지리적 단위와
다른 문화적 접촉의 메커니즘을 상정하면서 접근될 필요가 있다. 그러므로
여기서는 20세기 이전으로 시기를 한정하며, 이질적인 문화 집단간의 '접
촉'으로 파생되는 인류의 문화적 갈등과 교환의 경험을 가르치기 위한
내용 선정 및 구성 방안에 대해서 논해 보고자 한다. 나아가 문화적 접촉과
교류의 역사를 어떻게 접근하여 가르칠 수 있는지, 탐구의 초점과 시각까
지 제시하고자 한다.

2. 역사에서 '문화적 접촉과 교류'의 의의

1) 역사에서 '접촉과 교류'의 중요성

기술의 발달 측면에서 세계 역사를 보면, 세계 여러 곳에서 비슷한
물건이 거의 동시에 발명되거나 비슷한 기술혁신이 이루어지는 것을 볼
수 있다. 때로 시기를 달리하기도 하지만, 분명한 것은 그러한 발명품들이
나 기술들이 서로 연관성을 보인다는 것이다. 예를 들면, 물레, 풍차의
경우는 여러 곳에서 비슷한 시기에 발명되고, 관개농법, 전차, 철기 제조술,

비단, 인쇄술, 화기 제조술 등은 한 곳에서 이루어진 기술 혁신이 시차를
두고 여러 지역으로 퍼져나간 대표적인 예라고 할 수 있다. 이렇게 발명품
의 확산에는 '접촉'에 의한 '정보'의 교환이 중요한 역할을 했다.[1]

한 지역의 기술혁신이나, 발명이 외부에서 온 정보의 영향을 받았다는
명백한 증거가 없는 경우도 있지만, 대부분의 경우 제지술처럼 한 곳에서
다른 곳으로 정보가 퍼져나갔다는 명백한 증거가 발견되기도 한다. 교역로
를 통하여 수입된 중국 비단이 서양의 직물산업을 자극하였고, 마찬가지로
교역로를 통해 이란의 풍차가 중국이나 유럽에 알려지게 되었고, 풍차의
아이디어는 중국이나 유럽에서 각 지역의 사정에 맞는 형태로 변형되었다.
이러한 실제 발명품이나 기술, 나아가 문화 전반과 관련된 아이디어 교환
의 전제 조건 중 하나는 집단간의 접촉과 교류이다. 특히 문화적 장벽을
넘기 쉽지 않은 종교나 사상들의 세계적인 확산은 인류가 아주 오래 전부
터 문화의 장벽을 넘어 지속적으로 접촉하고 문화적으로 교류하였음을
보여준다.

20세기 이전 많은 기술들이 개발되고 사상과 종교가 창안되어, 다른
지역으로 흘러들어갔다. 그러나 그러한 기술과 문화의 흐름이 반드시 '의
도'되었던 것은 아니다. 집단 간의 문화적 접촉과 상호작용은 때로는 의도
적으로, 때로는 의도와 관계없이 이루어졌다. 문화교환은 때로 문화 전체
가 수용되는 형태로 일어나기도 하였고, 때로는 선택적으로 이루어지기도
하였으며, 또 때로는 극렬한 저항이 문화적 교환을 늦추거나 문화의 흐름
을 다른 방향으로 전환시키기도 하였다. 또 그 방법에 있어서는 때로 폭력
적으로 이루어지기도 하였고, 때로는 평화적으로 이루어지기도 하였다.

---

1) Anorld Pacey, *Technology in World Civilization : A Thousand-Year History* (Boston : The MIT
Press, 1991), p.2.

이질적인 문화 집단 사이의 접촉은 갈등을 불러일으키기도 하였지만, 문화 자체의 만남과 혼합을 촉진하기도 하였다. 문화적 만남은 관련되었던 모든 집단들의 문화 정체성을 흔들어 놓기도 했으며, 때로는 이미 정립되었던 문화적 전통의 파괴를 가져오기도 하였다.[2] 그리하여 많은 집단들이 그들의 고유한 문화적 전통을 재정립, 재정의할 기회를 제공하기도 하였다.

20세기 이전, 여러 곳에서 거의 동시에, 때로는 시차를 두고 비슷한 발명이 이루어지고, 비슷한 기술혁신이 일어나고, 비슷한 종교, 예술적 표현방식이 나타나는 것은 서로 다른 집단들 간의 접촉이나 개인들의 접촉을 통한 정보의 확산과 아이디어의 교환에서 비롯되었을 가능성을 보여준다. 브로델이 "세계의 각 문명들이 각각 고유한 성격을 유지하기는 했지만, 문명들의 역사는 결국 몇 세기에 걸쳐 지속된 상호차용mutual borrowings의 역사"라고 주장하였듯이[3] 세계 여러 문명, 문화 집단들은 문화적 교환을 통한 상호작용을 통해 문화와 문명을 발전시켰다. 그러한 문화적 교환의 역사는 변화의 동인 중 하나로서 이질적인 문화 집단 간 접촉의 역할, 또는 일상적인 생활방식으로서 문화 집단 간 접촉의 중요성을 강조한다. 따라서 학생들이 인류의 경험을 좀 더 큰 그림을 통해 보고, 역사 해석의 다층성과 변화 동인의 다양성에 대해 생각해 보게 하기 위해서는 문화 집단들의 집단 내적인 역동성에 의한 문화 창조와 발전뿐 아니라, 이질적인 문화 집단들 사이의 상호 접촉과 교류에 의해 이루어진 문화 충돌, 저항, 변형, 발전에 대해서도 함께 분석할 기회를 제공할 필요가

---

2) Jerry Bentley, *Old World Encounter* (New York : Oxford, 1993).

3) Fernand Braudel, *A History of Civilizations*, trans. Richard Mayne (Penguin Books, 1987, 1963년 초판 발행), p.8.

있다.

2) 문화적 접촉과 교류에 대한 연구가 주는 시사점

‘문화적 접촉과 교류의 역사’를 어떤 내용을 중심으로 가르칠 수 있을까? 이 질문에 대답하기 위해, 먼저 출판된 교류사 저작들은 어떤 주제를 다루고 있는지 살펴보자. 교류사 저작들은 교류사와 관련하여 가르쳐야 할 ‘중요한 내용’에 대한 시사점을 줄 수 있을 것이다.

‘교류사’의 제목으로 출판된 많은 저작들은 서술의 단위를 국가, 또는 왕조와 같은 정치적 단위나 문화권으로 설정하고 있다. 예를 들면 한국과 일본의 교류, 한국과 중국, 한국과 이슬람, 신라와 서역 등의 교류사와 같은 것이다.[4] 이러한 저서들은 접촉과 교류의 단위면에서 본다면 한두 정치적 단위체나 문화 단위체 사이의 교류를 다루고 있다. 또 교류사를 다루는 방식면에서 본다면 두 곳 사이의 특정 문물의 교류가 있었다는 것을 구체적 증거들을 통해 입증하고, 한 곳의 문물이 다른 한 곳의 문물에 영향을 미치게 되는 과정을 추적하는 방식이다.

그런데 문화적 접촉과 교류의 역사라는 강좌는 기본적으로 지역 전문가로서의 특정한 지역에 대한 심층적인 지식보다는 접촉과 교류가 가져온 세계사적인 변화의 패턴과 다양한 문화 형성, 변화 등의 메커니즘을 탐구하는 것을 기본 취지로 한다. 그렇다면 한두 정치적 단위체 사이의 특정 문물중심의 교류사는 과목 전체를 구조화하는 개념적 틀conceptual frame로서보다는 여러 주제topic 중의 하나로 다루어지는 것이 바람직할 것이다.

---

4) 최소자,『동서문화교류사 : 명・청시기 서학수용』(서울 : 삼영사, 1991) ; 이희수, 『한・이슬람 교류사』(서울 : 문덕사, 1991) ; 황유복,『한・중 불교문화교류사』(서울 : 까치글방, 1995) ; 무함마드 깐수,『신라 서역 교류사』(서울 : 단국대학교 출판사, 1992).

최근에는 국가 또는 왕조보다 넓은 단위에서, 문화권간의 교류를 밝히고 있는 저작들도 많이 발견된다. 이들 저작들 가운데에는 비단길, 바닷길을 통한 교역을 역사적으로 복원한 경우도 있고,[5] 이들 교역로를 통해서 정치적, 문화적 경계선을 넘어 전파된 종이, 비단, 기술, 종교 등과 같은 문물들이 각기 새로운 지역에서 어떻게 이용 또는 변용되었으며, 또 그 문물이 그 사회에서 어떤 의미를 주었는지를 해명한 경우도 있다.[6] 전자의 저서들이 교역로를 중심으로 본 교류사라면, 후자의 저서들은 문물을 중심으로 본 교류사라고 할 수 있다.

이 가운데 종래 중·고등학교 교과서가 중요하게 다루지 않았던 주제로서, 최근에 새롭게 부각되고 있는 주제들이 발견된다. 예를 들면 교역로로서 중앙아시아를 가로질러 서아시아와 동아시아를 연결하였던 비단길뿐 아니라, 8세기 이후 활발하게 이용되었던 인도양 교역로, 그리고 사하라 사막을 가로질러 서아프리카와 서아시아를 연결시켰던 사하라횡단 대상 교역로, 그리고 16세기 이후 유럽, 남북아메리카를 연결하였던 대서양 교역로, 남아메리카의 아카풀코와 동남아시아, 중국을 연결하였던 태평양 교역로 등을 통한 접촉과 교류이다.[7] 또한 문화교류의 주체로서 흉노, 터키, 몽골을 비롯한 유목민족의 공헌 또한 새롭게 조명되고 있다.[8] 그리고

---

5) 배긍찬·양승윤·이희수·임영상·최영수, 『바다의 실크로드』 (서울 : 청아출판사, 2002).

6) 진순신·천순천·조형균 옮김, 『페이퍼 로드』 (서울 : 예담, 2002) ; A. Pacey, *Technology in World Civilization* (Cambridge : The MIT Press, 1991).

7) K. N. Chaudhuri, *Trade and Civilization in the Indian Ocean : An Economic History from the Rise of Islam to 1975* (Cambridge : Cambridge University Press, 1985) ; P. D. Curtin, *Cross-Cultural Trade in World History* (Cambridge : Cambridge University Press, 1984) ; 안드레 군더 프랑크, 이희재 옮김, 『리오리엔트』 (서울 : 이산, 2003).

8) D. R. Ringrose, *Expansion and Global Interaction, 1200-1700* (New York : Longman, 2001).

십자군전쟁, 몽골족의 세계제국 건설처럼 정복 전쟁이나 제국 건설, 그리고 유대인의 이산, 아프리카인의 이주와 같은 민족의 이주가 문화 교환과 혼합의 중요한 계기가 되었다는 것을 보여주는 저서도 있다.9) 또한 비단, 향료, 종교 이외에 병균, 식생, 도자기, 은, 설탕, 커피 등, 교류를 통해 교환된 문물을 중심으로 교류가 생산하였던 역사적 의미를 비교사적 관점에서 다룬 저작들도 많이 나오고 있다.10)

또한 소위 근대 유럽은 중국문명이나 이슬람문명의 수혜자라는 점을 강조함으로써 유럽이 독점했던 '진보'의 성과와 공헌을 분산시키려 한 시도들도 눈에 띄게 증가하였다. 이러한 저작들은 서구이외 지역의 문화와 역사서술을 통제하였던 제국주의적 담론을 해체하고, 서구 역사 담론의 억압성을 비판하면서 그것을 대체할 수 있는 새로운 문화와 역사 담론을 모색하려고 한다. 대표적인 예를 보면, 주겸지의 『중국이 만든 유럽의 근대』(2003),11) 존 M. 홉슨의 『서구 문명은 동양에서 시작되었다』(2004),12) J. J. 클라크의 『동양은 어떻게 서양을 계몽했는가』(1997),13) 안드레 군더 프랑크의 『리오리엔트』(2003) 등이 있다. 이러한 저작들은 중국이나 인도, 이슬람문명이 어떻게 유럽의 근대 문명 형성에 기여하였는가를 설명하거

---

9) 피터 N. 스턴스, 문명식 옮김, 『문화는 흐른다』(서울 : 궁리, 2001) ; Thomas Sowell, *Migrations and Cultures : A World View* (New York : Basic Books, 1996).

10) 제레드 다이아몬드, 김진준 옮김, 『총, 균, 쇠』(서울 : 문학사상, 1998) ; 래리 주커만, 박영준 옮김, 『감자 이야기』(서울 : 지호, 2000) ; 야코브 하인리히, 박은영 옮김, 『커피의 역사』(서울 : 우물이 있는 집, 2002) ; 안드레 군더 프랑크, 이희재 옮김, 『리오리엔트』 ; William Atwell, "Ming China and the Emerging World Economy, c.1470-1650," in Denis Twitchett and Frederic W. Mote, eds., *The Cambridge History of China, vol. 8 : The Ming Dynasty* (Cambridge : Cambridge University Press, 1985).

11) 주겸지, 전홍석 옮김, 『중국이 만든 유럽의 근대』 (서울 : 청계, 2003).

12) 존 M. 홉슨, 정경옥 옮김, 『서구문명은 동양에서 시작되었다』 (서울 : 에코, 2004).

13) J. J. 클라크, 『동양은 어떻게 서양을 계몽했는가』 (서울 : 우물이 있는 집, 1997).

나, 또는 소위 '서구의 팽창' 시기라고 하는 16~18세기에 중국이나 서아시아가 경제적으로 유럽에 앞선 발전을 유지하고 있었으며, 오히려 유럽 제국이 앞선 중국과 서아시아 경제의 혜택을 받고 있었다는 것을 보여주는 구체적인 증거를 제시하면서 '서구의 팽창' 담론의 허구성을 지적한다. 그 과정에서 중국문명과 유럽문명, 이슬람문명과 유럽문명, 인도문명과 유럽문명 사이의 접촉, 문화교환이 사회나 문화 변화의 중요한 원동력으로 작용하고 있음을 보여준다.

이러한 저작들은 종래 비단길로 한정하여 가르치던 교류사 교육의 틀을 한층 다층적으로 구성할 수 있는 가능성을 보여준다. 첫째, 문화적 경계를 넘는 상호작용은 상업적 교역로를 통한 인간의 활동에 의해서도 이루어졌지만, 전쟁이나 이주를 통해서도 이루어졌다는 것을 보여준다. 따라서 '문화적 접촉과 교류의 역사'의 내용 선정 및 구성에 있어서 교역로를 통한 문물의 교류만이 아니라, 전쟁이나 이주가 가져오는 문화 갈등, 동화, 혼합, 그리고 문화 정체성의 혼동 및 재정립 과정을 다룰 수 있다. 둘째, 교환된 문물이 서로 다른 지역에서 어떤 의미들을 생산했는지를 비교사적으로 접근할 수 있는 가능성을 보여주고 있다. 예를 들면 중국의 도자기 문화와 유럽의 도자기, 서아시아의 도자기, 동아프리카의 도자기 문화, 남아메리카의 도자기 문화를 비교하면서, 중국의 도자기가 다른 지역에 어떻게 전달되었고, 그들 지역에서는 중국의 도자기에 어떤 의미를 부여하였는지를 비교할 수 있다. 이렇게 도자기를 통해 각 지역의 경제적, 문화적 상호관련성을 분석할 수 있을 뿐 아니라, 도자기를 둘러싼 각 지역의 서로 다른 인식세계를 엿볼 수도 있다. 최근에 한 방송국이 『도자기』라는 프로그램을 통해 그러한 시도를 하기도 하였다. 또한 인쇄술이나 화약 제조술이 중국이나 오스만제국, 유럽 제국에서 어떻게 받아들여지고, 이용되었으

며, 각 지역인들은 그러한 기술에 대해 어떤 인식을 가지고 있었는지를
비교사적 접근 방법을 통하여 추적하여 볼 수도 있다.

3. 내용 선정의 원리

교류사 연구는 과거에 교류가 이루어졌을 만한 경제단위, 문화단위를
구성하고, 그 단위에서 행해졌을 일련의 교류 현상을 역사적으로 추적하여
분석한다. 이러한 교류사의 관심과 연구방법을 교육적으로 재구성한 것이
교류사 교육이라고 한다면, 교류사 교육은 과거에 교류가 이루어졌을 만한
단위에서 인류가 경험했을 만한 교류와 그러한 교류가 촉구했던 경험과
인식의 변화를 해명할 기회를 학생들에게 제공하는 것이 될 것이다. 이
글에서 제안하는 '문화적 접촉과 교류의 역사'는 제목 그대로 서로 다른
문화 집단의 접촉과 교류를 중심으로 인류가 겪었을 만한 경험을 해명하
고, 그러한 경험을 중심으로 역사적 변화의 양상을 탐구하는 강좌이다.
따라서 이 강좌에서는 접촉과 교류의 양상의 큰 그림을 그릴 수 있도록
내용을 선정하고 구성해야 한다.

1) 내용 선정의 개념적 틀로서 상호관련성과 문화

내용 선정을 위해서는 접촉과 교류가 이루어졌을 만한 집단들을 엮어서
분석단위를 설정하고, 접촉과 교류의 구체적 내용을 파악하며, 집단들
간에 그러한 접촉이나 교류를 가능하게 했던 조건들을 규명하고, 접촉의
성격, 접촉 과정에서 이루어진 문화적 충돌, 갈등, 혼합 등의 양상을 명확히
해야 한다.

이를 위해서는 우선 내용 범위를 결정할 필요가 있다. 내용 범위의 결정은 이 강좌가 가르치고자 하는 기본적인 역사상, 또는 역사적 사고방법, 또는 역사 지식의 경계나 울타리를 정하는 것에서 시작된다.

내용 범위의 결정은 그 범위에 있는 사건들을 연결시키면 어떤 역사적 지형도를 그릴 수 있는지, 사건들을 좀 더 큰 시야에서 분석하기 위해 사건들을 '분류'하고 '통합'할 수 있는 '개념적 틀'을 결정하는 것에서 시작된다. '개념적 틀'은 개별 사건들 사이의 특수성을 인정하면서도 그 사건들의 연관성을 보여주는 역할을 한다. 이 강좌가 '문화적 접촉과 교류'를 중심으로 집단간 경험의 상호관련성을 탐구하도록 구성될 것이므로, 내용 범위를 결정하는 개념적 틀로서 '상호관련성의 역사'와 '문화사'를 제안한다.

최근 세계사를 구성하는 원리로서 '상호관련성'에 대한 논의가 이루어지고 있다. 한편 그것이 종래 서구의 근대세계 형성이라는 아이디어를 강조한 서구중심적 세계사에 대한 대안적 성격이 있다는 것을 인정하면서도, 다른 한편 '상호관련성의 역사'나 세계사에서 '교류'를 강조하는 역사가 가져올 수 있는 또 다른 억압성에 대한 비판이 이루어지고 있다. 그런데 이러한 비판 가운데에는 해체주의적 관점에서 이루어지고 있는 것이 있다. 해체주의적 관점에 서면 어떤 역사도 결코 그 '억압성'에서 자유로울 수는 없다. 이러한 논의를 따라가다 보면 논의는 구체적인 역사의 구성과 건설이 아니라, 이론적이고 담론적인 논쟁으로 귀결되고 만다. '해체'는 이미 형성되어 '억압적'으로 발휘되고 있는 지식의 권력에 저항한다는 면에서 유용한 도구는 될 수 있다. 그러나 그 지식이 현재 세계에서 생산할 수 있는 의미에 대한 전략적 고려가 없는, '해체'를 목적으로 한 '해체'는 '건설'과 '구성' 자체를 무의미하게 만들 뿐이다. 이러한 점을 고려한다면,

'상호관련성'은 현재 세계사 교육의 문제를 진단·비판하고, 세계의 역사를 새로운 각도에서 재정의하고 재구성하는 설득력 있는 원리 가운데 하나로서 받아들일 수 있을 것이다.

'상호관련성'의 원리는 집단들 간의 '호혜적인' 교섭사만을 강조하지는 않는다. '상호관련성'을 중심으로 내용을 선정한다고 할 때, 그 내용에 교섭만 포함되는 것은 아니기 때문이며, 상호관련성이란 가능한 여러 지역이나 문화 집단들을 연결시켰던 사건들, 여러 집단들에게 공통적으로 중요한 관심이 되었던 사건들을 중심으로 내용을 선택할 것을 제안한다. 따라서 그것이 정복과 복종, 억압과 저항의 관계사를 우호적으로 대치할 위험성이 있다는 비판은 상호관련성이라는 개념에 대한 오독이며, 편협한 해석이다. 예를 들어 19세기 제국주의 또한 상호관련성의 원리에서 선택될 수 있는 사건이고, 억압과 저항의 관점에서 다룰 수도 있다. 다만 제국주의라는 현상을 침략과 저항이라는 이분법적 구도에서 볼 때 가려진 현상들을 찾아 해명함으로써 침략자 중심, 권력을 가졌던 자 중심의 시각에서 벗어나, 다층적인 역사로, 다르게 읽기 가능성을 열 필요도 있다는 점 또한 고려할 필요가 있다.

'상호관련성'이 내용 선정의 원리가 될 때 세계사는 역사적으로 존재했을 만한 집단들의 독자적인 발전보다는 집단들을 상호관련시켰던 사건들을 중심으로 상호관련성이 지속·심화 또는 일시적인 단절과 재개되는 과정을 가르치게 된다. 이러한 역사가 역사적으로 고유하고, 독자적인 문화를 형성했을 집단 내부의 역동성은 축소시킬 가능성을 부정할 수는 없다. 그러나 '문화 접촉과 교류의 역사'라는 강좌는 독자적인 문화를 발달시켰던 집단의 내적 변화보다는 집단간의 접촉과 교류의 국면을 중심으로 세계사를 탐구하는 것을 목적으로 한다. 따라서 집단 내부의 역동성

에 대한 탐구보다는 이질적 집단간의 접촉과 교류가 가져온 충돌과 변화의
양상을 탐구하는 방향에서 내용을 선정하고 구성하는 것이 타당할 것으로
보인다.

　이 글에서는 또한 '접촉과 교류'와 관련된 내용 범위를 '문화사'라는
개념적 틀에 기초하여 결정할 것을 제안한다. 여기에서 '문화'는 사회적
범주로서 한 종족의 '삶의 전반적 양식'을 의미한다. '문화적 접촉과 교류
의 역사'라는 과목의 주된 관심은 문화적 접촉과 교류의 커다란 양상이며,
그 과정에서 일어나는 문화적 상호작용 과정이다. 따라서 문화를 삶의
총체적 양식이라는 측면에서 접근할 필요가 있다. 물론 삶의 총체적 양식
의 변화라는 큰 그림을 그린다고 해서, 최근 주목받고 있는 인간과 문화의
세밀한 상호관계를 다루는 것으로서 문화적 접근의 가능성을 폐기하는
것은 아니다. 오히려 탐구과정에서 문화적 접촉과정에서 일어나는 인간과
문화의 상호관계를 치밀하게 관찰하고 해명함으로써, 문화적 상호작용의
커다란 양상을 한층 심층적으로 이해할 수 있는 기회를 제공할 수도 있다.

2) 내용 선정 및 구성을 위한 준거 아이디어

　'상호관련성의 역사'와 '문화사'는 내용 범위의 커다란 울타리, 경계를
제시한다. 그런데 그 경계 안에 있는 모든 개별 사건들을 다 가르칠 수도
없고, 또 가르칠 필요도 없다. 그렇다면 어떤 사건들을 가르쳐야 할 것인가?
이 글에서는 문화의 상호관련적 역사의 내용을 선정하고, 구성하는 준거
아이디어로 '접촉과 교류가 이루어졌을 만한 방식'과 '충돌 또는 교환되었
을 만한 문물'을 제시하고자 한다. 여기에서 제시하는 '준거 아이디어'란
역사적 사건을 탐구하는 방법적 측면에서 공통된 사건들을 선정·분류·
통합하는 개념적 아이디어이다.

(1) 접촉과 교류가 이루어졌을 만한 방식

이 글에서는 문화적 접촉과 교류가 이루어졌을 만한 방식을 크게 원거리 교역, 집단적 이주, 문화 집단 간의 전쟁, 선교활동 등으로 구분한다. 여기서 '접촉'은 그 접촉의 영향이 개인적인 차원에서 그치는 것이 아니라, 이질적인 문화 집단 간의 대규모 접촉, 이질적인 다양한 집단을 문화적으로 서로 연결시켰던 접촉, 또는 접촉의 결과가 다수 사람들의 삶의 방식에 영향을 미친 접촉, 문화적 양상의 대폭적인 변화를 자극했던 접촉을 의미한다.

종래 교류사는 주로 상업적 교역, 특히 원거리 교역을 중심으로 이루어진 기술과 문화의 교환에 관심을 가져왔다. 그런데 기술과 문화의 교환은 교역로를 통해서만 이루어진 것은 아니다. 전쟁 또는 대규모 이주는 또한 서로 다른 기술과 문화의 접촉 및 충돌을 촉발하였고, 그 과정에서 기술과 문화의 교환이 자연스럽게 일어나기도 하였다. 따라서 '교역'이라는 현상을 통해서만 교류사를 보면 해명되지 않는 부분을 이주, 전쟁 등과 같은 '접촉'을 통해서 해명할 수 있다.

'교역'은 주로 경제적 목적으로 이루어진 상품 교환을 의미한다. 특히 20세기 이전 '교역'은 집단들 간의 문물 교환을 위한 '의도적인' 접촉이며, 일정 기간 동안, 어느 정도의 규칙성을 띠면서 관계가 형성되어 왕래가 이루어진 것을 의미한다. 교역은 단순히 경제적 교환에 그치지 않고, 정치적, 문화적, 종교적 교환을 수반하기도 하였다. 그런데 교역이 전 세계적으로, 통시대적으로 같은 방식으로 일어난 것은 아니다. 정치적 관계가 경제적 교역을 규정하기도 하였고, 정치적 체제에 구애받지 않은 상인들의 비교적 자유로운 교역 활동이 새로운 문화적 경계를 만들기도 하였다. 교역의 개념이나 주체, 목적 및 성격 등도 지역이나 문화마다 달라서,

중국의 조공무역처럼, 그 저변에 중국중심의 세계관과 정치적 의도가 깔려 있기도 하고, 특정 시기 이슬람제국처럼 종교가 교역을 지원하고, 교역의 방식을 제도화한 경우도 있다.

교역은 대표적인 문화 접촉과 교류의 방법이다. 예를 들면 지중해 동부에 정착하였던 페니키아인들이 서아시아와 지중해 여러 지역을 연결하는 교역 네트워크를 형성하고, 이러한 네트워크를 통해 알파벳의 기원이 되는 문자를 확산시켜 문자면에서 하나의 공동체를 형성시켰던 예는 주지의 사실이다. 또한 인도에서 창시된 불교가 비단길을 통해 중앙아시아를 거쳐, 동북아시아에 전파되었고, 바닷길을 통해 실론을 거쳐 동남아시아 각지에 전파되면서, 여행과 교역을 활성화시켰던 예도 있다. 비슷하게 서아시아에서 창시된 이슬람교는 한편으론 성전을 통해, 다른 한편으로는 이슬람 상인의 교역로를 통해 동쪽으로는 중앙아시아, 남아시아, 동남아시아, 서쪽으로는 아프리카 전역에 전파되어 정치적 경계와 다른 문화적 경계를 만들기도 하였다. 예수회 또한 상인을 따라 교역로를 통해 중국에 들어가 기독교 선교활동을 하였고, 다시 중국의 문물을 유럽에 소개함으로써, 정치적·문화적 변화를 자극하기도 하였다. 교역로는 단순히 재화만이 아니라 문화교환의 통로였으며, 이러한 문물의 교환은 각 사회에 새로운 사고방식, 생활방식의 창출로 이어지기도 하였다.

교역으로는 주로 원거리 교역의 네트워크가 형성되었던 고대 지중해 교역, 비단길, 초원길 교역, 인도양 교역, 사하라횡단 교역, 16세기 이후 대서양 교역, 태평양 교역 등을 다룰 수 있다. 탐구의 주된 초점은 상업적 교역 네트워크의 형성 과정과 교역이 이루어진 양상, 교역에 영향을 미쳤던 요인들과 교역에 참여하였던 집단들간의 세력 관계, 교역을 통해 이루어진 기술, 식생, 종교, 사상 등의 교환과 그러한 교환이 인간 삶에 가져온 변화가 될 수 있다. 교역 내용으로서 기술, 식생, 사상 등의 교환과 그것이 가져온 인간 삶의 변화는 '충돌 또는 교환되었을 만한 문물'의 틀에서 각 범주별로 좀 더 상세하게 다룸으로써, 인류의 공통된 경험과 문화, 집단들의 다양한 경험과 문화를 분석하는 데 도움이 될 것이다.

그런데 앞서 서술하였듯이 문화권의 경계를 넘는 상호작용은 단지 교역로를 통해서만 이루어진 것은 아니다. 집단적 이주나 문화 집단 간의 전쟁 또한 정치적, 경제적, 문화적 교류를 의도한 것은 아니지만, 그 과정에서 문화 사이의 접촉과 교환을 자극하여, 새로운 문화 집단, 혹은 공통된 경험집단이 탄생하는 계기를 제공하거나, 기존 집단들의 문화적 변형, 정체성의 변화를 자극하기도 하였다.

집단적 이주란 대규모로 이루어진 이주, 대규모 문화교류를 자극했던 이주를 의미한다. 집단적 이주는 신앙체계, 문화, 법이나 사회체제, 농경, 건축, 전쟁기술 등의 지역간 교환에 중요한 영향을 미쳤다. 예를 들면 기원전 3000년에서 1000년 사이에 이루어진 인도-유럽어족의 이동 과정에서 인도-유럽어족의 일부인 히타이트에서 개발된 것으로 보이는 철기, 전차술이 확산되었다. 이 사건은 단순히 무기의 혁신 및 전쟁기술의 변화만을 촉진시킨 것이 아니라, 전쟁기술에서 우위를 차지한 민족들을 중심으로 세력 관계가 재편되는 결과를 가져오기도 하였다. 전차술, 기마술 등은 중앙아시아의 유목민을 통해서 동아시아에까지 전달되었으며, 이러한 전쟁기술이 동아시아 정치세력 관계에 영향을 미치기도 하였다. 또한 기원전 2000년경 이후 사하라 이남 아프리카에서 진행된 반투족의 이동은 농경의 확산을 수반하였다.

대체로 집단적 이주는 훈족의 이주, 아리안족의 이주, 터키족의 이주, 유럽인의 아메리카 대륙으로의 이주 등과 같이 폭력을 수반하는 경우도 있지만, 유대인의 유럽 대륙으로의 이산, 반투족의 아프리카 대륙 내로의 이산, 중국 화교의 동남아시아로의 이산처럼 상대적으로 평화적으로 이루어진 경우도 있다. 이주는 또한 17～19세기 사이 아프리카인의 아메리카 대륙으로의 이주나 20세기 조선족의 중앙아시아로의 이주처럼 강제로 이루어진 경우도 있고, 19세기 아일랜드인 등 유럽인의 미국으로의 이주처럼 자발적으로 이루어진 경우도 있다. 이주는 세계사에서 다양한 변화를 가져왔다. 한편 지역 정치세력 관계의 변화를 자극하기도 하였고, 기술혁신을 촉진하거나, 문화적 교환을 수반하기도 하였다.

아리안족의 이주는 이주 초기에는 폭력적으로 이루어지지 않았지만, 후에 인도 남부를 정복하는 과정에서는 폭력을 수반하기도 하였다. 아리안족의 이주로 이 지역의 정치 관계가 아리안족을 중심으로 재편되었으며, 아리안족 중심의 사회계급 관계를 확립하는 과정에서 종래 아리안족의 계급제도가 카스트제도로 확장되기도 하였다. 또한 아리안족이 인도 남부에 발달된 철기문화를 인도로 들여옴으로써, 이 지역의 농업 혁신에 중요한 영향을 미치기도 하였다. 아리안족이 이주하는 과정에서 일어난 원주민과의 갈등, 투쟁 등은 마하브하라타Mahabharata라는 거대 서사시에 기록되었다. 이 서사시는 몇 백년 동안 구전되어 왔는데, 여기에는 아리안인과 인도 원주민의 문화가 함께 녹아있다. 이 서사시는 투쟁과 전쟁의 와중에서 신과 인간이 서야 할 곳에 대한 사색이 담겨 있으며, 이러한 사색의 과정에서 불교, 자이나교, 힌두교 등 종교들이 탄생하기도 하였다.

집단적 이주는 때로는 몇 천년, 몇 백년에 걸쳐서 이루어지기도 하고, 때로는 몇 십년 안에 이루어진 경우도 있다. 이주가 이루어진 시기를 중심으로 전체적인 이주 경로, 이주 과정에서 이루어진 기술과 문화 교환 및 집단적 갈등, 이주가 각 지역에 가져온 정치, 경제, 문화적 변화를 중심으로 역사를 이해할 수 있다.

문화 집단 간 전쟁은 일시적 접촉으로 끝나기도 하였지만, 정치 공동체들의 통합이나, 방대한 영역을 통제하는 제국의 등장으로 귀결되기도 하였다. 많은 전쟁이 새로운 기술이나 문화를 소개하고 전파하는 계기를 만들기도 하였지만, 교류사의 관점에서 중요한 전쟁은 하나의 문화권 내의 충돌보다는 한과 흉노, 알렉산더의 원정, 십자군, 몽골의 원정처럼 문화대 문화의 접촉과 교환을 자극하였던 전쟁들과 이문화들 사이의 교류를 촉진하는 물적 기반을 마련한 거대 제국이 성립된 경우이다. 예를 들면 페르시아-그리스 간의 충돌, 로마제국의 정복 활동, 알렉산더 제국의 확대 과정, 몽골제국의 확대 과정, 이슬람제국의 확대, 오스만제국과 비잔틴제국과의 충돌, 오스만제국과 서유럽 및 러시아와의 충돌, 중국 역대 제국들과 동북아시아, 중앙아시아 유목제국들과의 충돌, 유럽 제국과 남아메리카 및 중앙아메리카 제국들과의 충돌, 유럽 제국들과 아프리카 제국들과의 충돌 등이 있다. 이러한 전쟁에서는 대제국이 확대되는 과정에서, 또는 대제국들 사이에서 일어난 충돌 과정에서 문화 갈등, 교환의 흔적을 찾아볼 수 있다.

제국의 건설은 문화적 경계선을 가로지르는 교류를 원활하게 하는 조건을 만들었으며, 다양한 문화들의 갈등과 융합을 자극하는 역할을 하였다. 한제국과 흉노의 접촉은 문화 복합 과정을 자극하였고, 나아가 한의 비단길 교역으로의 편입을 통한 비단길 교역로의 확대로 이어져, 로마제국, 서아시아, 중앙아시아, 중국으로 이어지는 문화교류의 안전한 통로를 마련하기도 하였다. 몽골제국은 유라시아 대륙의 정치적 통합을 이루어, 유라시아의 다양한 문화들이 상호작용을 통해 새로운 문화를 창조할 수 있는 조건을 제공하였다. 중앙아시아의 터키족은 서아시아, 인도로 이주하면서

사파비드, 오스만투르크, 무굴제국과 같은 거대 제국들을 건설하였다. 그 과정에서 민족들 간의 문화 접촉 및 갈등, 상호작용을 촉진하였다.

페르시아의 경우 거대한 제국을 형성하면서, 그 정치적 영역 내에서 문화적 상호작용의 기회를 확대하였다. 페르시아제국은 다른 종교와 언어에 대해 관용적이었기 때문에, 다양한 문화가 발달할 수 있었고, 나아가 그 문화들 사이의 상호작용도 활발하게 일어날 수 있는 조건을 제공하였다. 기원전 400년대 알렉산더의 제국 건설과정에서 비롯된 헬레니즘과 인도문화의 상호작용 또한 정복전쟁이 문화적 교환을 자극한 좋은 예가 될 수 있다.

또한 11세기 이후 십자군전쟁은 서유럽에게는 당시 선진 문물을 소유하고 있었던 이슬람 세계로부터 선진 문화를 수입할 수 있는 중요한 기회를 제공하였다. 당시 서유럽은 이슬람 세계에 대한 강렬한 두려움과 증오 속에서도 이슬람의 학문을 배워 서유럽의 학문과 과학을 발전시켰다. 서유럽인은 십자군전쟁 과정에서 이슬람세계의 풍차, 성곽축조술, 무기 제조술 등 과학기술, 군사기술은 물론 인체에 대한 지식을 비롯하여 위생의 중요성 등 의학적 지식까지 빌려오게 된다. 이 또한 문화권 간의 전쟁이 가져온 접촉이 결국 문물의 교환으로 발전한 예라고 할 수 있다.

이질적인 문화 집단 간, 정치 집단 간의 접촉이 항상 '발전'과 '향상'만을 가져왔던 것은 아니다. '침략'과 '몰락', '갈등'과 '파괴', '단절'과 '유실', 정치, 문화, 경제 관계의 재편 등으로 나타나기도 하였다. 1532년 8,000천 정도의 대군을 거느렸던 잉카의 황제 아타우알파와 기껏해야 200명 내외의 군사를 거느렸던 스페인의 침략자 프란시스코 피사로의 만남, 그리고 그 이후 스페인군의 계속된 침략은 잉카문명을 무너뜨렸으며, 이후 억압, 강요, 저항, 혼합의 복잡한 과정은 새로운 사회관계와 문화 창출로 이어졌다. 침략과 군사적 정복, 문화적 강요는 급격하고 과격하게 진행된다. 그러나 모든 정복자가 피정복자에게 정복자의 문화를 강요하였던 것도 아니고, 피정복자의 문화가 정복자의 문화에 피동적으로 동화되었던 것도 아니다. 때로 저항도 하였고, 때로 역으로 피정복자의 문화가 정복자의 문화에 중요한 영향을 주기도 하였다.

몽골족은 자신들의 발원지를 떠나 서아시아지역으로 침략해 들어가면서도 몽골족의 전통적인 유목민족적 가치관을 오랫동안 간직했다. 그런데 피정복지의 무슬림 문화를 접하면서 이슬람교에 빠르게 적응하기도 하였다. 스페인인들이 남아메리카를 정복하였을 때, 스페인인들은 남아메리카 원주민의 문화를 미신, 악마의 유산으로 치부하면서, 유물과 유산을 파괴하였고 대신 그들이 가져온 천주교, 스페인어를 강제하였다. 그러나 남아메리카인들은 유럽인에게 동화되기를 거부하고 그들의 고유한 문화를 유지하려고 노력하기도 하였다. 오히려 정복자인 스페인인이 피정복인의 문화인 남아메리카의 회화 양식을 적극적으로 받아들여 혼합된 회화 양식을 만들기도 하였다. 중국에 침략했던 다른 민족들이나, 북부 프랑스를 점령하였던 바이킹들 같은 경우는 정복자가 정복지의 종교를 받아들였을 뿐 아니라, 정복지의 문화에 동화되기도 한 예이다.

이렇게 집단적 이주와 문화 집단 간 전쟁은 문화 대 문화의 만남으로, 관련 집단들에게 긍정적으로 작용하든, 부정적으로 작용하든, 문화 전체의 융합을 통한 새로운 문화의 창조를 자극하기도 하고, 또 하나의 문화가 다른 하나의 문화를 완전히 수용하는 형태로 동화를 촉진하기도 하였다. 그러나 한편 수용 거부의 형식을 통해서 고유한 문화들을 유지하려는 노력을 보이기도 하였다. 폭력적이든, 비폭력적이든 이러한 문화 접촉은 파괴, 억압과 저항 등의 방식으로 문화 집단들 간의 갈등을 수반한다.

이러한 과정을 거쳐 종래 문화 공동체가 재편되기도 하고, 새로운 문화 공동체가 탄생하기도 한다. 따라서 집단적 이주와 문화 집단 간의 전쟁은 세계사에서 문화적 교환, 정치·경제적 세력관계의 변화, 문화 공동체의 재편 등을 탐구할 수 있는 사건들을 선정하는 데 중요한 개념이 될 수 있다. 이주와 전쟁을 통한 문화적 접촉과 교류를 탐구하도록 하기 위해서는 그러한 이주와 전쟁이 일어난 지역의 자연 조건, 이들 지역 사이에 분업적 생산과 교역, 이들 지역의 문화적 특징, 이들 지역 사이에 경쟁과 투쟁을 부추겼던 요인들, 이들 지역의 접촉과 교역이 가져온 상호작용, 문화 융합 등을 함께 분석할 수 있도록 내용이 제시될 필요가 있다.

요컨대 원거리 교역, 집단적 이주, 문화 집단 간의 전쟁은 20세기 교통 통신이 급격하게 발달하기 이전, 집단 간에 상호작용과 문화교환을 자극했을 만한 중요한 방식이었다. 이외에 '여행', '선교 활동'과 정치·외교적 접촉 또한 교류를 자극했을 만한 방식으로 별도로 다룰 수도 있다.

20세기 이전 개인의 여행—엄격하게 말하자면 개인의 여행이라고는 할 수 없지만—가운데 집단 간의 상호작용을 자극하였거나, 집단들의 세계관을 변화시키는 데 중요한 역할을 하였던 예들이 있다. 예를 들면, 아프리카 말리의 만사 무사, 모로코의 무슬림 이븐 바투타, 이탈리아의 상인 마르코 폴로, 명나라의 색목인 환관 정화, 마젤란, 콜럼버스 등의 여행 등이다. 그런데 이들 여행은 당시 교역 네트워크를 통해서, 대부분 상업적 교역, 성지 순례 등과 관련하여 이루어졌다. 또한 여행 자체가 문화 간의 상호작용을 자극했다기보다는 여행을 통해서 다른 세계에 대한 정보를 제공하는 역할을 하였다고 할 수 있다. 즉 이들 개별 여행 자체가 문화적 경계를 넘는 문화적 교환, 정치, 경제, 사회적 상호작용을 자극했던 사건들로서의 의미가 충분하지 않을 수 있다. 그러므로 여행이나 선교활동을 내용 선정의 독립적인 개념으로 설정하기보다는 상업적 교역의 범주에서, 또는 종교 활동과 관련하여 다루는 것이 하나의 대안이 될 수 있다. 이들의 여행을 중심으로 당시 형성되어 있던 교역 네트워크에 대해 탐구해 볼 수 있다. 여행자들이 남긴 자료 또는 이들의 여행에 대해 남아있는 자료를 통해 당시 세계 여러 지역, 여러 민족들의 다양한 생활 또한 탐구해 볼 수도 있다.

불교 승려, 이슬람교 수피, 예수회의 활동 등의 선교활동도 집단 간의 상호작용을 유발했던 중요한 접촉의 예라고 할 수 있다. 그러나 특별한 경우를 제외하고는 선교활동은 대부분 상업적 교역의 네트워크를 통해서 이루어졌다. 예수회처럼 선교 자체를 목적으로 선교사들이 상인을 따라 교역로를 통해 이민족 지역에 들어간 예도 있지만, 원거리 교역을 수행하는 과정에서 자신들의 신앙생활을 위해 종교 지도자를 이민족 지역에 동반하면서, 또 상거래를 특정한 종교의 규율에 따라 수행함으로써, 이민족을 종교적으로 동화시킨 경우도 있다.

역사적으로 집단적 이주, 문화 집단 간 전쟁, 상업적 교역, 선교활동 등이 동시적으로 진행된 경우가 많다. 그럼에도 불구하고 교류가 일어나는 방식을 앞에서 제시한 것과 같이 '도식적'으로 구분하는 것은 교류를 통해서 형성되었을 만한 공동체의 범위와 문화적 상호작용이 일어났을 만한 지리적, 사회적, 문화적 경계선의 밑그림을 그리는 데 도움이 될 수 있기 때문이다. 또한 같은 사건일지라도 분석의 초점을 달리하면 그 사건을 다각적으로, 다층적으로 분석하는 데 도움이 되기 때문이다.

(2) 충돌 또는 교환되었을 만한 문물

충돌 또는 교환되었을 만한 문물들은 크게는 사상, 종교, 작게는 기술,

식생, 질병 등 다양하다. 이 가운데 문화적 접촉과 교류의 역사는 교환이 기존의 문화나 집단적 생활양식을 동요시키고, 재정의하는 데 영향을 미친 사건들을 중심으로 다룰 것을 요구한다. 예를 들면 다음과 같은 사건이 있다.

몽골의 세계제국 형성 과정에서 기병대는 오랜 페스트 감염 중심지인 운남성을 침공했다. 이곳에서 옮아 온 흑사병균은 몽골군의 말안장을 타고 몽골군의 정복지로 퍼져나갔다. 특히 몽골군과 이탈리아인의 접촉은 흑사병균이 유럽 내의 교역로를 따라 유럽 전역에 확산되는 계기가 되었다. 그 결과 흑사병은 4년간에 걸쳐 유럽 인구의 1/3을 감소시켰고, 이것이 유럽 사회의 구조적 변화의 조건을 만들기도 하였다. 즉 몽골의 세계제국 건설 과정에서 몽골군에 의해 유럽인에게 전달된 흑사병균의 확산은 유럽 인에게는 심리적, 문화적, 종교적, 경제적 변화를 촉진하는 사건이었던 것이다.

1520년대 스페인인의 남아메리카로의 침략 및 이주는 천연두균이 대서양을 건너는 계기가 되었고, 이에 따라 천연두균에 대한 면역력이 없었던 남아메리카의 인구를 대폭 감소시켰다. 이는 잉카제국이 급속히 무너지게 된 요인 중 하나였으며, 아프리카 노예를 남아메리카로 강제 이주시킨 배경 요인이 되기도 하였다.

불교는 중국에 들어가면서 유교와 도교적 사상 및 관행을 어느 정도 수용하였고, 이슬람교는 서아프리카로 들어가면서 서아프리카의 비교적 자유로운 남녀관계를 용인하였으며, 동남아시아로 들어가면서 여성의 소상인 활동을 받아들였다. 파르티아의 신앙인 태양신 미트라를 숭배하는 미트라교는 로마제국에 전해져서 군신으로 숭배되었으며, 당시 기독교와 대등할 정도의 세력을 형성하기도 하였다. 미트라신앙은 교역로를 따라

동쪽으로 전해져 후에 당나라, 신라, 일본에서 미륵신앙으로 발전하기도
하였다.[14)

　17~19세기 사이에 이루어진 아프리카인의 아메리카로의 이주는 한편
이주의 관점에서 다룰 수도 있고, 제국주의적 노예 매매로서 다룰 수도
있다. 즉 교류가 이루어졌을 만한 방법의 측면에서, 또 충돌 또는 교류되었
을 만한 문물의 측면에서 모두 다룰 수 있다. 이 주제를 다루기 위해서는
사실 그 이전에 이미 진행되고 있던 아프리카 내의 전쟁노예 매매 관행
그리고 노예 시장의 형성부터 이해할 필요가 있다. 왜냐하면 아프리카
내의 노예 매매와 노예 시장 형성이 대서양 노예무역, 또는 아프리카 노예
의 아메리카로의 강제 이주를 가능하게 하였던 하나의 조건이었기 때문이
다. 8세기 이후 이슬람 상인이 아프리카에 대상무역을 시작한 이래 노예는
상아, 금 등과 함께 서아프리카나 동아프리카의 주요 교역 품목으로 여겨
지기도 하였다. 즉 유럽인들이 유독 아프리카인을 노예로 삼았던 이유,
그리고 아메리카 원주민을 고용하지 않고, 그 많은 희생을 감수하고 많은
비용을 써가며 아프리카인을 굳이 아메리카로 데려간 까닭은 아프리카와
아메리카의 역사적 특수성에 기초하며, 이러한 노예무역은 아프리카에는
물론, 아메리카, 그리고 인류 전체의 관점에서 볼 때 중요한 변화를 가져왔
다. 경제적인 면에서는 세계적인 노동력의 재분배, 플랜테이션 체제의
발전과 지구적 무역 네트워크 발전의 기초가 되었고, 문화면에서는 아프리
카와 유럽 문화, 아메리카 원주민 문화의 혼합으로 인한 새로운 문화의
탄생으로 나타났으며, 사회적으로는 인종차별, 민족갈등의 문제를 파생시
키기도 하였다.

---

14) 강선주, 「참여와 상호작용의 세계사 : 세계사 내용 구성 방안」, 『역사교육』 92
　(2004).

아프리카인의 이주는 제국주의적 침략 과정에서 강제적으로 이루어졌다. 그러나 그 과정에서 아프리카인은 자신들의 고유한 문화를 유지·발전시키면서 자신들의 정체성을 확인하려고 하였고, 그들이 발전시킨 문화는 아메리카 여러 사회의 문화 창조의 활력소가 되기도 하였다. 이 주제를 인종차별과 정치적 핍박과 문화적 강압 속에서도 문화창조 활동에 주체적으로 참여하였던 주체들의 노력을 부각시키는 방향에서 다룰 수도 있다.

여러 지역으로 확대되어 많은 사람들의 생활에 영향을 미쳤던 기술 가운데에는 농경기술, 제지술, 인쇄술, 역법, 전차술이나 기마술, 범선 축조술, 화약 제조술과 같은 기술 그리고 그리스와 이슬람의 수학과 과학, 유럽의 과학 등이 있다. 이러한 기술들의 교환을 통해서 이루어진 정치권력, 경제, 문화 관계의 변화를 탐구할 수 있다.

종교에서는 불교, 유대교, 힌두교, 이슬람교, 기독교 등이 있으며, 질병에는 몽골족에 의해 확대된 것으로 보이는 흑사병, 유럽인에 의해 아메리카 지역으로 확대된 것으로 천연두 등이 주목받고 있다. 최근에는 문화적, 사회적 변화를 촉발시켰던 식생들에 대한 연구도 많이 등장하고 있다. 주목받는 대표적인 식생에는 향료, 감자, 면화, 그리고 사탕수수 및 커피 같은 플랜테이션 작물 등이 있고, 상품으로서 주목하는 것에는 비단, 도자기, 차, 면직물, 총포, 노예 등이 있다.

또한 16세기 이후 중국과 유럽 사이의 문화적 교환은 유럽 사상과 정치, 문화에 미친 중국의 영향을 심층적으로 다룰 수 있는 주제이다. 좀 더 장기적인 관점에서 교역의 변화를 추적할 수 있는 주제로서는 비단이나 향료 무역이 가능하고, 16세기 이후 세계 경제와 문화를 다층적으로, 다양한 민족의 시각에서 분석할 수 있는 주제로서 17~19세기, 은, 도자기, 노예무역도 가능하다. 물론 은의 교역은 단순히 은에 그치는 것이 아니라,

유럽 세력의 재편, 유럽과 중국의 무역을 둘러싼 갈등 관계, 세계 무역 네트워크의 형성까지 다룰 수 있는 주제이다.

충돌 또는 교환되었을 만한 문물과 관련된 주제들은 문물의 발생 또는 창조에서 확산까지 시간의 흐름에 따라 다루는 방법과 문물이 새로 들어간 몇 지역을 중심으로 그 지역에서 새로운 문물을 받아들였던 조건, 또는 그 문물이 촉진하였던 변화를 비교하는 방식으로 다루는 방법이 있다. 충돌 또는 교환되었을 만한 문물의 틀에서 탐구되어야 할 중심 내용은 기술, 식생, 상품, 질병, 종교, 사상 등이 접촉되었던 조건, 양상, 그것들이 촉발한 충돌, 교환, 혼합 등의 변화, 그리고 그 변화의 역사적 의미라고 할 수 있다.

그런데 문화 접촉, 충돌, 교환의 양상을 이해시키는 것이 주목적이라면, 문화 집단 사이의 접촉 과정에서 일어나는 문화적 요소 사이의 강한 충돌, 또는 문화적 교환이 지연되거나, 교환 자체가 일어나지 않았던 사례들을 탐구할 기회를 제공할 필요가 있다.

좀 더 구체적으로 말하자면 그러한 문물의 접촉이 어떤 통로와 방법을 통해 이루어졌는지, 교환을 가능하게 하였던 조건, 교환을 가능하지 않게 했던 조건, 충돌이 일어나게 했던 조건은 무엇인지, 교환이 의도적으로, 평화적으로 이루어졌는지 등의 교환 혹은 충돌의 양상, 교환이나 충돌이 일어나면서 초래된 쌍방향적 변화, 야기된 집단 간의 갈등, 기술혁신, 인구 구성의 변화, 생활방식의 변화, 사고방식의 변화, 정치, 문화 세력의 변화 등을 분석할 기회를 주어야 한다. 각 지역의 토착문화와 새로 유입된 외래문화 사이의 문화 충돌과 혼합과정에 대한 분석은 한편으로는 소위 인류의 공통된 경험 속에 포함되어 있는 다양한 문화 집단들의 서로 다른 문화와 경험을 다층적으로 이해하는 데 도움이 될 것이다.

3) 내용 선정 및 구성을 위한 주제

(1) 역사적 역동성으로서 접촉과 교류, 접촉과 교류의 거대한 양상

이 강좌는 접촉과 교류가 역사적 역동성으로 이질적인 집단들에게 어떻게 상호영향을 미쳤는가를 중심적으로 가르칠 것을 기본 취지로 한다. 또한 강좌 자체가 '주제사적 접근 방법thematic approach'에 기초하기 때문에 이러한 강좌 개설의 취지와 접근 방법을 살리는 방향에서 내용이 선정될 필요가 있다. 주제사적 접근 방법은 한두 주제theme를 중심으로 역사를 이해할 수 있도록 내용을 선정하고 구성하는 것이다. 이는 정치, 경제, 사회 등과 같은 분야의 구분을 넘어 한 주제를 좀 더 통합적으로 접근하는 것이다.

문화적 접촉과 교류의 역사라는 강좌는 접촉과 교류를 중심 주제로 세계사적 시각에서 볼 때 중요한 역동성으로 작용했던 접촉과 교류, 접촉과 교류의 거대한 양상을 다루는 것을 기본 취지로 한다. 이러한 취지를 좀 더 살리기 위해서는 내용 선정 및 구성시 크게 두 가지 점을 고려할 필요가 있다. 첫째는 역사 변화를 이끌었던 접촉이나 교류 그리고 둘째는 접촉과 교류의 거대한 양상을 볼 수 있게 해야 한다는 것이다.

첫째, 파팅톤은 과거인의 시각에서 중요한 것으로 인식되었을 만한 사건이나, 현재인의 시각에서 볼 때 그 영향력이 컸거나, 오래 지속되었던 사건들, 또는 현재 생활을 이해하거나 현재의 문제를 해결하는 데 도움이 될 만한 사건들을 역사교육에서 중요하게 가르쳐야 한다고 주장한다.[15] 이러한 파팅톤의 주장을 접촉과 교류의 역사라는 주제사적 접근에 비추어 보면, 과거 다수의 사람들, 다수의 집단들이 그들에게 커다란 변화를 가져

---

15) Geoffrey Partington, *The Idea of History* (Oxford : NFFR Publishing Company, 1980), pp.112~114.

왔던 것으로 평가하였던 문화적 접촉과 교류, 그리고 문화적 상호작용이 심화되고 있는 현재 세계의 특징에 비추어 그러한 현재를 이해하는 데 중요한 변환점이 되었던 역사적 접촉과 교류, 오늘날 세계 문화를 이해하는 데 중요한 접촉과 교류를 중심으로 내용을 선정하고 구성할 수 있을 것이다. 전자가 과거인의 자신들의 삶에 부여하였던 의미 탐구에 중심을 둔다면, 후자는 현재의 다양한 삶의 방식과 현재로 이르는 역사적 과정에 대한 이해에 그 중심이 있다.

전자의 경우에는 그 접촉 혹은 교류가 당시 문화 집단 간에 세력 변화, 당시 사람들의 생활이나 사고방식의 변화를 가져오는 데 중요한 역할을 하였는가, 그것이 당시 또는 이후에 여러 집단들의 문화 정체성을 재정립하는 데 중요한 역할을 하였는가, 인구 구성 변화에 결정적 역할을 하였는가 등의 질문을 내용 선정에 활용할 수 있다. 후자의 경우에는 그 접촉 혹은 교류가 여러 집단들의 생활방식을 크게 변화시켜 오늘날의 문화를 이해하는 데 중요한 역할을 하였는가, 그것이 어떻게 오늘날에 이르렀는가를 이해하는 데 중요한가 등의 질문을 내용 선정에 활용할 수 있다.

둘째, 접촉과 교류의 거대한 양상을 보여주기 위하여 이질적인 문화들 간의 접촉과 교류를 한층 극명하게 보여주는 사건들을 선택할 수 있다. 예를 들면 '차용 거부', '문화 혼합과정', '문화 번역' 등과 같은 역사적 양상을 가르치는 방향에서 내용을 선정하고 구성하는 것이다.

기술이나 식생은 쉽게 거의 큰 저항 없이 '경계'를 넘는다. 많은 연구들은 질병, 기술, 무기, 식생들이 쉽게, 빨리 문화적 경계는 물론 지리적 경계를 넘어 확산되었다는 것을 보여준다. 그런데 사상, 이념, 신념 등의 사유체계와 독특한 지리적, 환경적 요인과 관련된 생활습성과 결합된 기술의 경우는 쉽게 '경계'를 넘지 못한다. 사유체계와 생활습성의 변화까지 요구하기 때문이다. 그러나 속도의 차이는 있지만, 기술, 식생, 종교, 사상, 질병 등 교류된 모든 것들은 관련된 집단들에게 크게 또는 작게 영향을 미쳤다는 점에서 공통적이다. 접촉이나 교역을 통해서 퍼진 기술, 식생, 종교, 사상, 질병은 크게는 관련 집단 사이의 세력 재편을 촉진하기도 하였고, 특정 집단 내의 인구 구성의 변화, 식생활이나 의생활의 변화를 가져오기도 하였으며, 또는 집단들의 문화 정체성이 재정립되는 기회를 제공하기도 하였다.

정도의 차이는 있을지라도 기술, 식생을 비롯한 새로운 문물에 대한 저항은 필연적이다. 저항은 그 문물에 대한 지역적인 인식의 차이를 만들기도 한다. 예를 들면 남아메리카 대륙에서 유럽으로 들어간 감자는 오랫동안 악마의 열매로, 경멸의 대상이 되었다. 그런데 어느 순간 그것은 민중들의 주식으로 대중화되기 시작하였다. 때로 페르낭 브로델Fernand Braudel이 관찰한 것처럼 '차용 거부'를 통해 문화적 경향에 저항하기도 한다.16)

브로델은 그 예로 일본이 오랫동안 식탁과 의자에 저항했던 것과 지중해 세계에서 종교개혁을 거부했던 것 등을 제시하였다. 이외에도 이슬람 세계에서 오랫동안 인쇄물에 저항했던 예를 들 수 있다. 그렇기 때문에 사유체계, 생활습성과 관련된 문물의 교환은 단순히 '전파'라는 개념만으로 해명될 수 없는 복잡한 양상을 보이고 있다. 특히 '전파'라는 개념에 기초한 근대 세계문화 형성과정에 대한 설명은 서구문화의 전파를 통한 '서구화'를 상정함으로써 서구 이외 지역의 문화의 자율성과 역동성을

---

16) Peter Burke, "Civilizations and Frontiers : The Anthropology of the Early Modern Mediterranean," John A. Marrno ed., *Early Modern History and the Social Sciences : Testing the Limits of Braudel's Mediterranean* (Kirksville, 2002), pp.123~141.

억압하고 통제한다.

따라서 문화적 접촉과 교류를 역사적 관점에서 이해하기 위해서는 종래 '전파' 이론에 기초한 '정복자'의 시각에서 벗어날 필요가 있다. '전파'는 한쪽(선진 문화)에서 다른 쪽(후진 문화)으로의 일방적인 흐름, 강요, 정복, 동화를 통해 역사를 형상화한다. 그러나 문화는 상호의존적이며, 관련 집단 사이의 상호작용을 통해 형성된다. 이러한 관점에서 브로델이 묘사한 '차용 거부', 벤틀리가 채용한 '문화 혼합과정syncretic process' 또는 '혼합주의syncretism',17) 에드워드 에번스-프리처드 모임에 참여한 인류학자들이 말했던 '문화적 번역'18) 등은 '문화적 접촉과 교류의 역사'를 통해서 이해해야 할 중심 개념이 되어야 한다. 다시 말하자면 차용 거부, 문화 혼합과정, 문화 번역, 문화 동화 등은 문화적 접촉과 교류의 역사의 내용을 관통하는 개념으로 채용함으로써, 학생들이 역사적으로 문화적 교류는 단순히 '전파'의 역사가 아니라, 복잡하면서도 다양한 양상으로 진행되었다는 것을 인식하는데 도움을 줄 수 있을 것이다. 이러한 개념들은 문화 접촉과 교류의 양상과 관련된 내용을 선정하는 조작적 기준이 될 수 있다.

(2) 내용 구성 : 거대한 양상과 집단별 해석

내용은 크게 두 가지 방향에서 구성될 필요가 있다. 첫 번째는 접촉과

---

17) 혼합주의syncretism란 문화적 타협으로 이르는 과정을 표현한 것이다. 즉 이미 토착지역의 신념, 가치, 관습 등이 외부로부터 유입된 새로운 문화적 전통의 틀에서 자리를 찾아가는 과정이다. Jerry Bentley, *Old World Encounter*, 서문.

18) 문화적 번역은 하나의 문화가 다른 하나의 문화와 조화를 이루기 위해 그 지역의 문화체계를 차용하거나 그 문화체계에 순응하는 것이다. 예를 들면 우리 나라에 기독교가 들어오면서 기독교의 독특한 신앙체계, 교리를 우리 나라 언어로 번역하는 과정에서 구세주라든가 성모라든가의 개념을 번역하기 위해 그와 동등한 대체물을 찾으려고 노력하였고, 그 과정에서 우리 문화 방식으로 기독교 교리를 번역하게 된 것을 말할 수 있다.

교류를 통해 형성된 새로운 사회·문화 집단의 범위를 소위 문명, 문화의 단위를 넘어서 때로는 반구 때로는 지구적 차원에서 거대한 그림을 그릴 수 있도록 내용을 구성하는 것이다. 그리고 두 번째는 문화 충돌, 융합 등을 만들었던 접촉 혹은 교류 그 자체나 또는 그 과정에서 들어온 문물이 각 집단에게 어떤 의미를 주었는지, 집단별 관점에서 접촉과 교류의 의미를 탐구할 수 있게 내용을 구성하는 것이다.

첫 번째 방향에서는 '접촉과 교류가 이루어졌을 만한 방식', '충돌과 교환되었을 만한 문물'을 통해 접촉이나 교류가 이루어진 지리적 공간, 또는 문화간에 접촉이나 충돌이 일어났던 집단들의 경계를 크게 그릴 수 있도록 유도하고, 그를 통해 새로 형성된 문화 집단, 또는 서로 갈등을 일으킨 문화 집단들의 범위를 확인할 수 있는 기회를 준다.

예를 들면 특정 교역로나 특정 전쟁에 관련된 집단들이 그리는 지리적 공간에서 상호 교환되거나 충돌한 문화들의 역사적 전개 과정을 탐구하는 것이다. 좀 더 구체적으로 보자면 비단길이라는 교역로가 그리는 교역 공동체의 역사적 전개 과정으로서 교역의 시작, 교역의 축소 또는 중단, 재개 또는 확대 등, 그리고 그러한 역사적 전개 과정에 영향을 미쳤던 정치적, 사회적, 문화적인 요인들, 관련된 정치 및 문화 세력들, 그들의 역할, 교역이 관련 집단들에게 주었던 의미 등을 탐구하는 것이다. 또 다른 예를 들면 불교라는 문화가 그리는 문화 공동체의 큰 범위를 그리고, 어떤 불교가 어떤 경로를 통해서 어떻게 누구에 의해 여러 지역으로 확산되었는가 등을 큰 그림으로 그릴 수 있는 기회를 주어야 한다.

두 번째 방향에서는 접촉이나 교류가 이루어진 지리적 공간 속의 다양한 문화 집단들, 또는 문화간 접촉이나 충돌을 겪었던 집단들이 그러한 접촉, 충돌, 교환 등에 대해 어떻게 바라보고, 어떻게 해석하였는가, 그것이 그 집단에 가져온 변화는 무엇인가를 그 집단의 시각에서 탐구할 수 있도록 내용을 구성하는 것이다. 그렇게 함으로써 접촉과 교류의 역사는 접촉과 교류의 메커니즘, 그 과정에서 일어나는 문화 복합 과정과 새로운 문화의 생산, 관련된 집단들의 정치적, 문화적 재편, 그리고 그러한 접촉과 교류에 대해 각 집단이 부여하는 의미 등, 한층 심층적인 역사 학습을 유도할 수 있다. 즉 하나의 주제를 한층 다층적으로 분석할 수 있도록 구성하는 것이다.

예를 들면 불교라는 종교가 중국이나 태국에서 어떤 방식으로 정착하고, 그렇게 정착하는데 어떤 갈등 또는 어떤 변용이 있었는가를 각각의 지역적 관점에서 탐구하는 것이다. 그 과정에서 충돌 또는, 융합 등의 패턴을 혼합주의, 차용 거부, 또는 문화 번역 등의 틀로 분석할 수 있다. 물론 이러한 분석 틀을 벗어나 다른 방식으로 문화 충돌이나 교환이 일어났을 가능성을 항상 염두에 두고, 특수한 상황을 탐구할 수 있도록 유도할 필요도 있다.

사건이나 문화에 대한 집단별 의미 탐구 과정에서는 비교의 시각이 도입될 수 있다. 비교는 같은 문물에 대해 서로 다른 집단들이 어떻게 수용 또는 거부하였는가, 그리고 그렇게 서로 다른 양상을 만들었던 특수한 조건이 무엇인가를 이해하는데 초점을 두어야 한다. 크게 보면 동일한 문화권으로 간주될 수 있지만, 실은 그 내에 다양한 집단들이 서로 다른 문화들을 형성하고 다른 역사적 경로를 통해 발전하였다는 것을 이해하며, 또 그렇게 서로 다른 역사적 경험을 만들었던 특수한 조건들을 파악하여 역사를 다층적으로 분석하는 데 비교의 목적이 있다.

4. 맺음말

최근 상호의존성의 심화는 이질적인 문화 집단 사이의 직간접적 접촉을 통해 일어나는 역동성이 역사 변동 및 문화 변화에 중요한 역할을 한다는 것을 보여준다. 이러한 최근 세계 변화를 거론하지 않더라도, 많은 역사적 사례들은 이질적인 집단간의 접촉과 교류가 관련되었던 집단들의 고유한 문화 전통의 동요, 파괴, 재정립, 또는 강화 등의 방식으로 문화 및 역사 변화의 중요한 원동력으로 작용했다는 것을 입증한다.

'접촉과 교류의 역사'는 그러한 이질적인 집단간의 접촉과 교류가 만들었던 인류의 경험을 탐구하는 데 기본 취지가 있다. 따라서 이 강좌는 때로 문명, 문화권, 국가, 민족 등과 같은 종래 '고정된' 역사 서술의 단위를 넘어서 새로운 역사 탐구의 단위를 상상할 것을 촉구한다. 또한 종교, 과학 기술, 식생, 질병 등 인간의 다양한 생활 국면을 제국, 민족, 계급, 젠더 등 다수의 범주로 분석함으로써 인간 문화를 다원적으로 접근할 것을 요구하기도 한다. 즉 다양한 생활 국면을 다수의 범주로 분석함으로써 역사적으로 존재했을만한 문화 집단의 다른 경계를 그리고 종래와 다른 인간 생활의 국면들을 탐구하도록 유도하는 것이다.

'접촉과 교류의 역사'에서는 또한 역사 속에서 이질적인 집단간의 접촉이 가져오는 다양한 문화 충돌, 갈등, 저항, 혼합, 동화 등의 패턴들을 거시적으로 분석할 기회를 줄 수 있다. 즉 문화의 관점에서 볼 때 무엇이 지속되고 변화되는지, 한편 변화의 큰 그림을 그리면서 또한 그러한 변화의 패턴을 차용 거부, 혼합주의, 문화 번역, 동화 등의 개념적 틀을 통해서 분석해 볼 기회를 가지는 것이다. 물론 이러한 개념적 틀을 사용하면, 역사의 특수성을 무시하고, 역사를 경직된 일반화, 법칙화시킬 위험이 있다. 따라서 어떤 역사가들은 역사에서 일반화, 법칙의 생성 혹은 적용을 거부하고 역사에서 사건들의 특수하고 고유한 상황을 볼 것을 강조하기도 한다.

그러나 '접촉과 교류의 역사'가 거시적인 관점에서 구조적인 지속과 변화를 분석할 수 있는 기회를 주고자 한다면, 앞에서 언급한 민족, 젠더, 계급 등과 같은 개념들과 마찬가지로 차용 거부, 혼합주의, 문화 번역, 문화 차용, 동화 등 또한 역사와 인간 사회 및 문화를 분석하는 데 효과적인 도구로 사용할 수 있다.

'접촉과 교류의 역사'는 다층적 역사 분석을 추구한다. 이를 위해서는 한편 하나의 문화 집단보다 큰 지리적 공간에서 이질적인 문화 집단간의 접촉과 교류를 큰 그림으로 이해할 수 있게 하면서, 다른 한편 관련된 각 문화 집단들은 그러한 접촉과 교류에 대해 어떤 의미를 부여했는가를 분석해 볼 기회를 줄 수 있게 내용을 구성해야 한다.

'접촉과 교류의 역사'는 강좌의 취지가 뚜렷하기 때문에, 부각되는 역사와 축소되는 역사의 국면이 명백하다. '접촉과 교류의 역사'는 '잘 구성되고 잘 실행되면' 과거는 물론 현재의 세계를 분석하는 준거로서 집단간, 지역간 상호작용의 역사적 역할과 상호작용의 큰 양상에 대해 이해할 수 있는 기회를 제공할 것이다.

지구적 시각에 기초한
세계사 교육에의 접근 방안

정 선 영

1. 머리말

우리는 매일 같이 뉴욕의 증시 동향에 따라 우리 나라 증시가 요동치는 모습을 보면서 우리의 경제생활 속에 파고든 지구화의 파고를 깨닫게 된다. 이와 같이 지구화로 인해 형성된 네트워크는 날이 갈수록 폭넓게 확장되어 세계 어디서나 인간 생활의 다양한 국면에 걸쳐 강력하고 신속한 영향력을 미치고 있다. 이에 따라 지구화Globalization 또는 지구적 시각Global Perspective에 대한 학계의 관심도 높아지고 있으며, 우리 나라에서도 지구화를 본격적으로 다룬 외국의 저명한 책들이 번역되어 출간된 바 있다.[1]

역사학계에서도 지구화의 문제에 대한 관심이 점차로 고조되고 있다. 1990년 마드리드에서 열린 세계사학회the World History Association의 역사교육 분과에서는 지구적 역사공간의 결과로 생겨난 역사, 정치의식에 있어서의 제변화가 대회주제로 선정되어 각종 보고가 행해졌다.[2] 그 후 10년 뒤인

---

1) 이 가운데 대표적인 것으로는 울리히 벡,『지구화의 길』(서울 : 거름, 2000) ; 데이 비드 헬드 외, 조효제 옮김,『전 지구적 변환』(서울 : 창작과 비평사, 2002) 등이 있다.

2) 김원수,「글로벌 역사란 무엇인가」,『사회과교육』41권 2호 (2002), p.49.

2000년 8월에 오슬로에서 열린 제19차 국제역사학대회International Congress
of Historical Sciences에서는 회의의 주제를 "지구사에 대한 전망 : 개념과 방법
론Perspectives on Global History : Concepts and Methodology"으로 정하고 세계의 역사
학자들이 공동으로 지구화 및 지구사의 문제를 본격적으로 논의한 바
있다. 이 회의에서는 또한 글로벌 사회에 있어서 새로운 역사교육의 방법
론에 관한 4개의 분과발표가 있었는데, 그 발표의 결과는 별도의 책으로
출간되기도 했다.3)

한편 우리 나라 역사학계에서도 지구화 및 지구사에 대한 관심이 최근에
와서 급속하게 높아지는 경향이 나타나고 있다. 그것은 무엇보다 2002년
8월에 서울에서 역사학회와 세계사학회가 공동으로 '역사 속의 한국과
세계'라는 주제를 가지고 역사학 국제회의를 개최한 것을 통해서 잘 알
수 있다. 이 국제회의에서 발표된 논문들을 보면 역사학계가 지구사의
범주에 속하는 주제들에 이미 상당한 정도로 몰입되어 있다는 것을 충분히
파악할 수 있다.4)

그밖에도 최근에는 1960년대 이후 세계적으로 새롭게 대두하고 있는
지구사의 새로운 경향을 국내에 소개하는 연구논문이나 지구사적인 입장
에서 세계사 교육내용의 재구성을 시도하는 연구논문도 등장하고 있어
서5) 바야흐로 지구사와 지구적 시각에 대한 높은 열기는 그대로 세계사

3) Karl Pellens ed., *Historical Consciousness and History Teaching in a Globalizing Society* (Frankfurt
   am Mein : Peter Lang, 2001) 참조.
4) 이 국제회의는 철저하게 분과별 회의session를 중심으로 개최되었는데 총 32개의
   분과에서 모두 124편의 논문이 발표되었다. 분과별 주제들을 보면, "아시아의
   네트워크", "세계 경제사 속의 동아시아와 북대서양", "세계사의 내용 재구성
   방향", "세계사적 관점에서 본 라틴 아메리카" 등 글로벌 역사와 관련된 주제들이
   많이 포함되어 있는 것을 알 수 있다.
5) 이 가운데 대표적인 것은 다음과 같다.
   이영효, 「세계사 교육의 방향과 가능성」, 『역사교육의 방향과 국사교육-윤

교육의 개선을 위한 움직임으로 전환되는 감이 있다. 현재 시행되고 있는 제7차 세계사 교육과정에서도 지구사에 대한 관심이 이미 상당한 정도로 반영되고 있는 것을 찾아 볼 수 있다. 현행 세계사 교육과정의 성격을 보면 "오늘날의 세계는 국가간 상호교류의 차원을 넘어서 전세계를 하나의 생활권으로 묶어 나가고 있다"고 하면서, "세계사 학습에서는 특정한 지역에 편중된 역사를 지양하고, 지구촌적 관점에서 보다 폭넓은 지역의 역사를 다룰 필요가 있다"는 점을 강조하고 있는데,6) 이것은 바로 지구적 시각이 교육과정에 반영되어 있음을 드러내는 좋은 사례라고 할 수 있다.

　그러나 현실적으로 볼 때 지구촌 시대에 맞는 세계사 교육이 어떻게 이루어져야 하는가에 대한 논의는 아직도 초보단계에 있다고 할 수 있다. 이 문제에 대한 지금까지의 연구들은 지구적 시각에 입각한 세계사 교육의 큰 틀은 제시했지만 그 틀 안에 들어갈 구체적인 내용이나 방법이 무엇인지에 대해서는 아직도 원론적인 수준에서 크게 벗어나지 못한 감이 있다. 이 글은 이러한 문제의식을 바탕으로 지금까지의 연구를 진척시켜서 보다 현실적이고 구체적인 방식으로 지구적 시각에 기초한 세계사 교육의 방안을 마련해야 한다는 의무감에서 출발하였다. 그리하여 지구적 시각에 입각한 세계사 교육내용을 구성하기 위한 구체적인 방안과 교수·학습의 방향이 어떤 것인가를 탐색하려는 것이다. 그리고 이를 통해 지구촌 시대에

　세철교수 정년기념 역사학논총』(서울 : 솔, 2001) ; 강선주, 「미국 세계사 인식의 변화와 세계사 교육」, 『역사교육의 방향과 국사교육-윤세철교수 정년기념 역사학논총』(서울 : 솔, 2001) ; 강선주, 「세계화 시대의 세계사 교육 : 상호관련성을 중심원리로 한 내용구성」, 『역사교육』 82 (2002) ; 김원수, 앞의 논문 ; 조지형, 「새로운 세계사와 지구사-포스트모던 시대와 성찰적 역사」, 『역사학보』 173 (2002) ; 배한극, 「글로벌 히스토리와 글로벌 교육」, 『서양사학연구』 8 (2003).

　6) 교육부, 『제7차 사회과 교육과정-세계사』(1997), p.180.

278 제3부 새로운 세계사와 세계사 교육

맞는 세계사 교육의 바람직한 방향이 어떤 것인지를 정립해보고자 한다.

2. 지구적 시각과 지구적 역사

1) 지구화 시대의 도래와 지구적 시각의 강조

오늘날 지구는 정치, 경제, 문화, 기술, 학술, 정보 등 모든 차원에서 날이 갈수록 서로 뗄 수도 빠질 수도 없이 얽힘으로써 문자 그대로 하나의 지구촌을 형성하고 있다. 그것은 세계가 하나의 문명의 틀 속에 묶이게 되었음을 의미한다.[7] 무엇보다 정보통신기술과 교통의 급속한 발달로 범세계적 네트워크가 형성되면서 시·공간이 단축되었으며, 이를 통해 지구적 상호관련성global cultural interrelatedness이 심화되면서 지구화의 속도는 더욱 빨라지고 있다.

지구화가 무엇인가에 대해서는 이론의 여지가 많이 있다. 그러나 지구화의 가장 큰 의미를 지구적 상호연결성의 확장, 혹은 상호의존의 심화에서 찾는 데는 이론이 있을 수 없다. 『전지구적 변환Global Transformations』이란 저서를 통해 지구화의 의미와 성격을 다각적으로 분석한 헬드David Held 등은 지구화를 상호의존성의 가속화, 원거리 행위, 시공압착時空壓搾 등의 개념으로 요약하고 있다.[8] 여기서 상호의존성의 가속화는 각국 경제·사회 사이에 국제적 연계가 강화되어 한 나라의 변화가 다른 나라에 직접적으로 영향을 미치는 것을 말한다. 그리고 원거리 행위는 현대 지구화의 조건 속에서 개인이나 기업 등의 사회적 행위주체가 한 행동이 원거리

---

7) 박이문, 「문명사적 기로의 세기」, 『제42회 전국 역사학대회 발표요지』(1999), p.82.

8) 데이비드 헬드 외, 조효제 옮김, 『전지구적 변환』, p.35.

타자의 행동에 심대한 의도적·비의도적 결과를 낳는 방식을 가리킨다. 마지막으로 시공압착은 지구화가 지리적 거리와 시간을 줄어들게 하는 현상을 지칭한다.[9] 헬드 등의 말 그대로 오늘날의 지구화 시대에 있어서는 지구상의 모든 국가나 개인들이 서로 연결된 체제 속에 살고 있기 때문에 한 국가, 기업, 단체 혹은 개인이 취한 행동이 멀리 떨어져 있는 다른 국가나 개인에까지 심대한 영향을 주는 경우가 많이 발생하고 있다.

이와 같이 초국적超國的으로 이루어지는 상호연결성의 공간적 범위와 밀도는 지구적 질서를 이루는 공동체·국가·국제기구·비정부기구·다국적 기업 사이에 복잡한 관계의 망network을 형성한다. 그리고 이러한 지구화의 과정에서 나타나는 상호작용과 상호연결의 네트워크가 강화되면 될수록 인간의 사회활동과 조직방식에도 근본적인 변화가 나타나고 있다.[10]

이러한 글로벌 시대를 맞이하여 교육에서도 지구적 시각global perspective을 강조하는 경향이 높아지고 있다.[11] 여기에서 우리는 먼저 지구적 시각이 무엇인가에 대해 짚고 넘어갈 필요가 있다. 니프William Kniep는 지구적 시각의 의미를 보편적이고 다양한 인간의 가치와 문화들, 경제적·정치적·기술적·생태학적인 글로벌 시스템, 지속적인 지구적 문제들과 이슈들, 그리고 지구적 역사와 관련시켜 설명하고 있다.[12] 한편 메리필드Merry M.

---

9) 위의 책, p.36.

10) 위의 책, p.682.

11) 'global perspective'를 '지구적 시각'으로 번역할 경우에는 '지구과학적인 시각'과 혼동을 일으킬 가능성이 있기 때문에 인문·사회적인 성격을 강조하기 위하여 '지구사회적인 시각', 혹은 '지구촌적 시각'으로 번역하기도 하지만, 이 글에서는 '지구적'이란 말도 이제는 어느 정도 일반화되었다고 생각하여 그대로 '지구적 시각', 혹은 '글로벌 시각'으로 부르기로 하였다.

12) Merry M. Merryfield, "A Framework for Teacher Education in Global Perspectives," in

Merryfield는 1990년에 32개의 교사교육의 프로그램에서 제시한 지구적 시각
에 대한 개념 진술을 분석한 결과, 교사들이 공통적으로 강조하고 있는
지구적 시각은 ① 복수적 시각과 시각의식perspective consciousness 및 문화적
차이와 유사성의 인식, ② 시스템으로서의 세계와 상호의존 및 상호연결성
의 개념, ③ 학생들의 결정이 지역적으로 영향을 주고, 또 세계에 걸쳐
있는 지구적 연결과 사람들과 조직들에 의해 영향을 받는 방식 등이라고
제시하고 있다.13)

또한『글로벌 시각Global Perspectives』이란 책을 쓴 켈러허Ann Kelleher는 세계는
물리적, 정치적, 문화적 요소들의 복잡한 상호작용의 터전이라고 하면서
이러한 상호작용의 가속화는 지구화의 필수적인 조건이라고 주장하고
있다.14) 그는 또 글로벌 시각의 핵심적 요소로 세계의 여러 요소들 간의
상호작용, 다양성, 문화적 차이 등을 제시하고 있다.15)

무엇보다 지구적 시각에 대한 정의 가운데 세계적으로 가장 많이 인용되
는 문헌은 한베이Robert Hanvey의『달성가능한 지구적 시각An Attainable Global
Perspective』이다. 한베이는 여기에서 지구적 시각과 관련된 내용을 다음과
같이 제시하고 있다.

① 시각의식perspective consciousness : 다른 사람들은 자신의 생각과 크게 다른
  세계관을 가질 수 있다는 것을 인식하기
② 지구의 상태 인식State-of-the Planet Awareness : 지구 내의 지배적인 글로벌

Merry M. Merryfield, Elaine Jarchow and Sarah Pickert, ed., *Preparing Teachers to Teach Global Perspectives* (Thousand Oaks, California: Corwin Press, Inc., 1997), p.4.

13) *Ibid.*, p.5.

14) Ann Kelleher and Laura Klein, *Global Perspectives* (New Jersey : Prentice Hall, 1999), p.3.

15) *Ibid.*, p.16.

문제나 사건 혹은 조건들을 깊이 있게 이해하기

③ 문화상호간 인식Croos-Cultural Awreness : 차이점과 유사성에 강조를 두면
서 세계문화의 특성을 이해하기

④ 글로벌 역학의 지식knowledge of global dynamics : 글로벌 변화와 글로벌
시스템의 성격을 이해하고 관심을 갖기

⑤ 인간선택의 인식awareness of human choices : 지방적·국가적·국제적 환경
하에서 여러 가지 문제에 대한 해결방안을 찾기16)

이상과 같이 지구적 시각이란, 사람들 사이에는 다수의 시각이 존재한
다는 점을 인정하고, 세계 여러 지역의 문화들 사이에 나타나는 차이점과
공통점을 인식하며, 세계를 하나의 시스템 내지 상호의존체제로 파악하는
것을 말한다. 또한 지구적 시각에서는 자신의 의사결정이 다른 사람들에게
영향을 미칠 뿐 아니라 지구적 네트워크에 의해 영향을 받는다는 사실을
인식하며, 세계의 현안 문제를 인식하고 그 해결을 위해 노력하는 태도를
강조한다. 따라서 지구적 시각을 신장시키는 데 초점을 맞춘 교육에서는
세계문제 또는 문화를 개별적으로 가르치기보다는 세계문제간의 상호연
관성, 문화간 상호관련성에 중점을 두어 가르치되, 학생들로 하여금 문화
간의 차이를 인정하고, 세계문제를 학생 개개인의 일상생활과 연결시켜
보는 경험을 갖게 할 필요가 있다.17)

2) 지구적 역사의 대두

---

16) B. Tye and K. Tye, *Global Education : A Study for School Change* (Albany, N.Y. : State
University of New York, 1992), pp.86～87.

17) 김현덕, 「국제이해교육의 내용과 방법」, 한명희 외, 『국제사회와 국제이해교육』
(서울 : 정민사, 2000), p.55.

글로벌 역사Global History에 대해서는 아직까지 국내에서 공식적으로 논의된 바 없으나 최근에 와서 국내 학계에서도 글로벌 역사에 대한 관심이 높아지고 있으며, 이에 대한 연구들도 나타나고 있다.18)

하지만 미국에서는 글로벌 역사에 대한 요구가 이미 1960년대에 나타나기 시작했으며, 1970년대 후반에 그 연구가 더욱 활발하게 나타났다. 그것은 호지슨Marshal Hodgson, 맥닐William H. McNeill과 스타브리아노스Leften Stavrianos 등의 연구에까지 그 뿌리를 거슬러 올라갈 수 있다. 이들 세계사 학자들이 공통적으로 강조하고 있는 것은 문명, 문화권, 국가, 사회 등의 틀을 넘어서 일어났던 역동적인 상호교류와 그로 인해 형성된 인류의 경험이다. 최근에는 이러한 그들의 세계사 구성원리를 발전시켜 세계사의 개념을 다시 정의하고 세계사의 연구주제와 방법을 재정립하여, 세계사를 역사연구의 하나의 분과로서 확립시키려는 연구자들이 늘고 있다.19)

그러면 글로벌 역사는 어떻게 정의할 수 있는가? 글로벌 역사는 세계사, 또는 지구사로 번역할 수 있으나 국내 연구자들의 일부는 전통적인 세계사와 구분하기 위하여 새로운 세계사the New World History라는 개념을 더 선호하고 있다.20) 이러한 글로벌 역사, 혹은 지구적 역사는 강선주가 적절하게 정의한 대로, 하나 이상의 사회와 문화권간의 접촉, 하나 이상의 사회나

---

18) 이에 관한 대표적인 것은 앞에서 소개한 이원수, 조지형의 논문 참조.
19) 강선주, 앞의 논문, (2002), pp.55~56.
20) 조지형은 지구사와 세계사를 구분하여 지구사란 지구라는 행성을 하나의 연구단위로 삼는 역사학의 한 분야인 반면에, 세계사는 인간이 현존하는 지역 전체와 관련된 역사현상을 연구하는 것이라고 하면서 지구사란 말 대신에 새로운 세계사란 말을 사용하고 있다. 그리고 새로운 세계사는 아마도 지구사보다 포괄적인 범주와 성격을 갖는다고 말하고 있다.(조지형, 앞의 논문, p.351.) 그러나 이 글에서는 오늘날 '글로벌'이란 말이 내포하고 있는 특정적인 성격을 그대로 살리기 위하여 세계사라는 말 대신에 '지구적 역사', 혹은 원어 그대로 '글로벌 역사'라는 말을 병용해서 사용하기로 하였다.

문화권에 영향을 미쳤던 사건들에 대한 비교 또는 사회와 문화권간의 관계를 연구하는 연구 분야라고 할 수 있다.21) 김원수는 글로벌 역사를 대륙이나 국가 혹은 지역을 넘나드는 상호관련성을 다루며, 장기적인 역사의 성격이 강하고, 관련성·상호작용·조우·외부인과의 접촉 등이 역사의 원동력으로 재현될 수 있다고 가정하고 있는 역사라고 정의를 내리고 있는데,22) 이러한 정의도 결국은 같은 의미라고 할 수 있다.

한편 가장 포괄적으로 글로벌 역사의 세계적 동향을 소개한 바 있는 조지형은 새로운 세계사가 초국적인transnational 역사현상을 연구대상으로 하며, 지구적 확산diffusion의 세계사라는 경향을 갖고 있고, 지구적 네트워크의 세계사이며, 환경과 생태의 역사성을 하나의 역사학적 범주로 설정하여 연구하는 환경의 세계사 혹은 환경사라는 경향을 가지고 있다는 점을 특별히 강조하고 있다.23)

그러면 지구적 역사라고 하든, 아니면 새로운 세계사라고 하든 최근에 나타난 세계사 연구의 일반적 동향을 필자 나름대로 몇 가지로 정리를 해보면 다음과 같다.

(1) 서구중심적 시각의 극복을 위한 노력

지금까지 미국이나 유럽의 세계사 교육에서는 서구 문명사가 세계사 교육의 중심이 되어야 한다는 의견이 대세를 이루어왔다. 이와 같이 서구의 상대적 우월성과 서구지배를 정당화하려는 세계사는 20세기에 절정을 이루었다. 그러나 1960년대와 1970년대를 거치면서 역사가들은 점차로

---

21) 강선주, 앞의 논문, (2002), pp.56~57.
22) 김원수, 앞의 논문, p.54.
23) 조지형, 앞의 논문, pp.345~365.

서구중심의 역사 대신에 문화적 다원주의cultural pluralism를 내세우기 시작했
다. 그리하여 중심부와 주변부, 서구와 나머지로 나뉜 세계사 대신에 각기
독특하고 다양한 문화를 가진 지역과 집단으로 구성된 세계사가 등장하게
되었다.24)

1976년 미국역사학회the American Historical Association와 교실역사위원회the
Committee for History in the Classroom가 공동으로 개최한 세미나의 주제는 다름
아닌 "서구문명을 넘어서Beyond Western Civilization"였다. 이 세미나에 참가한
사람 중의 하나였던 맥닐은 세미나의 주제 발표를 통해 "우리는 국가적
틀을 넘어서 젊은이들에게 진정한 글로벌 역사를 제공해야 한다"는 점을
역설했다.25) 그는 1987년에 출간된『인류공동체의 역사A History of the Human
Community』에서 다양한 문화를 가진 사람들 사이의 상호작용을 강조하기도
했다.26)

맥닐의 서구중심적 시각을 탈피하기 위한 노력은 그의 인류문명사 책의
구성을 보면 잘 알 수 있다. 그가 인류공동체의 역사에서 편성한 26개의
장 중 서구문명에 직접 관련된 장은 현대의 세계사를 포함하여 모두 14개
의 장으로 되어 있다. 세계사를 집필한 다른 학자들의 문명사가 온통 서구
중심의 장으로 구성되어 있는 것과 비교해 보면 이것은 파격적인 기획이라
고 할 수 있다. 그러나 맥닐은 근대 이후에 관한 서술에서는 유럽의 팽창과
유럽문명의 영향력을 상대적으로 강조했다는 의미에서, 서구중심적인 시

24) 이영효,「세계사 교육의 방향과 가능성」,『역사교육의 방향과 국사교육-윤세철교
수 정년기념 역사학논총』(서울 : 솔, 2001), pp.287~288.

25) The Committe for History in the Classroom and the American Historical Association,
"Beyond Western Civilization : Rebuilding the Survey," The History Teacher, X (1977),
pp.509~514.

26) William H. McNeill, A History of the Human Community (Englewood Cliffs, New Jersey :
Prentice-Hall, Inc., 1987), p.xiv.

각에서 완전히 탈피하지 못했다는 비난을 받게 되었다. 특히 파머Edward
L. Farmer는 맥닐의 책을 포함하여 대부분의 유럽 역사가들이 내용은 유럽과
유럽문명에 한정된 역사임에도 불구하고, 문명사 혹은 세계사라는 이름이
붙은 저서나 교과서를 내놓고 있는 것을 비판하고 있다. 그러면서 그는
이러한 착오에서 벗어나기 위해서는 어떤 문화든 그 내부로부터 이해하도
록 노력해야 한다는 점을 강조하고 있다.27)

　제이어Michael Geyer와 브라이트Charles Bright도 현대의 세계사는 세계를 서
구와 나머지로 나누고, 부자와 빈자, 핵심과 주변으로 나누는 패러다임이
었던 서구중심의 틀에서 벗어나 전혀 새로운 차원의 세계사를 지향하고
있기 때문에 서구의 학자들이 익숙하게 알고 있는 전통적인 설명적 전략과
분석의 틀로서는 설명하기가 곤란하다는 점을 분명히 하고 있다.28)

　이 같은 서구중심주의적 세계사의 극복을 위한 노력은 다음과 같이
몇 갈래로 전개되었다. 첫째는 유럽사 교재와 세계사 교재를 처음부터
분리하여 편찬하자는 견해이다. 스타브리아노스는 말하기를, 유럽사가
중심이고 거기 더하여 글로벌 시각을 얻기 위해 아프리카, 중동, 인도,
중국을 덧붙이는 방식의 교과서는 사실상 배우기가 곤란하다는 점을 강조
하고 있다. 유럽사와 세계사는 전혀 다른 토픽이므로 양자는 구분하여
배울 필요가 있고, 세계사는 글로벌 기반 위에서 분명하면서도 일관성
있게 조직되어야 한다고 그는 주장하고 있다.29)

27) Edward L. Farmer, "Civilization As A Unit of World History : Eurasia and Europe's
　　Place in It," The History Teacher, 18 (1985), p.347.

28) Michael Geyer and Charles Bright, "World History in a Global Age," American Historical
　　Review (Oct. 1995), pp.1037~1041.

29) L.S. Stavrianos, "The Teaching of World History," in Ross E. Dunn, ed., The New World
　　History (Boston : Bedford/St.Martin's, 2000), p.78.

스타브리아노스는 또, 세계사 코스는 여러 세계 문명들의 단순한 총합이 아니라는 점을 강조하고 있다. 세계사에서는 주요한 세계문명의 본질적 특성과 경험을 제시하는 것을 넘어서서 세계적으로 넓은 영향을 준 힘이나 운동의 전파, 실크와 향료무역 같은 간지역적인 무역, 중앙유라시아 유목 민족들의 침입, 큰 종교들의 전파 및 영향, 유럽의 세계적인 팽창 등을 다루어야 한다는 것이다. 이것은 그 코스의 초점이 더 이상 유럽에 한정되지 않는다는 것을 의미한다. 즉 새로운 세계사 코스는 부분보다는 전체를, 지역보다는 지구를 의식하면서 편찬되어야 한다는 점을 강조한 것이라고 할 수 있다.[30]

둘째는 다문화적 접근多文化的 接近 Multicultural Approach을 강조하는 견해이다. 이러한 견해에 입각한 사람들은 문화적인 상대주의와 국제지향성에 관심을 가지면서 서구문명만큼 다른 문명의 세계사적 공헌도 비중 있게 다룰 것을 주장한다.[31]

맥닐은 일찍이 토인비가 제시했던 18개의 문명을 지중해, 중동, 인도, 중국 등의 4개의 문명으로 줄이면서 다문화주의를 강조한 바 있고, 비교문명사적인 관점에서 맥닐의 세계사관을 비판한 바 있는 파머는 유럽사가 제 위치를 찾으려면 유라시아 전체의 배경 속에서 고찰해야 한다고 하면서 유라시아를 유럽, 서아시아, 중앙아시아, 남아시아, 동남아시아, 동아시아 등 6개의 주요한 문화 지역으로 구분하고 있다. 그리고 각 문화권간의 균형 있는 취급을 강조하고 있다.[32] 이와 같이 다문화적 접근방식은 서구 중심적 시각의 극복을 위한 접근방식 가운데 하나로 강조되고 있다.

---

30) *Ibid.*, p.180.

31) R.E. Dunn, "Constructing World History in the Classroom," in Peter N. Stearns, ed., *Knowing, Teaching & Learning History* (New York University Press, 2000), p.131.

32) Edward L. Farmer, *op. cit.*, pp.349~350.

셋째는 아프리카와 유럽 그리고 아시아를 전체로 묶는 이른바 반구半球
Hemispher이론이다.

이러한 이론을 내세우는 사람들은 문명구분이 지역적 한계를 지니고
있다고 하면서, 사회와 문명들은 훨씬 더 넓은 지역적, 인구적 맥락 속에서
고찰할 필요가 있다고 주장하고 있다. 울프Eric Wolf는 세계 어디서나 상호간
의 연결이 나타나고 있는데, 왜 우리는 역동적이고, 상호연결된 현상들을
정적이고 고립된 현상으로 바꾸려고 하는가? 라고 반문하면서 문화현상들
을 지역이나 문명의 틀에 가두어 버리는 시도를 반박하고 있다.33) 이러한
문제를 시정하기 위하여 나온 것이 다름 아닌 반구이론이다. 크레버A.
L. Kroeber가 처음 제시하고 이후 호지슨Marshall Hodgson과 맥닐William McNeill이
발전시킨 반구이론은 동반구의 중앙농업지대를 가로질러 지중해로부터
중국에 이르는 전 지역을 상호교류의 지대로 파악하고, 이 지역은 그 자체
의 커다란 문화적 패턴을 나타내고 있다고 주장한다. 상호연결된 도시들의
네트워크, 초지역적 상업시스템의 발달, 농경민과 유목민 사이의 대응
사이클 등이 바로 그것이다.34)

특히 호지슨Marshall G. S. Hodgson의 반구이론은 세계사에 대한 이전의
유럽중심주의적인 접근에서 벗어난 것으로, 그는 유럽의 역사를 아프리카,
유럽 및 아시아를 포괄하는 이른바 아프로-유라시아Afro-Eurasia의 맥락 하에
서 보고 있다.35) 즉 그는 아프로-유라시아의 전체를 가로질러서 문명들

33) Eric R. Wolf, *Europe and the People without History* (Berkeley : University of California Press, 1982), p.4, 6.

34) Ross E. Dunn, "The Challenge of Hemispheric History(1000~1500 A.D.)," *The History Teacher*, 18:3 (1985), pp.331~332.

35) Edmund Burke III, "Marshall G. S. Hodgson and the Hemispheric Interregional Approach to World History," in Edmund E. Dunn, ed., *The New World History* (Boston : Bedford/St. Martin's, 2000), p.168.

사이의 상호연결과 기술 및 문화적 자원의 공통적인 저장실이 축적되어 있다는 것이다. 그러므로 세계사는 반구적인 기반 위에서 상호의존적이고 간지역적인 발달에 초점을 맞추어 구성되어야 한다고 호지슨은 주장하고 있다.36)

이와 같이 서구중심적 시각의 극복을 위한 세계사 연구는 유럽사와 세계사를 분리시키는 방안, 다문화적인 접근, 반구이론 등 여러 갈래로 나뉘어 진행되었다고 할 수 있다.

(2) 간문화적 상호작용 및 네트워크의 확대 강조

인류사의 발전을 종합적으로 정리하려고 하는 사람들은 문명간의 만남이 갖는 역사적 중요성에 대한 인식을 공유하고 있다. 맥닐은 『인류공동체의 역사A History of the Human Community』에서 인류역사의 큰 그림을 그리는 데 그의 저술의 목적이 있다고 하면서, 특히 다양한 문화를 가진 사람들 사이의 상호작용의 패턴을 강조하고 있다. 그리고 독자들이 관심을 가져야할 것은 상호교류하는 인간세계에서 전체를 관통하는 상호관계의 패턴이며, 모든 기록된 역사에서 적은 시기에만 일어났던 그러한 패턴에 있어서의 큰 변화를 포착하는 것이라고 하였다.37)

그런데 간문화적間文化的 cross-cultural 상호작용을 강조하는 사람들의 특징 중의 하나는 그 초점이 주로 근대 이전에 맞추어져 있다는 것이다. 이러한 경향을 대표하는 사람 중의 하나인 벤틀리Jerry H. Bentley는 인류의 역사에서 간문화적 접촉은 1492년에 시작된 것이 아니며, 또 그들은 언제나 유럽인들에 의해 선도된 것도 아니라고 주장하고 있다. 오히려 간문화적 접촉은

---

36) Ibid., p.169.

37) William H. McNeill, A History of the Human Community, pp.XIV～XV.

인간이 지구상에 존재하기 시작한 이래 세계사의 규칙적인 양상으로 존재해왔다는 것이다.[38]

벤틀리에 따르면, 역사의 대부분에 걸쳐 동반구, 서반구와 오세아니아는 자기 충족적인 지역으로 상호간의 접촉이 거의 없었지만, 세 지역의 각각 내에서 간문화적 상호작용은 규칙적으로 일어났다. 이러한 상호작용은 근대 이전의 시기에 있어서도 그러한 과정에 참여한 개인들의 경험을 훨씬 넘어서는 의미를 내포하고 있다. 특히 세 가지 종류의 과정들이 사회의 경계선과 문화적 지역을 넘어서서 중요한 영향을 미쳤다. 대량이동, 제국적 팽창운동, 원거리 무역이 그것이다.[39]

벤틀리는 유럽의 역사적 경험으로부터 나온 고대, 중세, 근대라는 시대구분은 중국, 인도, 아프리카, 이슬람세계의 역사에는 잘 적용되지 않는다고 하면서, 간문화적 상호작용에 초점을 맞춘 새로운 세계사의 연대구분을 시도하기도 했다.[40] 이와 같이 지역간의 상호작용 및 상호의존의 확대 과정으로 세계사를 파악하는 사람들은 이러한 상호작용을 통한 네트워크의 확대를 중시한다. 그리고 이러한 네트워크의 확대 과정에는 상업과 무역의 확대가 큰 몫을 담당하고 있었음을 강조한다. 왜냐하면 무역은 때때로 큰 지역들을 경제적 통합으로 몰고 있고, 그와 같이 해서 사회의 경계선과 문화적 층위를 넘어서는 경제적, 사회적 네트워크를 형성하는

38) Jerry H. Bentley, *Old World Encounters* (Oxford : Oxford University Press, 1993), pp.vii~viii. 근대 이전의 간문화적 접촉을 다룬 이 책에서는 고대 실크로드와 세계종교의 선교사, 순례자와 전파, 유목제국의 역사를 탐구하고 있다.

39) Jerry H, Bentley, "Cross-Cultural Interaction and Periodization in World History," *American Historical Review* (June 1996), pp.750~752.

40) 벤틀리의 간문화적 상호작용에 기반을 둔 여섯 개의 시대 구분은 ① 초기 복잡한 사회의 시대(3500~2000 B.C.), ② 고대 문명시대(2000~500 B.C.), ③ 고전문명시대(500 B.C.~500), ④ 후고전시대(500~1000), ⑤ 초지역적 유목제국의 시대(1000~1500), ⑥ 근대시대(1500~현대)이다. Jerry H. Bentley, *Ibid.*, p.756.

데 이바지했기 때문이다. 예를 들어 인도양 무역은 교역을 통하여 전근대에 있어서 거대한 지역에 걸친 경제적 통합을 고무시키고, 인도양의 각 만 주변에 있는 지역들 상호간의 네트워크를 구성하는 데 크게 이바지했다.[41]

한편 원거리 무역과 밀접한 관련을 맺으면서 확장되어온 상업로의 발달도 네트워크의 형성에 핵심적인 역할을 담당했다. 상업로는 교통의 발달과 상품의 교환을 촉진시켰을 뿐 아니라 기술적, 생물학적 교류의 출구로도 이용되었다. 또한 그것은 전근대에 있어서 문화적·종교적 전파의 출구로도 이용되었다. 그 결과 상업로를 매개로 몇 개의 지역들이 기술적, 경제적, 문화적, 종교적으로 서로 연결되는 네트워크가 형성되었으리라는 것을 우리는 쉽게 상정해 볼 수 있다.[42]

진정한 의미의 네트워크가 언제 형성되었는가의 문제는 논란이 있을 수 있는 문제이지만, 각 지역의 사람들을 하나로 묶는 네트워크의 형성이 간문화적 상호작용이 시작된 인류사의 초기 단계부터 형성되기 시작되었음을 부인할 수는 없을 것이다. 또한 벤틀리 등 대표적인 세계사 학자들이 오래 전부터 강조해 왔던 대로 간지역적, 혹은 간문화적 상호작용은 일반적인 견해와는 달리 넓은 범위에 걸쳐 지속적으로 이루어졌음을 우리는 적극적으로 인정할 필요가 있다.

---

41) Jerry H, Bentley, *Ibid.*, p.754.

42) 네트워크의 형성에는 상인들이 타 지역에 형성한 이른바 디아스포라Diaspora 공동체가 큰 역할을 담당했다는 주장이 설득력을 얻고 있다. 특히 필립 커틴은 『세계사의 간문화적 무역*Cross-Cultural Trade in World History*』이란 책에서 무역 디아스포라가 네트워크를 형성하면서 외국인들 사이에서 형성된 상인 공동체라고 주장하기까지 했다. 그의 연구는 기원전 2000년부터 19세기까지 세계의 여러 지역에서 나타난 이러한 네트워크의 중요성을 강조한 연구라고 할 수 있다. Steve Gosch, "Cross-Cultural Trade As A Framework for Teaching World History," in Ross E. Dunn, ed., *The New World History*, p.429.

3. 지구적 시각에 기초한 세계사 교육내용의 재구성 방안

1) 새로운 세계사 교육내용 구성의 일반적 경향

일반적으로 지구적 시각과 관련되어 강조되는 요소들을 종합해 보면, ① 글로벌 시스템의 특징 이해, ② 글로벌 시스템의 전개와 변화의 특징 이해, ③ 글로벌 시스템 내의 여러 요소들 간의 상호작용 이해, ④ 글로벌 이슈와 문제에 대한 이해와 관심, ⑤ 글로벌 역사에서 간문화적 상호작용과 상호의존의 양상 이해, ⑥ 문화의 다양성의 인식과 타문화에 대한 관심과 이해, ⑦ 관점의 다양성 인식, ⑧ 정보처리능력 및 의사결정능력의 신장 등이다.

그러면, 보다 구체적으로 글로벌 시각에 기초를 둔 세계사 교육과정의 내용구성에 대해 알아보기로 하자. 이 가운데 가장 눈에 띄는 것으로는 미국의 대학위원회College Board가 주관하는 AP프로그램The Advanced Placement Program의 세계사 코스이다.[43] 이 코스는 여러 형태의 인간사회들과의 상호작용 속에서 지구적 과정과 접촉의 전개에 대한 보다 큰 이해를 발전시키는 데 목적을 두고 있다. 이러한 목적을 달성하기 위하여 이 코스에서는 세계사에서 대표적인 해석적 문제들과 함께 역사적 증거와 결합되어 채용되는 사실적 지식을 강조한다. 그리고 이 코스에서는 학생들로 하여금 역사가가 역사적 사건들과 증거를 분석하는 데 밟는 단계들로 학생들을

---

43) 우리 나라에서 '대학과목 선이수제도'로 지칭되고 있는 AP프로그램The Advanced Placement Program은 세계적으로 2,900개 이상의 대학이 인정하는 대학위원회College Board가 주관하고 있는데, 중등학교에서 고도의 능력과 동기를 가진 학생들을 위해 19개의 과목에 걸쳐 35개 대학수준의 코스와 시험을 제공하고 있다. 이 코스 가운데는 세계사 코스가 포함되어 있다. 필자는 AP 과정의 세계사 코스를 간략히 소개한 "The College Board, *Advanced Placement(AP) World History*", May 2002 – May 2003"이라는 팜플렛을 이용하였다. 이에 대한 인터넷 주소 www.college board.com/ap 참조.

인도함으로써 역사를 행하게 하는do history 접근방법을 취한다.[44] 이 코스에
서는 연대순의 정치적 사건의 지식은 필요하지 않다고 보기 때문에 유럽
역사를 다루는 내용은 전체 코스의 30%를 넘지 않는다. 미국은 다른 사회
와의 상호작용과 관련지어 그 코스에 포함되며, 미국의 내적인 정치는
상세하게 다루지 않는다. 미국관련 내용은 적절한 비교적 문제들과 글로벌
과정에 대한 미국의 개입에 제한된다.[45]

이 코스는 또한 세계사를 5단계로 나누어 각 단계별로 세계사에서 다루
어야 할 기본적인 내용주제를 열거하고 있는데 이 가운데서 1000~1450년
의 시기에 있어 학생들이 알기를 기대하는 내용들은 다음과 같다.

- 연대기의 문제 : 1000~1450년에 이르는 세계사 구조에서 변화의 성격
  과 원인
- 초지역적 네트워크 : 무역·기술·문화적 교환·교류의 초지역적 네
  트워크의 발달과 변동
- 철학과 지식의 성격
- 중국의 대내적, 대외적 팽창
- 이슬람 세계 : 유럽과 아프리카에서 통일적 문화적 힘으로서 이슬람의
  역할, 팽창하는 이슬람 사회에서 이주와 종교개혁운동의 영향, 예술과
  과학에 대한 이슬람의 영향
- 기독교의 변화 : 유럽사회의 재건, 12세기 르네상스에 있어 아랍 사상의
  역할, 동교회와 서교회로의 기독교 세계의 분열
- 비이슬람 아프리카
- 인구적, 환경적 변화 : 아프리카-유라시아에 대한 유목민의 이주의 영
  향, 농업민의 이주

---

44) The College Board, *Ibid.*, pp.3~4.
45) *Ibid.*, p.7.

○ 14세기에 있어서 전염병의 결과
○ 다양한 해석 : 분석의 단위로서 국가보다는 문화지역을 이용하는 데
있어서 내포된 문제는 무엇인가, 변화의 원천은 무엇인가, 이 시기에
있어서 세계경제의 네트워크가 있었는가.[46]

위의 세계사 코스에서 제시된 내용들에서 주류를 이루는 것은 글로벌
상호작용과 초지역적 네트워크의 확대, 종교와 문화의 영향, 인구적·환경
적 변화, 해석의 다양성에 있다. 이것을 볼 때 AP프로그램의 세계사 코스의
주안점은 지구적 시각의 확대에 있음을 알 수 있다.

한편, 글로벌 상호작용과 초지역적 네트워크에 초점을 맞추어 세계사의
내용을 구성한 사람으로는 벤틀리가 있다. 그가 이용하는 제일의 기준은
다름 아닌 간문화적 상호작용cross-cultural interaction이다. 앞의 장에서도 말한
것처럼 그는 세계사에서 등장하는 집단이주, 제국건설, 원거리 무역 등의
요소들을 사회적, 문화적 지역의 경계선을 넘어서서 세계사의 전체 과정에
영향을 미치는 중요한 요소들로 보았다.[47] 벤틀리는 그가 저술한 본격적인
세계사 책의 제목을 『전통들과 접촉Traditions & Encounters』이라고 할 정도로
지역간의 문화적 접촉을 그의 세계사 책의 주제로 삼고 있는데, 이러한
경향은 그의 책의 목차에서도 뚜렷하게 드러난다. 『전통들과 접촉』상권의
목차를 보면 다음과 같이 되어 있다.[48]

1. 초기 복잡한 사회들 : 3500~500 B.C.

---

46) *Ibid.*, pp.13~14.
47) Patrick Manning, "The Problem of Interaction in World History," *American Historical Review* (June 1996), p.772.
48) Jerry H. Bentley and Herbert F. Ziegler, *Traditions & Encounters:A Global Perspectives on the Past* 1 (Boston : Mcgraw Hill, 2002) 참조.

   1) 선사시대

   2) 서남아시아의 초기 사회와 인도-유럽어족의 이주

   3) 초기 아프리카 사회와 반투Bantu 이주

   4) 남아시아의 초기 사회

   5) 동아시아의 초기 사회

   6) 아메리카와 오세아니아의 초기 사회

2. 고전사회의 형성 : 500 B.C.~500

   1) 페르시아 제국

   2) 중국의 통일

   3) 인도의 국가, 사회, 구원을 위한 질문

   4) 지중해 사회 : 그리스의 국면

   5) 지중해 사회 : 로마 국면

   6) 실크로드의 간문화적 교환

3. 후고전시대 : 500~1000

   1) 비잔틴 제국

   2) 이슬람의 확장

   3) 동아시아에서의 제국의 부활

   4) 인도와 인도양의 내만Basin

   5) 서유럽에서의 기독교 사회의 형성

4. 간문화적 상호작용의 시대 : 1000~1500

   1) 유목제국과 유라시아 통합

   2) 사하라 이남 아프리카의 국가와 사회

   3) 중세 성기의 서유럽

   4) 동떨어진 세계Worlds Apart : 아메리카와 오세아니아

   5) 접촉을 위한 노력Reaching Out : 간문화적 상호작용

벤틀리가 저술한 책의 목차를 통하여 알 수 있는 것은, 첫째, 유럽중심적
시각을 탈피하여, 아메리카와 오세아니아 및 아프리카의 초기 사회까지

취급하는 등 지금까지 문명사에서 제외되어 있던 대륙의 역사까지 중요하
게 다루었으며, 이를 통해 세계 각 지역을 균형 있게 취급하여 명실공히
참다운 의미에서 세계사를 서술하기 위해 노력했으며, 둘째, 제4장의 제목
에서 알 수 있는 것과 같이 역사 속에서 나타난 간문화적 상호작용을
중심 축으로 삼아 내용을 구성하고 있다는 점이다.

　이상의 자료들을 포함하여 지구적 시각에 입각한 새로운 세계사 편찬과
관련된 자료들의 검토를 통하여 우리가 파악할 수 있는 지구적 시각에
입각한 새로운 세계사 교육내용의 특징을 요약해 보면 다음과 같다.

　첫째, 유럽중심적인 시각에서 벗어나 각 지역의 문화를 균형 있게 취급
하려는 경향을 나타내고 있다. 그리하여 중앙아시아나 중국 북방에 자리잡
았던 유목민족이 수립한 제국과 그들의 문화에 대한 높은 관심을 나타내는
것은 물론 사하라 이남 아프리카나 신항로의 팽창 이전의 아메리카나
오세아니아의 문화까지 관심을 가지고 있다.

　둘째, 간문화적 상호작용 및 상호의존을 세계사 내용구성의 중심 축으
로 삼으려는 움직임이 강화되고 있다. 그리하여 간문화적 상호작용을 중심
으로 새로운 세계사의 시대구분을 시도하려는 움직임도 나타나고 있다.
또한 근대이전에 간문화적 상호작용이 특정한 몇몇 지역이 아니라 아프로-
유라시아Afro-Eurasia 전체에 걸쳐 광범위하게 이루어졌다는 것을 강조함으
로써 동반구에 걸친 간지역적 상호작용을 강조하는 경향이 있다.

　셋째, 역사에서 초지역적 네트워크의 확대를 중시하고 있다. 그리하여
세계사에서 보편종교의 전파 및 기술적, 생물학적 전파의 과정과 그 영향
을 중시한다. 무엇보다 새로운 세계사에서는 집단이동, 제국의 팽창, 상업
의 확장 등을 세계사적 변화의 주요 동인으로 파악하고 있으며, 실크로드
등 무역로의 확장과 상인들의 문화전파에 특별한 관심을 갖는다.

넷째, 세계사에 나타난 주요한 사실에 대한 다양한 관점과 해석을 중시하며, 특히 논쟁 문제에 대한 다각적인 접근 방법을 강조한다.

2) 우리 나라 세계사 교육내용의 재구성 방안

지구상의 어딘가에서 매일 같이 벌어지는 수많은 사건들이 직·간접적으로 우리 생활에 영향을 미치는 글로벌 시대에 있어서 탁월한 지구적 시각을 갖추는 일은 무엇보다 필요하다. 그러므로 학교에서 이러한 지구적 시각을 함양하는 일에 좀 더 큰 관심과 노력을 경주해야 한다는 것은 너무나 당연한 논리라고 할 수 있다. 그 가운데서도 가장 선구적으로 이러한 과제를 담당해야 할 과목이 있다면 다름 아닌 세계사 교과일 것이다. 왜냐하면 세계사 교과는 교과의 성격상 지구적 시각의 함양을 위해 존재하는 과목이기 때문이다. 제7차 고등학교 세계사 교육과정에서 "지구촌적 관점에서 보다 폭넓은 지역의 역사를 다루어야 한다"고 제시하고 있는 것은 지구적 시각의 함양이라는 세계사의 사명을 새삼 일깨워준 말이라고 할 수 있다.

그런데 문제는 우리 나라의 세계사 교육이 글로벌 시각의 함양과는 거리가 먼 방식으로 운영되고 있다는 것이다. 본 연구자가 현행 세계사 교육이 학생들의 국제적 감각 형성에 어느 정도 영향을 미치고 있는가를 알아보기 위하여 남녀 인문계 고등학교 6개 학급을 대상으로49) 설문조사를 실시한 결과에 따르면 학생들의 글로벌 시각은 만족할 만한 수준과는 너무나 큰 차이가 있다는 것을 발견할 수 있었다.

---

49) 본 연구자는 청주시내 2개교를 무작위로 선정하고, 이 가운데 6개 학급 203명의 학생을 대상으로 설문조사를 실시했는데, 이들은 모두 대학에서 정식으로 역사를 전공한 교사들로부터 1학기 이상 세계사 수업을 받은 학생들이었다.

　전체적으로 볼 때 학생들 가운데 세계사가 다른 나라의 역사와 문화를 이해하고, 세계를 이해하는 데 '꼭 필요하다', 또는 '크게 도움이 된다'는 식으로 확실하게 긍정적인 응답을 한 학생은 20%의 수준을 벗어나지 못하고 있다. 그리고 세계사 교육을 통해서 세계를 보는 안목이 달라졌다고 확실하게 느끼는 학생은 극소수에 불과한 것으로 나타나고 있다. 특히 '지구촌'이나 '세계 속의 우리'라는 말들을 실감 있게 느끼고 있는 학생은 불과 10% 내외에 불과했고, 과반수에 가까운 학생들은 이러한 말들이 갖는 의미를 전혀 실감하지 못하고 있었다. 이것은 현행의 세계사 교육이 국제적 감각 내지 글로벌 시각을 함양하는 데 큰 기여를 하지 못하고 있음을 단적으로 보여주는 사례라고 할 수 있다.

　제7차 고등학교 세계사 교육과정은 과거의 그 어떤 교육과정보다 서구 중심적 시각의 극복을 위해 노력한 흔적이 돋보이고 있다. 제7차 교육과정은 개정의 기본 방향에서 "세계사는 국제이해와 국제적 감각을 익히게 함으로써 지구촌 시대를 살아가는 학생들에게 세계화의 파고를 지혜롭게 극복해 나갈 수 있는 바람직한 태도와 기능을 길러주는 교과목"임을 분명히 밝히고 있다.[50] 또한 제7차 세계사 교육과정의 성격에서는 특정 지역에 편중된 역사를 지양하고, 지구촌적 관점에서 보다 폭넓은 지역의 역사를 다룰 필요가 있다는 것을 강조하고 있다. 그리하여 서아시아, 인도, 동남아시아는 물론 유럽 정복 이전의 북아메리카사와 사하라 사막 이남의 초기 아프리카사까지 내용에 포함하도록 하였다.[51]

　그러나 세계사의 실제 내용 편성에 있어서 위와 같은 내용구성의 원칙이

50) 이상은 한국교원대학교 사회과 교육과정 개정연구위원회, 『제7차 사회과 교육과정 개정시안 연구·개발』(1997), pp.456~457 참조.
51) 교육부, 『제7차 사회과 교육과정 : 세계사』(1997), pp.181~182.

충실하게 반영되어 있다고 할 수는 없다. 고등학교 세계사 1단원의 세계사 입문 단원과 8, 9단원의 20세기 세계사를 제외하고 총 26개에 달하는 중단원의 편성을 보면 공통단원 2개, 아시아의 역사 12개, 서양의 역사 10개, 아메리카와 아프리카의 역사 2개로 되어 있어 여전히 서양사의 비중이 높은 것을 알 수 있다. 그리고 아시아사는 형식적으로 동아시아, 서아시아, 인도 및 동남아시아 간의 균형을 이루고 있으나, 실제로 단원별 내용진술을 보면 중국사의 비중이 압도적으로 높은 것을 알 수 있다.[52] 한편 중학교 세계사는 중학교 사회 1학년과 2학년에 포함되어 있는데, 20세기 이전 세계사의 중단원 편성구조를 보면, 모두 18개 가운데 공통 단원 5개, 아시아사 7개, 유럽사 6개로 되어 있어서 역시 유럽사의 비중이 상대적으로 높은 것을 알 수 있다. 무엇보다 중학교 세계사는 유럽과 아시아사로만 되어 있어서 지구촌 시대의 성격이나 다문화적 관점을 제대로 반영하지 못하고 있다.[53]

필자는 앞의 장에서 세계적으로 새로운 세계사 교육의 경향을 서구중심적 사고의 극복, 간문화적 상호작용과 상호의존, 글로벌 네트워크의 강화 등에서 찾을 수 있다고 보았다. 이러한 경향은 그대로 우리 나라 세계사 교육의 새로운 방향을 설정하는 데 있어 지침의 역할을 할 수 있다고 본다. 최근에 세계사 교육의 새로운 방향을 논한 이영효는 새로운 세계사 내용구성의 방안으로 문명간의 상호교류를 중심으로 접근하는 방안 외에 세계를 몇 개의 권역으로 나누어 접근하는 지역접근법과 종교, 전쟁, 기후, 시간, 농업, 상업 등 다양한 주제를 중심으로 세계사를 들여다보는 주제접근법 등 세 가지의 접근방법을 제시하고 있다.[54] 이와 별도로 세계사를

---

52) 『제7차 사회과 교육과정』, pp.182~197 참조.
53) 『제7차 사회과 교육과정』, pp.58~64 참조.

상호의존성의 심화과정으로 파악한 강선주는 새로운 분석틀로서 반구 hemisphere를 제시하고 있다. 적어도 반구 사이에 지속적인 접촉이 이루어지기 전까지 인류의 경험을 구성하는데 동반구, 서반구, 오세아니아는 유용한 개념적 틀이 될 수 있다고 하면서 유라시아에서 아프리카까지 포함하는 동반구의 개념은 상호의존성의 심화과정으로 보는 세계사의 내용구성에 있어서 유용한 틀이 될 수 있다는 것이다.[55] 이러한 국내 학자들의 내용구성의 방안은 위에서 살펴본 세계적인 추세와 그대로 일치하는 방안이라고 할 수 있다.

지금까지의 선행연구를 바탕으로 지구적 시각에 입각한 세계사 내용구성의 방안을 필자 나름대로 제시해 보면 다음과 같다.

첫째, 세계사를 동양사와 서양사로 이원화시켜 보는 전통적인 관점에서 벗어나 다문화적인 관점에서 세계사를 새롭게 구성할 필요가 있다. 지금까지 우리는 세계사를 가르친다고 하면서도 실제로는 중국사와 유럽사를 중심으로 하고 여기에다 인도나 이슬람세계, 동남아시아사를 덧붙이는 형태로 세계사를 가르쳐왔다. 이러다 보니 유럽이라는 단일한 문화권이 수많은 문화권으로 나눠지는 아시아사와 대등한 위치를 유지해 왔다. 이것은 결국 우리의 세계사 교육에서 유럽중심적 시각이 은연중 작용해 왔음을 반증해 주는 것이라고 할 수 있다. 또한 아시아사에서는 중국이 포함된 동아시아 문화권과 다른 문화권 사이에는 엄청난 불균형이 유지되어 온 것도 문제이다.

그러므로 중국사와 유럽사의 비중은 현재보다 대폭 축소시킬 필요가 있다. 현행 세계사 교육과정에서 근대이전의 세계사는 문화권별로 조직되

---

54) 이영효, 앞의 논문, pp.290~294.
55) 강선주, 앞의 논문, (2002), pp.53~55.

어 있는데, 여기에 등장하는 문화권은 동아시아 문화권, 서아시아 문화권
(이슬람 문화권 포함), 인도 및 동남아시아 문화권, 유럽 문화권(지중해
문화권, 서유럽 문화권, 비잔틴 문화권 포함), 아프리카와 아메리카 세계
등 최소 5개의 문화권 또는 세계로 구성되어 있다. 세계사의 발전과정에서
각 문화권이 내포한 상대적 중요도를 무시하고 각 문화권의 내용을 산술적
으로 5등분할 수는 없겠지만 어느 정도는 각 문화권 사이의 균형을 맞추어
나가려는 노력은 필요하다고 할 수 있다. 그리고 최근에 동서문화교류의
중간지대로서, 또 유목제국의 고향으로서 다른 문화권에 큰 영향을 준
중앙아시아에 대한 관심이 높아져 가고 있는 현실을 감안하여 중앙아시아
의 역사에 대한 별도의 고려가 필요하다고 할 수 있다.

무엇보다 중국사는 동아시아 문화권에 포함된 한국, 일본, 베트남 혹은
북방민족들과의 상호교류관계를 중심으로 내용을 재편성하려는 노력이
필요하다. 현재와 같이 중국 각 왕조의 성립과 발전과정 및 붕괴과정을
빠짐없이 상세하게 다루는 왕조중심의 역사는 지양해야 한다는 말이다.
유럽사도 그 영향력의 범위가 유럽 자체 내에 한정된 역사나 유럽의 주요
왕조들의 변천과정을 상세하게 다루는 방식은 지양하고, 세계사적으로
큰 의미를 지닌 사건이나 비유럽 세계와의 상호교류를 보여주는 사건들을
중심으로 내용을 재편성할 필요가 있다. 무엇보다 유럽사에서는 중세에서
각국 봉건왕조의 변천과정이나 장원의 성쇠과정, 혹은 교황권의 부침을
상세하게 다루는 방식이나 근대사에서 유럽 내부의 전쟁이나 각국 절대왕
정의 통치과정을 상세하게 다루는 지금까지의 방식은 과감하게 탈피해야
할 것이다.

스타브리아노스L.S. Stavrianos는 세계사 코스에서 전통적인 유럽적 토픽들
을 그대로 둔 채 비유럽지역의 토픽들을 추가하는 방식은 지양해야 한다고

주장하고 있다. 새로운 세계사는 과거의 방식에서 탈피하여 새롭고 독특한 글로벌 기반 위에서 새로운 형태로 다시 출발해야 한다는 것이다.[56] 이와 같이 글로벌 시대에 맞는 세계사 교육을 실시하기 위하여 우리는 특정 국가나 지역에 편중된 역사에서 벗어나 다문화적인 시각에서 내용을 새롭게 재구성해야 할 것이다.

둘째, 간문화적 상호작용 및 상호의존에 초점을 맞추어 세계사의 내용을 재구성할 필요가 있다.

앞의 장에서 고찰한 것처럼 오늘날 지구적 시각에서 인류사를 서술하려고 하는 사람들이 내용을 구성하거나 시대를 구분하려고 할 때 따르는 제일의 기준은 다름 아닌 간문화적 상호작용이다. 벤틀리의 말 그대로 이러한 간문화적 상호작용은 1492년에 콜럼버스에 의해 시작된 것이 아니고, 또 언제나 유럽인들에 의해 선도된 것도 아니다. 반대로 간문화적 접촉은 인간이 지구상에 존재하기 시작한 이래 언제나 세계사의 규칙적인 양상이 되어 왔다. 그러므로 세계사 교육에서 가장 주목해야 할 사실은 이러한 간문화적 상호작용의 과정과 그러한 과정의 바탕에 있는 역학이 무엇인가 하는 점이다. 특히 간문화적 상호작용을 강조하는 역사가들이 이러한 상호작용을 촉진한 요소로 한결같이 강조하는 것으로는 종교의 발생과 전파, 대량이주, 유목제국의 역할, 초지역적 상업과 무역의 발달 등이다. 이러한 요소들은 해당 지역에서 정치적, 경제적, 사회적, 문화적 변용을 초래했으며, 궁극적으로는 문명간의 네트워크를 형성하는 일에 기여했다. 이러한 간문화적 상호작용을 중심으로 내용을 편성할 때 따르는 이점에 대해서는 이미 앞에서 소개한 강선주의 논문에서 충분히 분석된 바 있다.[57]

---

56) L.S. Stavrianos, *op. cit.*, p.80.

그런데 우리의 세계사 교육과정이나 교과서는 위에서 살펴본 것처럼 이러한 간문화적 상호작용이나 상호의존의 내용들이 충분히 반영되어 있지 못하고 있다. 교과서마다 동서문화의 교류 내용이 서술되어 있는 것은 사실이지만 그 비중은 미미한 수준에 지나지 않으며, 내용서술에 있어서도 형식적이고 관례적인 수준에서 벗어나지 못하고 있다. 이렇게 된 데에는 근대 이전의 간문화적 상호교류는 일시적이고 간헐적인 수준에 머물렀으며, 본격적인 접촉과 교류는 1492년부터 시작되었다고 하는 고정관념이 작용했기 때문이 아닌가 생각된다. 이것은 대부분의 세계사 교과서에서 신항로의 개척의 의미를 본격적인 세계사의 형성과 관련시켜 설명하고 있는 데서 잘 드러난다.

한편 세계사 내용조직의 원칙에서 강조하는 문화권적 편성도 문제가 된다. 문화권이란 시대 개념과 마찬가지로 세계사 내용구성의 체계성과 편의성을 도모하기 위해 인위적으로 구분한 것에 지나지 않는데도 우리는 마치 문화권을 그 자체 통일되고 완결된 형태로 간주하며, 문화권 내부의 다양성과 문화권 사이의 상호교류를 무시하는 경향이 있다. 이에 따라 세계사 학습의 목표는 문화권의 고유한 특징을 밝히는 데 있으며, 문화권 간의 상호교류와 상호의존의 문제에 대해서는 상대적으로 관심을 덜 기울이는 경향이 있다. 심지어 종교와 관련해서 볼 때 각 문화권은 폐쇄적이고 배타적인 지역으로 설정되기도 한다. 그러나 이슬람교를 비롯한 종교적 문화권에서 보듯이 문화권의 개념은 지역의 경계선을 넘어서는 경우가 많이 있다. 이와 같이 문화권을 상호배타적인 맥락이 아니라 상호작용 내지 상호의존의 맥락에서 파악하기 위해서는 무엇보다 문화권에 대한 우리의 고정관념을 탈피하여 보다 글로벌한 시각을 가지고 문화권을 바라

---

57) 강선주, 앞의 논문, (2002), pp.60~64 참조.

보는 태도가 필요하다. 이를 위해서는 일부 학자들의 주장에 따라서 반구
적 시각을 도입하는 것도 하나의 좋은 방안이 아닌가 생각된다. 던Ross
E. Dunn이 말한 것처럼 세계사 교사들은 아프로-유라시아Afro-Eurasian의 상호
교류지대를 전체적으로 보면서, 그 틀 안에서 문화권을 바라볼 필요가
있다고 본다.58)

그런데 이와 같이 간문화적 상호작용 및 상호의존의 개념을 강조할
때, 우리는 세계사 연구자들이 제시한 것처럼 간문화적 상호작용을 촉진한
요소들에 대해서 특별한 관심을 가지고 이를 내용 선정과 조직의 중요한
기준으로 활용할 필요가 있다. 이 가운데서도 그리스문화의 영향, 유교,
불교, 힌두교, 크리스트교, 이슬람교 등 세계적인 종교의 발생과 전파,
실크로드 등 교통로의 확대와 이를 통한 동서간 네트워크의 확장, 민족이
동과 같은 대량이주 현상, 유목제국의 발생과 이를 통한 동서교류의 확대,
대륙과 해양에서의 상업과 무역의 확대와 지역간 네트워크의 구성 등은
가장 중점을 두어야 할 사항이라고 할 수 있다.

던Ross E. Dunn은 1000~1500년의 시기를 서아프리카에서 중국해에 이르
기까지 반구를 가로질러 이슬람의 인구와 이슬람 지배의 영역이 크게
확장되었던 시기로 보고, 이 시기에 나타난 이슬람의 팽창을 글로벌 역사
의 코스에서 대표적인 학습의 주제로 삼아야 한다고 보았다. 이슬람의
팽창을 제대로 설명한다면 1000년에서 1492년까지 착실한 성장을 나타냈
던 반구적인 상업적 네트워크를 이해할 수 있다는 것이다. 또한 던은 15세
기와 16세기에 나타난 유럽의 팽창을 서구인들에 의한 지리상의 발견이
아니라, 계속해서 확대되어온 반구적인 상업적 네트워크가 이때에 와서
북아메리카와 남아메리카를 에워싸는 데까지 확대된 것에 불과하다는

---

58) Ross E. Dunn, *op. cit.*, p.332.

견해를 내세우고 있다.59)

맥닐도 1000~1500년의 시기에 큰 의미를 부여하고 있다, 그는 『권력의 추구The Pursuit of Power』라는 저서에서 중세 성기의 유럽의 경제적, 도시적 팽창은 중국의 왕조인 송의 유사almost-but-not-quite 자본주의적 혁명의 영향을 받아 작동되었을 가능성이 있다고 보고, 반구적인 시장관계 시스템을 떠나서는 유럽의 상업과 도시의 발달을 만족스럽게 설명할 수 없다고 말하고 있다.60) 이와 같이 우리는 세계사에서 근대 이전의 간문화적 상호 작용과 네트워크의 확대를 강조하되, 그 동인이 된 핵심요소들에 관심을 갖고 그것들을 내용의 선정과 조직의 근간으로 삼을 필요가 있다. 그리고 이러한 거시적인 시각은 물론 유럽과 중국중심의 역사관으로부터 탈피할 때에만 가능하다고 할 수 있다.

셋째, 근대 이후의 세계사 전개에 대한 새로운 접근방법이 요망된다.

우리 나라의 교육과정이나 교과서의 내용 편성을 보면 근대 이전만 해도 각 문화권의 관계가 어느 정도 대등한 위치를 점하고 있으나 근대 이후에는 그 관계가 유럽중심으로 급속히 바뀌는 감이 있다. 대부분의 세계사 교육과정이나 교과서를 보면, 유럽의 팽창으로 유럽의 세계지배권 이 확립되고 본격적인 세계사가 성립되었다는 식으로 설명을 이끌어가고 있다. 따라서 근대 이후의 세계사를 배우는 학생들의 마음 속에는 유럽의 우위성이 당연한 것으로 인식되게 된다. 여기에 따른 문제는 두 가지가 있다. 하나는 그러한 지배와 피지배 관계가 콜럼버스의 아메리카 대륙 발견과 함께 동시적으로 진행된 것으로 인식하기 쉽다는 것이고, 다른

---

59) Ross E. Dunn, *op. cit.*, p.332.

60) William H. McNeill, *The Pursuit of Power : Technology, Armed Force, and Society since A.D.1000* (Chicago : University of Chicago Press, 1982), pp.53~55.

하나는 유럽인이 일방적으로 영향을 준 것으로만 되어 있고, 유럽이 영향을 받은 측면은 제외되어 있다는 것이다. 한 마디로 말해서 유럽인의 세계 진출을 간문화적 상호작용의 관점에서 다루지 않는다는 것이다.

헬드David Held에 따르면, 이 시기 유럽의 팽창은 지구적인 범위에서 이루어진 것이 아니라, 주로 아메리카와 오세아니아를 대상으로 이루어졌다. 유럽인이 아프리카나 아시아로 침투할 수 있는 능력은 매우 제한되어 있었기 때문이다. 그리하여 아프리카 대륙의 오지는 여전히 외부의 영향에서 단절되어 있었고, 인도를 제외한 아시아에서도 이러한 상호연결의 영향력은 미미한 채로 남아 있었다.61) 제이어와 브라이트Michael Geyer and Charles Bright도 19세기 중기까지 세계는 서로 조우하고, 상호작용하는 일련의 움직임을 나타내기는 했지만, 기본적으로는 자율적인 지역들로 나뉘어져 있었다고 보고 있다. 거리와 공간은 상업활동이나 권력의 행사에 있어서 여전히 결정적인 요소로 남아 있었다는 것이다.62) 이들의 주장을 참고해 볼 때 15세기 말 신항로의 개척과 동시에 아시아와 아프리카를 포함한 세계사의 진로가 유럽중심으로 급속하게 재편되었다는 식으로 교육과정이나 교과서를 진술하는 방식은 재고되어야 할 것이다.

또 하나 근대 이후 세계사 내용구성에서 고려해야 할 사항은 이 시기를 유럽의 일방적인 팽창과정으로 다루기보다는 유럽과 다른 지역간의 상호작용의 관점에서 접근해야 한다는 것이다. 유럽과 아메리카 사이에 전개된 문물의 교류에서 볼 수 있는 것처럼 유럽과 다른 대륙의 관계는 결코 일방통행식 관계로 전개되었다고는 볼 수 없다. 그러므로 근대 이후 세계사에서도 간문화적 상호작용의 관점에서 내용을 재구성하려는 노력이

61) 데이비드 헬드, 앞의 책, pp.656~658.
62) Michael Geyer and Charles Bright, *op. cit.*, p.1045.

필요하다고 하겠다.

4. 지구적 시각의 발달을 위한 교수·학습방안

지구적 시각의 발달과 관련된 지식과 기능들은 넓은 범위에 걸쳐 있다. 이러한 범위는 세계의 역사와 지리, 세계문화, 국제적 사건에 대한 사실적 지식으로부터 사람들이 세계에 대한 다른 시각을 가진다는 인식에 이르기까지 넓은 범위에 걸쳐 있다. 그러므로 세계사 교실에서 글로벌 시각에 초점을 맞춘 수업을 진행하기 위해서는 다양한 교수·학습방법을 이용할 필요가 있다.[63]

메리필드는 학생들의 글로벌 시각을 높이기 위해 교사는 학생들이 문화들 간의 차이점과 유사성을 경험하는 것을 도와야 하며, 학생들이 대립적인 정보자원을 발견·평가하고 이용하는 방법을 알 수 있도록 가르쳐야 하며, 사람들의 관점은 서로 다르다는 사고에 익숙하도록 도와야 한다고 주장하고 있다. 그리고 이러한 목표를 달성하기 위하여 교사는 학생들에게 역할놀이와 시뮬레이션에 참여하게 하고, 사례를 연구하며, 다른 문화의 사람들과 상호작용하는 활동에 참여하게 해야 한다고 말하고 있다.[64] 그는 특히 복수적인 시각을 강조했는데, 이를 위하여 문제해결학습, 협동학습, 그리고 협상과 중재의 경험을 요구하는 학습방법 등에 학생을 참여시켜야 한다고 주장했다. 그녀는 아프리카의 문화를 체험하기 위한 시뮬레이션

---

63) Giselle O. Martin-Kniep, "Assessing Teachers for Learner-centered Global Education," in Merry M. Merryfield, *Preparing Teachers to Teach Global Perspectives* (Thousand Oaks, California : Corwin Press, Inc., 1997), pp.100~101.

64) Angene H. Wilson, "Infusing Global Perspectives throughout a Secondary Social Students Program," in Merry M. Merryfield, *Ibid.*, p.153.

학습에서 학생들로 하여금 아프리카 경제위원회의 활동에 관한 역할놀이
에 참여하게 하면서 다른 아프리카의 나라들을 대변하도록 하기도 했다.[65]

글로벌 사고global thinking를 강조한 하사드Jack Hassard는 글로벌 사고의
모델을 전통적 사고의 모델과 대립시키고 있다. 전통적 모델이 전통적이고
기계적인 사고를 고수하는 반면, 글로벌 사고 모델은 혁신적이고 유연한
사고를 강조한다. 전통적 모델이 개인적인 학습을 고수하는 반면에 글로벌
사고 모델은 함께 사고하고 함께 행동을 취하기 위해 팀을 구성하여 협동
적으로 일하며, 이를 통하여 시너지 효과를 극대화시킨다. 또한 전통적인
모델이 교사중심적 교수 · 학습방법을 고수하고, 학생들이 선택할 수 있는
여지가 적은 반면에 글로벌 사고 모델은 학생들의 자기주도적 학습활동을
권장하면서 학생들이 스스로 선택할 수 있는 기회를 다양하게 부여한다.
전통적 모델이 지적인 능력과 지식체계의 습득을 강조하는 반면, 글로벌
사고 모델은 예측과 참여, 탐구, 학습하는 방법의 습득, 질문제기의 방법을
배우는 것을 강조한다. 전통적 모델이 지식내용의 상기나 분석을 강조하는
반면에 글로벌 사고 모델은 창조적 사고를 고무하고, 전체적holistic이며,
직관적인 사고를 장려한다.[66]

한편, 하사드는 글로벌 사고를 학생들이 세계의 급속한 지구화에 적응
하는 것을 돕는 수단으로 보고, 글로벌 사고 패러다임의 특징을 한마디로
표현했는데, 그것은 곧 "글로벌 사회에서 잘 교육받았다는 것은 무엇을
의미하는가?"라는 질문에 대답하는 것이라고 하였다. 그리고 그는 글로벌
사고의 패러다임의 기초를 이루는 두 가지의 주요한 개념으로 예측

---

65) *Ibid.*, p,160.
66) Hassard, "Teaching Students to Think Globally," *Journal of Humanistic Psychology* 37:1
(1997), pp.24~63. 이 논문은 인터넷 사이트(http://www.gsu.edu/~mstjrh/
paperteachingstudents.html)에서 인용함.

anticipation과 참여participation를 들고 있다. 여기에서 예측이란 새로운 상황에
직면하는 능력, 미래를 다루는 능력, 다가오는 사건들을 예언하는 능력,
현재 및 미래 행동의 결과를 이해하는 능력 등을 말한다. 반면에 참여는
예측의 보조적 측면으로 학생들이 학습에 직접 참여하는 것을 말한다.
이것은 지식이 학생에게 수동적으로 받아들여지는 것이 아니라, 학생에
의해 능동적으로 구성된다는 이른바 구성주의적 사고에 바탕을 두고 있다.
이 같은 예측적, 참여적 모델을 채용할 때 글로벌 사고는 다른 사람과의
상호작용과 상호연결 및 파트너쉽을 촉진하여 학생들로 하여금 지식의
사회적 성격을 경험하게 될 것임을 강조했다. 이와 같이 하사드는 글로벌
문제들을 해결할 때 학생들이 상호연결의 경험을 갖는 것은 필수적인
일이라고 하면서 협동학습의 중요성을 강조했다. 협동학습은 소규모의
혼합된 능력을 가진 팀으로 조직된 학습자의 공동체가 아이디어를 논의하
고 문제를 해결하는 것을 촉진하는 학습모델로 진정한 과학적 탐구로
안내하는 가장 강력한 학습모델이라는 것이다.[67]

　앞 장에서 논한 글로벌 사고의 특징에 관한 논의와 위에서 소개한 메리
필드나 하사드 등의 주장을 통해서 우리는 글로벌 사고에 입각한 세계사
교수·학습에서 강조해야 할 주안점을 ① 세계의 다양한 국가와 문화에
대한 관심과 이해, ② 세계 문화와 역사에 대한 균형 있는 이해, ③ 지역간의
상호교류 및 상호의존 현상 이해, ④ 지역간 네트워크의 확대 현상 이해,
⑤ 세계적 사건 및 문제에 대한 복수적 시각, ⑥ 세계의 미래에 대한 예측능
력의 강화, ⑦ 세계적 문제 해결에의 능동적인 참여, ⑧ 세계사의 과거와
현재에 있어서 논쟁점을 효과적으로 다루는 능력, ⑨ 다른 사람들과 팀을
구성하여 협동적으로 문제를 해결하는 능력, ⑩ 문제를 해결하기 위해

---

67) 위의 Jack Hassard의 논문을 수록한 인터넷 사이트 참조.

능동적으로 정보를 발견하고 처리하며, 이용하는 능력, ⑪ 세계적 문제에 있어 자기의 의사를 분명히 결정하고, 이를 표현할 수 있는 능력 등으로 제시할 수 있다.

글로벌 시각에 입각한 세계사 교수·학습에서는 위와 같은 주안점에 초점을 맞추어 학생들을 지도하는 것이 바람직하다고 본다. 그러면 보다 구체적으로 글로벌 시대에 바람직한 세계사 교수·학습의 방안은 어떻게 설정할 수 있을까? 본 연구자 나름대로 이 문제에 대한 몇 가지 방안을 제시하면 다음과 같다.

1) 학습자 중심의 학습활동 강조

글로벌 시각에 입각한 세계사 학습을 실시하기 위해서는 학습자 중심의 학습활동을 도입하는 것이 절대적으로 필요하다. 왜냐하면 간지역적, 혹은 간문화적 상호교류에 초점을 둔 세계사 학습에서는 학습자 스스로의 이해 과정과 능동적인 참여가 필수적이기 때문이다. 예를 들어 실크로드를 통한 간지역적 무역활동을 이해하기 위해서는 학생들이 직접 세계지도에 나타난 중국의 서역지방이나 중앙아시아의 대상로를 더듬어 가며 역사적 사실들과 대조하기도 하고, 낙타에다 상품을 싣고 사막이나 산맥을 넘어가던 당시 대상들의 생활을 상상적으로 재현하는 과정이 절대적으로 필요하기 때문이다.

역사학습에 참여하고 있는 학생들이 역사적 사실에 대한 피상적인 이해 수준을 넘어서 그것이 갖는 의미를 깊이 있게 이해하기 위해서는 학습자가 능동적으로 학습에 참여할 수 있는 기회를 제공해야 한다. 교사는 학생들이 능동적인 인지활동과 상상력의 발휘를 통하여 역사적 의미를 스스로 구성하고, 글로벌 시각을 획득할 수 있도록 학생들 스스로 문제를 탐구할 수 있는 기회를 자주 제공할 필요가 있는 것이다.

2) 국제이해교육의 강화

우리 나라 제7차 고등학교 세계사 교육과정에 보면, 세계사 교육에서 길러야 할 태도 목표로, "개방적인 자세로 다른 나라나 민족의 전통과 문화를 존중하려는 태도", "국제협력의 필요를 깨닫고 인류가 공유한 문제의 해결에 능동적으로 참여하려는 자세"를 유난히도 강조하고 있는데, 이러한 태도는 국제이해교육의 정신을 그대로 나타낸 목표라고 할 수 있다. 국제이해교육은 여러 사회집단, 지역사회 및 국가들이 그들 상호간에 파괴적 갈등과 전쟁을 일으키지 않고 상호이해와 관용 속에서 평화적으로 공존·협력하며, 평화로운 세계라는 꿈을 실현하고자 하는 교육활동이다. 국제이해교육의 핵심이 되는 평화를 위한 교육의 과제로는 타문화의 전통과 가치에 대한 이해, 사회집단간 및 국가간의 문화적 차이에 대한 이해와 관용성, 대화와 협상 등 합리적 방법에 의한 갈등해결능력 등이 강조되고 있다.[68] 이 같은 국제이해교육은 문화적 다원주의와 문화권 사이의 상호교류 및 상호의존성을 강조하는 글로벌 교육의 목표와 일치한다고 할 수 있다.

3) 정보처리능력의 강화

21세기 세계화, 정보화 시대를 맞이하여 가장 강조되고 있는 기능목표 중의 하나는 다름 아닌 정보처리능력이다. 이 능력은 글로벌 시각을 강조

---

68) 이러한 국제이해교육의 내용과 특징에 대해서는 한명희 외, 『국제사회와 국제이해 교육』(서울 : 정민사, 1996) 참조.

한 여러 학자들이 이구동성으로 강조하는 목표이기도 했다. 왜냐하면 오늘날과 같은 정보화 시대에는 올바르고 믿을 만한 정보를 신속하게 수집하는 일이 무엇보다 필요하기 때문이다. 특히 신문이나 인터넷과 같은 각종 매체를 통하여 수없이 쏟아져 나오는 정보의 홍수 속에서 믿을 만한 정보를 찾아내고, 그 의미와 가치를 발견하여 생활에 활용하는 일은 글로벌 시대를 살아가는 현대인에게 필수적인 과제라고 할 수 있다. 이러한 정보 처리능력을 역사의 특정적인 인지 활동 가운데서 찾는다면 그것은 바로 비판 및 해석 기능이라고 할 수 있다. 영국의 역사과 교육과정에서는 해석과 관련된 기능 목표로 ① 사실과 관점의 차이를 인식하기, ② 과거의 사건에 대한 해석은 실제로 일어났던 것과 차이가 있다는 것을 인식하기, ③ 역사적 사건에 대한 서로 다른 해석들의 강점과 약점을 인식하기, ④ 한 개인의 해석에 있어 태도와 환경이 미치는 영향이 어떤 것인지를 인식하기 등을 들고 있는데,[69] 이러한 능력은 글로벌 시각의 목표 가운데 포함된 시각의식, 혹은 다양한 관점의 이해라는 목표와 일치하는 목표라고 할 수 있다.

4) 의사결정능력의 신장 강조

오늘날처럼 복잡하고 변화의 속도가 빠른 사회 속에서 우리는 매순간마다 의사결정을 하지 않을 수 없고, 그 결과는 우리에게 엄청난 영향을 초래하는 경우가 많이 있다. 특히 사회적, 국가적, 세계적으로 해결해야 할 과제들이 산적해 있는 21세기 글로벌 사회에는 올바른 의사결정의 능력이 그만큼 더 필요하다고 할 수 있다.[70] 역사적 사건의 전개과정 속에

---

69) Department of Education and Sciences, *History in the National Curriculum* (England), HMSO, (1991).

서 우리는 각 시대마다 사람들이 어떠한 문제를 해결하는 과정 속에 내포
된 의사결정의 방법들을 발견할 수 있는데, 이러한 방법들은 그대로 오늘
의 우리가 직면한 국가적, 또는 지구적 문제를 해결하는 데 활용할 수
있을 것이다. 역사과의 대표적인 수업형태인 토론학습, 탐구학습, 역할학
습, 시뮬레이션 등은 모두 의사결정능력의 신장을 돕는 학습 형태라고
할 수 있다.

5) 논쟁학습의 강조

2000년 오슬로에서 있었던 국제역사학대회 역사교육분야의 주요한 주
제 중의 하나는 '글로벌 사회에서의 논쟁적 역사교육The Teaching of Controversial
History for the Global Society'이었다. 역사에서는 논쟁의 주제가 될 만한 사실들
이 얼마든지 있어 왔으며, 이러한 논쟁의 주제들은 역사의 흐름을 이해하
는 데 있어 하나의 출발점의 역할을 하고 있다. 현대사회 또한 종교적,
문화적, 사회적, 정치적 다양성에 기초한 긴장과 갈등이 그칠 새 없이
일어나기 때문에 논쟁의 주제를 무시하고서는 현대 사회를 이해할 수
없을 정도가 되어 있다. 특히 오늘날과 같은 글로벌 시대에 있어서는 세계
문제를 올바르게 이해하는 것이 필요한데, 이를 위해 세계적인 논쟁의
주제들을 이해하는 것은 필수적이라고 할 수 있다.[71]

6) 협동학습의 강조

---

70) 제7차 사회과 교육과정의 세계사 목표에서는 의사결정능력의 신장을 중요한
목표의 하나로 간주하고 있다.

71) Magne Angvik, "The Teaching of Controversial History for the Global Society," in Karl
Pellens, ed., *op. cit.*, p.37.

위에서 소개한 하사드의 말처럼 글로벌 시각을 강조하는 학습에서 협동학습은 중요한 의미를 갖는다. 왜냐하면 학생들이 수업을 통하여 상호연결이나 상호작용의 경험을 갖는데 있어서 협동학습만큼 적절한 학습방법은 없을 것이기 때문이다. 사실상 글로벌 시각에 포함되는 학습 목표들은 대부분 개별학습을 통해서는 달성되기 어려운 것이므로 협동학습은 글로벌 시각의 함양과 직결되는 학습방법이라고 할 수 있다. 협동학습은 4~6명으로 구성된 이질적인 소집단이 서로 협력하여 학습하는 가운데 한 집단 전체의 결론을 찾아내는 학습방법으로 개인들은 학습주체인 동시에 정보원의 역할을 함으로써 서로 가르치고 배우는 상호의존적인 학습형태를 띠게 된다.[72] 이 같은 협동학습을 이용한 공동의 노력을 통하여 학생들은 세계사 학습에서 나타나는 문화권간의 상호교류나 글로벌 네트워크의 확대에서 나타나는 여러 가지 문제, 혹은 오늘날의 세계가 안고 있는 여러 가지 지구적 문제에 대한 해결방안을 보다 다각적이고 협동적인 방식으로 추구할 수 있다고 본다.

7) 다양한 학습자료 및 방법의 활용

제7차 세계사 교육과정에서 보면 세계사 수업시간에 문답법, 토의법, 탐구법, 역할극, 시뮬레이션 등 학습자의 활동을 필요로 하는 학습활동을 적극 전개하도록 되어 있고, 지도, 연표, 사료, 신문, 시사자료, 여행기, 인터넷 자료 및 CD-Rom 타이틀과 같은 학습자료도 적극 활용하도록 되어 있다.[73] 특별히 오늘날 세계화, 정보화 사회의 대두와 함께 일선 학교에서

---

72) 협동학습은 그 종류가 50~60개에 이를 정도로 많고 그 내용도 간단한 것으로부터 상당히 복잡한 것에 이르기까지 여러 종류가 있으나 가장 많이 이용되는 것으로는 STAD 모형, 소집단 토의학습, jigsaw모형, 토픽학습 등이 있다. 전숙자, 『사회과 교육의 새로운 이해』(서울: 교육과학사, 2001), pp.316~317.

는 신문활용교육NIE, 인터넷 활용교육IIE, 컴퓨터 보조수업CAI 등이 주목을 받고 있는데, 이러한 수업방식은 지구적 시각의 함양에 초점을 맞춘 세계사 교육에서도 가장 강조되어야 할 수업방식이라고 할 수 있다. 그러므로 세계사를 가르치는 교사들은 교과서와 강의에만 의존하는 전통적인 세계사 수업방식에서 과감하게 탈피하여 글로벌 시대에 알맞은 다양한 학습자료와 방법을 활용하여 학생들의 지구적 시각의 함양을 위해 노력해야 할 것이다.

5. 맺음말

글로벌 시대를 맞이하여 학교교육에서 글로벌 시각을 함양하는 일은 다른 무엇보다 중요한 과제가 되었다. 여기에서 글로벌 시각을 다시 한번 정리한다면, 그것은 하나의 시스템, 혹은 네트워크로서의 세계의 성격을 올바르게 파악하고, 그러한 시스템이 나의 생활에 직접, 간접으로 영향을 미친다는 사실을 인식하며, 인간 상호간 혹은 지역 상호간의 상호의존 체제를 분명하게 인식하는 것을 말한다. 또, 문화의 다양성과 관점의 차이를 인정하는 바탕 위에서 다른 문화와 가치를 존중하는 태도를 가지며, 세계의 당면문제와 과제가 무엇인지를 파악하고 그 해결을 위해 노력하는 태도를 가리킨다고 할 수 있다. 이 글에서는 학생들의 글로벌 시각을 신장시키는 데 있어서 다른 어떤 과목보다 세계사의 역할이 크다고 생각하고, 글로벌 시각에 기초한 세계사 교육의 방안이 어떤 것인가를 구체적으로 탐색하려고 하였다.

---

73) 『제7차 사회과 교육과정』, p.198.

광복 이후 지금까지 우리 나라에서는 모두 8번의 교육과정 개정이 있었고, 그 때마다 세계사 교육과정과 교과서가 편찬되었지만 세계사의 기본적인 구조는 거의 바뀌지 않은 채 지금까지 이어져왔다. 이러한 기본적인 구조의 핵심을 이루는 것은 동양사와 서양사의 이원적 구조이다. 이를 좀 더 압축시켜서 보면 중국사와 서구사의 이원적 구도라고 할 수 있다. 그리고 중국사는 완전히 왕조중심의 역사요, 서구사도 표면적으로는 주제 중심의 역사로 되어 있으나 실질적으로는 서구의 주요 국가 및 왕조의 변천사라고 할 수 있다. 그러다 보니 학생들이 기억하는 세계사는 수많은 연대와 왕조와 사건들의 이름이라고 할 수 있다. 또한 학생들이 생각하는 세계사는 유럽, 중국, 인도, 서아시아, 동남아시아, 아프리카, 아메리카, 오세아니아가 별다른 교류를 가지지 않은 채 각기 따로따로 발전하다가 15세기 말에 이루어진 신항로의 발견 이후 유럽의 주도권 아래 들어가게 되었다는 식의 단순한 구도로 이루어진 세계사라고 할 수 있다.

우리 나라 세계사 교육과정은 최근에 나타난 여러 가지 새로운 변화에도 불구하고, 여전히 중국사와 유럽사의 비중이 지나치게 높다는 것이 큰 문제점으로 남아 있다. 그러므로 글로벌 시대에 맞는 새로운 세계사 교육에 접근하는 길은 무엇보다 이와 같은 특정한 지역 중심의 세계사에서 벗어나 명실공히 지구적 관점 내지 인류사적 관점에서 세계사의 내용과 방법을 재구성하는 일이라고 할 수 있다. 이것은 종래의 왕조사 및 사건사 중심의 세계사에다 제3세계의 역사를 별도로 보충하거나 동서문화의 교류 단원을 한 두 개 더 추가하는 형태가 아니라, 종래의 세계사 내용의 틀을 근본적으로 바꿀 정도의 새로운 접근방법을 필요로 한다. 그리고 이러한 접근방법이란 다름아니라 세계사에 등장하는 여러 문화권들 사이의 균형을 유지하면서 인류의 역사를 간문화적 상호작용 내지 상호의존체제의 확대라는 보다 거시적인 관점에서 재편하는 작업이라고 할 수 있다.

날이 갈수록 지구화의 속도가 빨라지고, 지구적 네트워크가 우리의 일상생활에까지 깊숙이 침투하고 있는 글로벌 시대를 맞이하여 전세계적으로 세계사 교육의 중요성은 더욱 커지고 있다. 왜냐하면 학교에서 배우는 그 어떤 과목보다 글로벌 시각을 함양하는 데 핵심적 역할을 담당하는 과목이 바로 세계사라고 할 수 있기 때문이다. 그럼에도 불구하고 우리나라의 세계사는 글로벌 시각과는 상관이 없는 과목으로 남아 있는 것처럼 보이며, 그나마 앞으로는 과목 자체의 존립조차 위태로운 처지에 놓여 있는 것 같다. 제7차 교육과정에서는 선택중심 교육과정이란 미명 아래서 세계사를 대학입시에서 점수를 획득하기 쉬운 다른 사회과 및 한국사 관련 과목들과 경쟁하게 함으로써 고등학교에서 세계사를 선택하는 학생의 비율은 사회교과에 포함된 9개 과목 가운데 가장 낮은 비율인 10% 정도에 그치고 있다. 그리하여 세계화 시대를 맞이했음에도 불구하고, 대부분의 고등학교 학생들은 3년 동안 한번도 세계사를 배우지 않고 졸업을 하게 되는 기이한 교육 현상을 연출하게 되었다.

우리는 현재 헬드David Held 등이 적절하게 표현한 것처럼 전 지구적 변환기를 맞고 있다. 우리의 생활 하나하나가 지구적 네트워크에 연결되어 살고 있는 지구화의 시대를 맞이하여 우리의 사고는 보다 유연하고 개방적이 될 필요가 있다. 세계 10위권의 무역대국이면서도 우리의 사고방식이나 행동양식은 아직도 폐쇄적인 사고의 틀에서 크게 벗어나지 못하고 있다. 이것은 우리의 사고나 행동방식 가운데 아직도 글로벌 시대에 맞지 않는 요소들이 많이 잠재되어 있음을 말해 주는 것이다. 그러므로 보다 유연하고 개방적인 사고의 틀을 수용하기 위해서라도 우리 학생들에게 글로벌 시각을 가르치고, 그것을 생활화하도록 교육하는 일은 무엇보다 시급한 과제가 아닐 수 없다. 이런 의미에서 볼 때, 글로벌 시각에 기초한 세계사 교육을 도입하는 문제는 더 이상 미룰 수 없는 현안 과제라고 할 수 있다.

게재 논문 출전

이 책에 수록된 논문들은 역사학 관련 전문학술지에 게재되었던 다음의 논문을 일부 수정하여 실은 것이다.

제1부 새로운 세계사의 조건과 정의

　차하순, 「새로운 시대의 새로운 세계사」, 『서양사론』 92 (2007).
　조지형, 「지구사란 무엇인가」, 『서양사론』 92 (2007).
　김원수, 「글로벌 히스토리Global History란 무엇인가」, 『사회과교육』 41 (2002).

제2부 새로운 세계사와 세계사 연구

　배한극, 「글로벌 히스토리와 글로벌 교육」, 『서양사학연구』 8 (2003).
　조지형, 「새로운 세계사와 지구사 : 포스트모던 시대의 성찰적 역사」, 『역사학보』 173 (2002).
　강선주, 「세계화 시대 세계사 교육 : 상호관련성을 중심으로 한 세계사 내용 구성」, 『역사교육』 82 (2002).
　이영효, 「글로벌 시대의 역사인식과 세계사」, 『역사교육』 100 (2006).

제3부 새로운 세계사와 세계사 교육

　강선주, 「'문화의 접촉과 교류의 역사'의 내용 선정 방안」, 『역사교육연구』 3 (2006).
　정선영, 「지구적 시각에 기초한 세계사 교육에의 접근 방안」, 『역사교육』 85 (2003).

읽어볼 만한 참고문헌

21세기 연구회, 홍성철·김주영 옮김,『진짜 세계사, 음식이 만든 역사』(서울 : 쿡
랜드, 2008).
네그리, 안토니오 ; 하트, 마이클 공저, 윤수종 옮김,『제국』(서울 : 이학사, 2001).
다이아몬드, 제레드. 김진준 옮김,『총·균·쇠』(서울 : 문학사상사, 1998).
데 블레이, 하름.『분노의 지리학-공간으로 읽는 21세기 세계사』(서울 : 천지인,
2007).
데이비스, 마이크. 정병선 옮김,『엘니뇨와 제국주의로 본 빈곤의 역사』(서울 : 이
후, 2008).
두아라, 프라센지트. 문명기, 손승희 옮김,『민족으로부터 역사를 구출하기』(서
울 : 삼인, 2004).
딜릭, 아리프. 황동연 옮김,『포스트모더니티의 역사들 : 유산과 프로젝트로서의
과거』(파주 : 창비, 2007).
뚜 웨이밍. 김태성 옮김,『문명들의 대화 : 동아시아 문명은 세계에 어떤 비전을
제시할 수 있는가』(서울 : 휴머니스트, 2006).
램, H. H. 김종규 옮김,『기후와 역사 : 기후, 역사, 현대세계』(서울 : 한울 아카데
미, 2004).
매클렐란, 제임스 E.『과학과 기술로 본 세계사 강의』(서울 : 모티브, 2006).
맥닐, 윌리엄. 김우영 옮김,『전염병의 세계사』(서울 : 이산, 2005).
_____. 신미원 옮김,『전쟁의 세계사』(서울 : 이산, 2005).
_____. 김우영 옮김,『세계의 역사 1·2』(서울 : 이산 2007).
맥닐, 존 ; 맥닐, 윌리엄 공저, 유정희, 김우영 옮김,『휴먼웹 : 세계화의 세계사』
(서울 : 이산, 2007).
멘지스, 개빈. 조행복 옮김,『1421 중국, 세계를 발견하다』(서울 : 사계절, 2004).
민츠, 시드니. 김문호 옮김,『설탕과 권력』(서울 : 지호, 1998).
배긍찬, 양승윤, 이희수, 임영상, 최영수,『바다의 실크로드』(서울 : 청아출판사,

322

2002).

버낼, 마틴. 오홍식 옮김, 『블랙 아테나 : 서양 고전 문명의 아프리카·아시아적 뿌리』(서울 : 소나무, 2006).

벡, 울리히. 조만영 옮김, 『지구화의 길』(서울 : 거름, 2000).

벤틀리, 제리. 김병화 옮김, 『고대 세계의 만남 : 교류사로 읽는 문명 이야기』(서울 : 학고재, 2006).

보이아, 뤼시앵. 김웅권 옮김, 『상상력의 세계사』(서울 : 동문선, 2000).

브라이슨, 빌. 이덕환 옮김, 『거의 모든 것의 역사』(서울 : 까치, 2003).

슈말레, 볼프강. 박용희 옮김, 『유럽의 재발견 : 신화와 정체성으로 보는 유럽의 역사』(서울 : 을유문화사, 2006).

스턴스, 피터. 문명식 옮김, 『문화는 흐른다』(서울 : 궁리, 2001).

아널드, 데이비드. 서미석 옮김, 『인간과 환경의 문명사』(서울 : 한길사, 2006).

아민, 사미르. 김용규 옮김, 『유럽중심주의』(서울 : 세종출판사, 2000).

아부-루고드, 재닛. 박홍식, 이은정 옮김, 『유럽패권 이전, 13세기 세계체제』(서울 : 까치, 2006).

아틀리, 자크. 이효숙 옮김, 『호모 노마드, 유목하는 인간』(서울 : 웅진씽크빅, 2005).

애브니, 앤서니. 최광열 옮김, 『시간의 문화사』(서울 : 북로드, 2007).

양승윤, 최영수, 이희수 외, 『바다의 실크로드』(서울 : 청아출판사, 2003).

워스터, 도널드. 『생태학 : 그 열림과 닫힘의 역사』(서울 : 아카넷, 2002).

윌킨스, 키스 ; 크리스 스티븐스 공저, 안승모, 안덕임 옮김, 『환경고고학』(학연문화사, 2002).

이옥순 외, 『오류와 편견으로 가득한 세계사 교과서 바로잡기』(서울 : 삼인, 2007).

이태주, 『문명과 야만을 넘어서 문화읽기』(서울 : 프로네시스, 2006).

쟝사오위앤. 홍상훈 옮김, 『별과 우주의 문화사』(서울 : 바다출판사, 2005).

정수일, 『고대문명교류사』(서울 : 사계절, 2001).

_____, 『실크로드학』(서울 : 창작과 비평사, 2001).

주강현, 『적도의 침묵』(서울 : 김영사, 2008).

주겸지. 전홍석 옮김, 『중국이 만든 유럽의 근대』(서울 : 청계, 2003).

주경철, 『대항해시대』(서울 : 서울대학교 출판부, 2002).

주커만, 래리. 박영준 옮김, 『감자 이야기』(서울; 지호, 2000).

카이, 베른하르트. 박계수 옮김. 『항해의 역사』(서울 : 대한교과서, 2006).

카트라이드, 프레더릭 F. 김훈 옮김,『질병의 역사』(서울 : 가람기획, 2004).

캘리니코스, 알렉스 ; 엘린 메익신즈 우드 ; 조반니 아리기 외,『제국이라는 유령』 (서울 : 이매진, 2007).

코헨, 폴 A. 이남희 옮김,『학문의 제국주의. 오리엔탈리즘과 중국사』(서울 : 산해, 2003).

크레이머, 새뮤얼 노아. 박성식 옮김,『역사는 수메르에서 시작되었다』(서울 : 가람기획, 2005).

크로스비, 알프레드. 안효상, 정범진 옮김,『생태제국주의』(서울 : 지식의 풍경, 2000).

_____, 김기윤 옮김,『콜럼버스가 바꾼 세계』(서울 : 지식의 숲, 2006).

클라크, J.J.,『동양은 서양을 어떻게 계몽했는가』(서울 : 우물이 있는 집, 1997).

페이건, 브라이언. 윤성옥 옮김,『기후는 역사를 어떻게 만들었는가 : 소빙하기, 1300~1850』(서울 : 중심, 2002).

포메란츠, 케네스 ; 스티븐 토픽 공저, 박광식 옮김,『설탕, 커피, 그리고 폭력 : 교역으로 읽는 세계사 산책』(서울 : 심산, 2003).

폰타나, 조셉. 김원중 옮김,『거울에 비친 유럽』(서울; 새물결, 2000).

폰팅, 클라이브. 이진아 옮김,『녹색세계사 Ⅰ, Ⅱ』(서울 : 심지, 1995).

페로, 마르크. 박광순 옮김,『새로운 세계사』(서울 : 범우사, 1994).

프랑크, 안드레 군더. 이희재 옮김,『리오리엔트』(서울 : 이산, 2003).

프리드먼, 토머스 L. 신동욱 옮김,『렉서스와 올리브나무』(서울 : 창해, 2003).

하인리히, 야코브. 박은영 옮김,『커피의 역사』(서울 : 우물이 있는 집, 2002).

허스트, 폴 ; 그래엄 톰슨 공저, 구춘권 옮김,『지구화, 현실인가 또 하나의 신화인가』(서울 : 책세상, 2000).

헬드, 데이비드 ; 앤터니 맥그루 외 공저, 조효제 옮김,『전 지구적 변환』(서울 : 창작과 비평사, 2002).

호지슨, 마셜 ; 에드먼드 버크 3세 엮음, 이은정 옮김,『마셜 호지슨의 세계사론 : 유럽, 이슬람, 세계사 다시보기』(서울 : 사계절, 2006).

홉슨, 존. 정경옥 옮김,『서구문명은 동양에서 시작되었다』(서울 : 에코 리브르, 2005).

찾아보기

저자 소개 가나다순

강선주 | 경인교육대학교 사회교육과 교수. 미국 인디애나 대학교에서 세계사 교육에 대한 연구로 박사학위를 받았으며, 현재 World History Connected와 International Journal of History Teaching, Learning, and Research의 편집위원회 위원을 역임하고 있다. 대표적인 저서로는 『마주보는 세계사 1』, 『역사교육의 내용과 방법』 등이 있으며, 최근 논문으로는 「역사교육의 내용 선정 및 구성의 개념으로서 성별」, 「미국의 20세기 전쟁에 대한 공식화된 기억」, 「생활사 교육의 내력과 방향」, 「세계사 교육의 위기와 문제」 등이 있다. Email: sukang@gin.ac. kr

김원수 | 서울교육대학교 사회교육과 교수. 한양대학교 사학과에서 외교사를 전공하고, 『러일전쟁의 원인에 대한 재검토』로 박사학위를 받았다. 대표적인 저서로는 『한러관계 100년사』, 『러일전쟁 전후 일본의 한국침략』(공저), 『대영제국의 영광스러운 고립』, 『문화사의 과제』(역저) 등이 있으며, 대표적인 논문으로는 「청일전쟁 및 삼국간섭과 러시아의 대한정책」, 「용암포 사건과 일본의 대응」, 「한국의 러일전쟁 연구와 역사교육의 과제」, 「글로벌히스토리와 역사들의 지평을 넘어서」 등이 있다. Email: kkws@snue.ac.kr

배한극 | 대구교육대학교 사회교육과 교수. 중앙대학교에서 미국 청교도사 연구로 박사학위를 받았으며, 대구교육대학교 학생처장, 교무처장을 역임하였고, 현재 역사교육학회장을 역임하고 있다. 대표적인 저서로는 『세계문화사』, 『역사하기』, 『한국사 개요』 등이 있으며, 대표적인 논문으로는 「17세기 뉴잉글랜드 청교주의 연구」, 「17세기 뉴잉글랜드 청교도의 학문과 교육」, 「혜초왕오천축국전의 세계사적 의의」 등이 있다. Email: hkbae@dnue.ac.kr

이영효 | 전남대학교 역사교육과 교수. 미국 텍사스-오스틴 대학교에서 역사교육 분야(미국사 부전공)로 박사학위를 받았으며, 현재 한국서양사학회와 한국역사교육학회의 이사를 역임하고 있다. 대표적인 저서로는 『서양문명과 인종주의』(공저), 『포스트모더니즘과 역사학』(공저), 『역사교육과 역사인식』(공저) 등이 있으며, 대표적인 논문으로는 「뉴잉글랜드의 가족문화와 신앙」, 「버지니아 농장주의 일상생활」, 「세계사교육에서의 ʻ타자읽기ʼ : 서구중심주의와 자민족중심주의를 넘어」 등이 있다. Email: yhlee678@hanmail.net

정선영 | 충북대학교 역사교육과 교수. 서울대학교에서 역사교육 분야로 박사학위를 받았으며, 역사교육연구회장, 웅진사학회장, 충북대학교 사범대학장을 역임하였다. 대표적인 저서로는 『역사교육의 이론과 방법』(공저), 『역사교육의 이해』(공저) 등이 있으며, 대표적인 논문으로는 「과학적인 역사설명의 논리와 역사교육에의 적용」, 「세계사교육에서의 국제이해교육」, 「역사적 통찰력의 교육적 의미와 신장방안」 등이 있다. Email: jungs@chungbuk.ac.kr

조지형 | 이화여자대학교 사학과 교수. 미국 일리노이-어배나샴페인 대학교에서 미국 헌정사로 박사
학위를 받았으며, 이화여자대학교 연구처장과 아시아세계사학회(Asian Association of World
Historians) 운영위원을 역임하고 있다. 대표적인 저서로는 『랑케 & 카 : 역사적 진실을 찾아
서』, 『헌법에 비친 역사』, 『탄핵, 감시권력인가 정치적 무기인가』, 『포스트모던 시대의 새로
운 문화사』(역서) 등이 있으며, 대표적인 논문으로는 「포스트모던 시대의 기호학적 역사학」,
「정보시대와 열린 인문학」, 「사법심사의 역사적 기억」, 「프라이버시의 의미와 성의 정치」
등이 있다. Email: jhcho@ewha.ac.kr

차하순 | 서강대학교 명예교수. 미국 브랜다이스 대학교에서 역사학 분야로 박사학위를 받았으며 현
재 대한민국학술원 인문·사회과학부 회장, 국제역사학 한국위원회 위원장을 역임하고 있
다. 대표적인 저서로는 『역사의 의미』, 『형평의 연구』, 『서양 근대사상사 연구』, 『새로 쓴
서양사총론 I·II』 등이 있으며, 대표적인 논문으로는 「Reassessing European Exploration in the
Sixteenth and Seventeenth Centuries」, 「The Dialectics of Orientalism and Occidentalism in Eastern
Asia」, 「패러독스의 시대 : 20세기」, 「역사설명의 이원적 구조」 등이 있다. E-mail: hasoon@
sogang.ac.kr

지구화 시대의 새로운 세계사

조지형·강선주 외 지음

2008년 12월 18일 초판 1쇄 발행

펴낸이 | 오일주
펴낸곳 | 도서출판 혜안
등록번호 | 제22-471호
등록일자 | 1993년 7월 30일

주소 | 121-836 서울시 마포구 서교동 326-26번지 102호
전화 | 3141-3711~2   **팩시밀리** | 3141-3710
E-Mail | hyeanpub@hanmail.net

ISBN 978-89-8494-357-5 93900

값 14,000 원